공공갈등, 이렇게 타개하라

— 공존과 협력을 위한 합의형성 전략

공공갈등, 이렇게 타개하라

초판 1쇄 펴낸날 | 2013년 9월 10일

지은이 | 로렌스 서스카인드, 제프리 크루익섕크
옮긴이 | 김광구, 강문희
펴낸이 | 조남철
펴낸곳 | 한국방송통신대학교출판문화원
　　　　주소　(110-500) 서울특별시 종로구 이화장길 54
　　　　전화　02-3668-4765　 팩스 02-741-4570
　　　　홈페이지　http://press.knou.ac.kr
　　　　출판등록　제1-491호(1982. 6. 7)

편집 | 김정규 · 이기남
편집디자인 | 토틀컴
표지디자인 | 이선주
인쇄 | 한국소문사

ISBN　978-89-20-01182-5　93350

정가　19,000원

공존과 협력을 위한 합의형성 전략

공공갈등,
이렇게 타개하라

로렌스 서스카인드 · 제프리 크루익생크 지음
김광구 · 강문희 옮김

갈등관리 연구를 촉발시킨 고전

이 책은 1980년대 말, 미국에서 갈등관리의 필요성이 절실히 요구되던 시기에 출간되었다. 당시 미국은 각종 공공갈등은 물론 사회갈등의 문제로 총체적인 난국의 상황에 빠져 있었다. 갈등문제를 오랫동안 연구해 온 저자들은, 이 책의 원제목(*Breaking the Impasse*)이 시사하고 있듯이, 갈등으로 점철된 진퇴양난의 상황을 어떻게 타개할 수 있는가를 명쾌하게 풀어내고 있다. 책의 전편을 통해 소개되고 있는 다양한 현장경험과 갈등사례들은 이 책이 전하고 있는 갈등해법의 설득력을 높여 주고 있다.

우리가 이 책을 번역하기로 결심하게 된 것은 바로 우리 사회 역시 이 책이 발간되던 당시 미국의 상황과 매우 흡사한 교착상태에 빠져 있다고 판단하였기 때문이다. 최근 우리 사회는 거의 모든 정책부문에서 극심한 공공갈등을 겪고 있으며, 이러한 상황에서 정부는 갈등해결의 능동적인 주체로서의 기능을 상실한 지 오래이다.

수년간 갈등문제를 함께 연구해 온 우리는 바로 이 책이 우리 사회가 겪고 있는 각종 공공갈등의 문제를 이해하고 해법의 탐색을 도와줄 수 있을 것이라는 점에 인식을 같이했다. 특히 이 책이 공공갈등의 해결을 위해서는 다양한 갈등당사자들의 참여와 대화를 위한 과정(process)을 정교하게 설계(design)할 필요성을 일깨워 주고 있는 점을 독자들도 충분히 공감할 수 있을 것으로 생각된다. 일독에 앞서 독자들의 이해를 위해 이 책의 내용을 간략히 소개하면 다음과 같다.

제1장에서 저자들은 실제상황에 바탕을 둔 가상의 사례를 소개하면서 기존의 문제해결방법이 갖는 한계와 폐해를 인식하게 해 준다. 제2장에서는 갈등해소를 위한 이론과 실제를 소개하고 있는데, 갈등당사자 간 협상의 유용성을 강조하고 있고 승패라는 이분법적 사고에서 승승이라는 통합적 해결책의 추구가 필요함을 보여 주고 있다. 그러나 이러한 통합적 해결책이 어려운 이유를 제3장에서 제시하면서 그 어려움을 극복하기 위한 대안적 접근법을 소개하고 있다. 이후 제4장부터 제5장, 제6장은 본격적으로 갈등해소 기법을 설명하고 있다.

제4장은 제3자의 도움 없이 갈등당사자들 스스로가 갈등을 해소하려는 노력(unassisted negotiation)에 관한 기법을 소개하고 있다. 구체적으로 당사자 간 합의형성 협상(consensus-building negotiation)을 단계별로 설명하고 있는데, 사전협상단계 → 협상단계 → 집행 및 협상 후 단계 등 각 단계별 주요 활동 사항 및 주의사항을 소개하고 있다.

제5장은 당사자들 간의 문제해결이 어려운 상황에서 제3자의 도움을 받아 갈등을 해소하는 기법인 회의촉진(facilitation), 조정(mediation), 비구속적 중재(nonbinding arbitration)를 사례 중심으로 설명하고 있고, 제3자의 역할 및 조건에 대해서 상세하게 소개하고 있다.

이 책의 백미는 제6장에서 찾을 수 있다. 제6장은 '실행' 편으로 갈등해소를 위한 노력을 성공적으로 이끌기 위한 조건을 제시하고 있으며, 구체적으로 행위주체자인 공무원, 시민, 그리고 기업인 입장에서 협상참여 여부 결정을 위한 분석사항, 협상전략 및 고려사항을 실제의 사례에 근거하여 소개하고 있다. 따라서 독자는 제6장 실행편을 통해 자신에게 해당하는 갈등해소 성공조건들을 찾을 수 있을 것이다.

이 책은 갈등사례별, 해소기법별, 각 기법의 단계별 관련 설명을 차근차근 순서대로 해 주고 있다. 이 책을 차근차근 따라 읽어 가다 보면 갈등해소를 위한 합의형성절차를 어떻게 설계하고 어떻게 실행으로 옮길 수 있는지를 알 수 있을 것이다. 이 책은 갈등관리 연구의 고전에 속하는 책으로서, 갈등관리에 관한 학계의 활발한 연구를 촉발시켰을 뿐 아니라 학문적 진전을 이끌어 낸 지적 기반으로 평가되고 있다. 앞으로도 이 책은 현재진행형일 뿐 아니라 미래지속형인 갈등관리 연구 분야에서 고전으로서의 가치를 여지없이 발휘할 것이라고 생각한다.

2010년 한국연구재단의 사회과학연구지원사업(SSK)에 '공존과 협력'이라는 주제로 채택된 공동연구사업은 이 책의 번역을 시작하게 된 계기가 되었다. 우리 사회가 최근 가장 절실히 필요로 하는 '공존과 협력'을 위해서는 무엇보다 갈등의 본질을 이해하고 이를 풀어 나갈 수 있는 지혜가 필요하다고 생각하였기 때문이다. 우리는 작업을 하는 동안 많은 대화를 나누었고, 우리 사회에 있어 '공존과 협력'의 의미를 깊이 인식하고 학문적 연구에 대한 시대적 필요성을 확인했다. 우리가 함께 했던 대화와 연구여행, 그리고 깊어진 우정이 그대로 이 책의 면면에 담겨 있다. 다만, 이 책에서 발견되는 모든 오류는 역자들의 책임이며 앞으로 독자들의 질책을 통해 더욱 정교한 번역서로 거듭날 것을 기대한다.

이 번역서가 나오기까지 도움을 주신 여러분들에게 감사드린다. 특히 '공존과 협력 연구사업단'의 연구책임을 맡고 계신 한국방송통신대학교의 이선우 교수님과 공존협력연구소의 류도암 박사, 김영곤·이민호·박범준·이희승 조교에게 감사의 마음을 전한다. 책의 발간은 물론 번역작업의 재정적 지원을 선뜻 결정해 준 한국방송통신대학교 출판문화원은 우리에게 큰 용기를 주었다. 끝으로 꼼꼼한 편집작업과 디자인 그리고 제목의 선정과 번역내용에 대한 전문적인 조언을 통해 이 책의 출간을 가능하게 해 준 한국방송통신대학교 출판문화원 김정규 선생님께 깊이 감사를 드린다.

동숭동 한국방송통신대학교 공존협력연구소에서

김광구 · 강문희

◈◈◈ 감사의 글

우리는 이 책을 쓰면서 하버드 법과대학의 협상프로그램(Program On Negotiation)의 여러 동료들에게 엄청난 지적(知的) 빚을 졌다. 그들의 연구와 저작들이 우리에게 교훈과 영감을 주었기 때문이다. Howard Raiffa의 『협상의 예술과 과학(The Art and Science of Negotiation)』은 이 책의 출발점을 제공해 주었다. Roger Fisher와 Bill Ury의 『Yes를 이끌어 내는 협상법(Getting to Yes)』은 우리가 모방하고 싶은 효과적인 의사소통의 전범을 제공하고 있으며, 동시에 우리의 책 속에 녹아 있는 '원칙 기반 협상'에 대한 이론적 토대를 소개하고 있다. Bob McKersie와 Richard Walton의 책 『노무협상의 행태적 이론(Behavioral Theory of Labor Negotiations)』은 우리에게 통합적 문제해결의 지향점을 제시하고 있다. Tom Schelling의 책 『갈등의 전략(The Strategy of Conflict)』은 이후에 나오는 갈등관리 저작들이 의미를 갖출 수 있도록 하는 유용한 틀을 제공해준 초기 저작이다. Jeff Rubin과 Dean Pruitt의 『사회 갈등(Social Conflict)』도 우리에게 분쟁해소에 매우 중요한 심리적 측면에 대한 소중한 통찰력을 제공해 주었다. 우리는 이 책들에서 아이디어와 통찰력들을 차용하고 있다.

우리의 생각을 발전시켜 오는 동안 현명한 조언을 해주었고, 초고에 대해 꼼꼼한 코멘트를 해준 Michael Wheeler, Robert Fogelson, Frank Sander, Larry Bacow, John Forester, Max Bazerman, Don Connors, Harvey Brooks, Chris Carlson, Susan Carpenter, Bob Barrett, 그리고 David Godschalk에게 감사드린다. 이들의 소중한 제안을 상당 부분 수용하면서도 출처도 제대로 소개하지 못한 점에 대해 양해를 부탁드린다.

공공분쟁해소 분야의 여러 실무자들과 연구자들이 우리에게 도전 의식을 불러일으켜 주었다. 이들이 제공한 사례들은 우리가 갈등해소

현장을 이해하는 데 많은 도움이 되었다. Peter Adler, Howard Bellman, Gail Bingham, Ronnie Brooks, Rich Collins, Tom Colosi, Tom Dinnell, Bruce Dotson, John Ehrmann, John Folk-Williams, Eric Green, Sam Gusman, Phil Harter, Bill Humm, Sandy Jaffee, Frank Keefe, W. J. D. Kennedy, Chris Kirtz, Jim Laue, Bill Lincoln, John McGlennon, Jim McGuire, Jonathan Marks, David O'Connor, Ric Richardson, Peter Schneider, Tom Scott, Linda Stamato, David Straus, 그리고 Joshua Stulburg가 그들이다.

여러 대학원생들과 연구진들도 이 책에서 소개하고 있는 성공적인 조정 사례들을 설명하는 데 중요한 역할을 해 주었다. Eileen Babbitt, Nancy Baldwin, Heidi Burgess, Anne Cook, Norman Dale, Michael Elliott, Diane Fish, Wendy Fishbeck, David Gilmore, Kate Hildebrand, Stephen Hill, Diane Hoffman, John Horberry, Alexander Jaegerman, Karl Kim, Ron Kirtsner, Jennifer Knapp-Stumpp, Steve Konkel, David Kroninberg, Sandy Lambert, Scott McCreary, Jerry McMahon, Denise Madigan, Allan Morgan, Connie Ozawa, Maria Papalambros, Sebastian Persico, Wendy Rundle, Deborah Sanderson, Douglas Smith, Timothy Sullivan, Sylvia Watts, Alan Weinstein, Julia Wondolleck, and Karita Zimmerman에게 고맙다는 말을 전한다.

Kendall Foundation, William and Flora Hewlett Foundation, 그리고 General Electric Foundation도 결정적인 재정 지원과 격려를 보내주었다.

이 밖에도, 여기에 다 소개하지는 못했지만 이 책이 출판될 때까지 우리에게 격려와 조언을 아끼지 않은 많은 동료와 친구, 가족들에게 감사를 드린다. 그러나 이 책의 내용에 대한 오류나 실수, 약점은 모두 우리 저자들의 탓이다.

차 례

서 론
Introduction

Breaking the Impasse

제 1 장

서 론

미국은 현재 난국에 빠져 있다. 무언가 조치가 필요하다고 모두들 인정하는 상황에서도 공무원들은 아무런 행동을 취할 수가 없는 상태이다. 아래의 상황들을 생각해 보자.

- 교도소, 고속도로, 발전소, 정신병원, 저소득층 주택을 건설하려는 거의 모든 노력들이 인근 주민들의 반대에 부딪히고 있다. 위험한 화학쓰레기를 밤에 몰래 내다버리는 행위를 막기 위해 모두가 필요하다고 인정하고 있는 '위해쓰레기처리시설'을 1975년 이후 단 한 곳도 미국 본토 내에서 건설하지 못하고 있다.[1] 공무원들은 공식적인 선거에서 절대적인 찬성을 얻더라도 이러한 혐오시설 건설에는 아무런 도움이 되지 못하고 있다고 말한다.
- 환경청(Environmental Protection Agency, EPA)이 발표하는 규제 5건 중 4건은 EPA 소속 변호사들이 기업에 대해 너무 가혹하다고 주장하는 기업들의 주장을 막아 내기 위해, 또는 솜방망이에 불과하다고 주장하는 환경보호주의자들과 싸우기 위해 법정에 서고 있다. 다른 부처들도 자신들의 판단이 충분한 기술적 역량을 갖고 있지 못한 단체들로부터 지속적으로 반대에 부딪히고 있음을 깨닫고 있다.[2]
- 새로운 문제에 대응하기 위해 우선순위를 바꾸려 하는 공공기관의 모든 노력들은 현상유지를 바라는 단체들로부터 강력한 저항을 받고 있다. 언론홍보, 강력한 로비, 주민투표, 기타 강력한 전략들로 무장한 이들 단체들은 상당한 영향력을 발휘하고 있다.

• 법원의 판결들은 점점 더 그 권위를 잃어 가고 있다. 법원의 결정에 불만을 품은 단체들은 관련 법규를 개정하라고 해당 지역의 의원들을 압박하고 있다. 일방적인 시각을 갖는 단체들이 자신들만의 이해를 달성하려 들 때마다 이러한 사건은 계속적으로 법원에 제기되고 있다.

이러한 난국이 어떻게 발생하게 되는지 구체적인 사례를 살펴보자. 미국의 많은 도시에서 발생하고 있는 실제 사례를 조합해서 가상도시인 '미들타운(Middletown)'의 상황을 파악해 보자.[3]

미들타운의 거의 모든 시민들이 노숙자들을 위해 무언가 조치가 필요하다는 데 동의하고 있었다. (그리고 공공주택 예산지출 삭감과) 주거비용의 급격한 상승 등으로 집이 없는 가정과 비좁은 집에서 많은 사람들이 살게 되는 경우가 증가하고 있다. 더욱이 정신병 환자들을 수용시설에서 퇴거시키고 정신건강 관련 재원을 축소함에 따라 거리에 정신장애인들이 늘어나고 있다. 범죄가 증가하고 있고, 공공과 민간 사회복지기관들의 부담이 가중되고 있으며, 시 당국에 조치를 요구하는 대중들의 목소리가 높아지고 있다.

문제의 심각성을 확인하기 위해 시장(市長)이 임명한 특별조사반은 조사를 실시하였다. 특별조사반의 보고서는 시 당국에 임시수용시설을 마련하여 운영할 수 있도록 지역개발비를 추가적으로 마련할 것을 권고하였다. 이에 시의 주택국은 임시수용시설을 건설하기 위해 15개의 예정지를 선정하였다. 시의 복지국도 저렴한 수용시설을 만들기 위해 혁신적인 디자인을 제안하였다. 지역의 신문도 특별조사반의 권고안을 지지했고 사설을 통해 조속한 조치를 환영하였다.

그럼에도 불구하고, 주택국이 예정지를 발표하자마자 지역주민단체와 경제단체들로부터 임시수용시설 건설을 반대한다는 전화가 시의회에 쇄도했다. 신설 단체인 '노숙자주거연대(Real Help for the

Homeless, RHH)'는 임시수용소 계획에 반대하는 언론홍보를 시작하였다. 이 단체는 거리에 있는 사람들은 다양한 지원서비스─직업훈련, 음식, 가족상담, 유치원, 마약과 알코올 중독치료 등─와 함께 영구주택이 필요하다고 주장하였다. 또한 시장이 노숙자주거연대의 회원을 한 사람도 특별조사반에 임명하지 않았다고 비난하였고, 임시수용소 건설이라는 아이디어는 전시행정일 뿐이며, 비용절감만을 염두에 둔 양심적인 중산층 달래기라고 비난하였다.

교회단체와 기존 사회복지단체들로 구성된 제3의 단체인 '노숙자연대(Coalition for Homeless, CFH)'는 시정부에게 특별조사반의 권고안 집행을 압박하기 위해 법원에 소송을 제기했다. 노숙자연대는 시정부가 시의 법과, 연방정부 및 주정부의 지역개발기금 활용규정을 위반하고 있다고 비난했다. 이들에 따르면 지역개발기금을 활용하여 모든 시민, 특히 극빈층과 노숙자들에게 혜택이 돌아가도록 해야 한다는 것이다.

반면, 시의 건축국은 제안된 임시수용시설이 시의 건축규정에 적합해야 하며 그렇지 않으면 시설 사용을 허용하지 않겠다는 발표문을 내놓았다. 주정부의 사회복지기구도 시장과 시의 복지국에 연방과 주의 주택지원기금은 임시수용시설이 아닌 정상적인 주택에 사용되어야 한다고 알려 왔다. 시 당국은 이러한 기금 없이 노숙자 문제를 해결하기 위한 재원을 충분히 확보할 수 없다고 했다. 더욱이 사회복지국은 노숙자 문제의 해결책으로서 임시공동수용시설 계획에 반대를 표명하기까지 했다.

시의회의 한 의원은 다가오는 시의회 선거에서 주민들이 임시공동수용시설 건설에 대해 찬반투표를 할 수 있도록 주민투표를 실시하자고 제안하였다. 여러 가지 이유로 임시수용시설에 반대하는 몇 명의 시의원들은 노숙자 문제 처리방법에 대해 다음 총선 결과 어떤 결정이 있기 전까지는 어떤 조치도 취해져서는 안 된다고 공공연히 주장하였다.

여러 가지 다양한 주민투표 안건을 지지하는 단체들이 나타났다. 예를 들면, 어느 동네에서는 일단의 주민들이 자신들의 지역을 수용시설 예정지에서 제외시키도록 하는 주민투표를 계획하였다. 그들은 자신들의 지역에는 이미 교도소가 있는데, 왜 임시수용소까지 지어서 피해를 입어야 하느냐고 주장했다.

특별조사반이 보고서를 발표한 후 처음 18개월 동안 아무런 진척이 없었다. 노숙자연대는 자신들이 제기한 소송이 법원에서 기각되자 즉시 상고했다. 시의회 선거결과는 아무런 결론도 내리지 못했다. 노숙자 문제에 대해 서로 다른 시각을 갖고 있는 기존의 의원들이 다시 재선되었고, 주민투표에 부치자는 투표가 실시되었으나 과반수를 획득하지 못하였다. 예상치 못하게 시정부 측 변호사는 이미 통과된 주민투표 안건 중 2개에 대해 불법적이라고 주장하고, 이 안건들에 대해 법원에 소송을 제기하였다.

서로 소속정당이 다른 시장과 주지사는 주정부의 주택지원기금이 임시수용시설에 사용될 수 있는지에 대한 논쟁을 주정부와 시정부와의 갈등으로 변질시켜 가고 있었다. 동시에 미들타운 출신의 주의원단이 제안한 법안들은 노숙자 문제를 해당 시정부가 스스로 처리해야 하는 문제로 인식하고 있는 농촌출신 의원이 위원장인 소위원회에서 통과되지 못했다. 여러 공청회와 대담회에서 노숙자주거연대와 노숙자연대는 노숙자 문제 해결을 위한 공공지원의 유형과 성격에 대해 서로에 대한 감정의 골만 더욱 깊게 하였다.

겨울이 지나갔다. 신문에서 겨울 동안 고생하는 노숙자 가족에 관한 기사들이 줄어들기 시작했다. 일반 시민들의 관심도 점차 줄어들자, 시의회나 시장도 다른 이슈에 관심을 돌리게 되었다. 노숙자 문제에 관여하고 있던 시정부와 주정부의 기관들은 지속적으로 만나 다른 행동 대안을 논의하고 있었다. 노숙자주거연대는 버려진 건물 하나를 점거하고 이 건물의 소유권을 노숙자 지지자들에게 이전하라는 몇 번의 시위를 벌였다. 시의회는 몇 차례의 공청회 개최를 결정했지만 별무소득이었다. 여름과 초가을에 걸쳐 시정부는 버려진 건물에 무단거주하고 있는 사람들을 강제 퇴거시키기 위해 경찰을 동원하겠다고 위협했지만 역시 아무 일도 벌어지지 않았다.

다음 추수감사절이 다가오자, 시장은 곧 두 개의 임시수용소를 건축할 계획이라고 발표했다. 이 발표가 있자마자, 두 예정지의 성난 주민들은 법원으로 달려가 계획안은 시의 용도지역 규정을 위반하고 있다고 주장했고, 또한 시정부가 필요한 환경영향평가 절차를 마치지 않았다고 주장했다. 노숙자주거연대는 임시공동수용소에서 거주하기를 거부한다고 발표하고 '거리의 사람들(street people)'이라는 이름으로 시위대를 조직하였다. 또한 노숙자주거연대는 노숙자들에게 임시가 아닌 정규 주택을 건축하고 사회복지서비스를 시행할 수 있도록 재원을 마련하라고 촉구했다.

미들타운의 상공회의소는 현재 두 개의 수용소를 더 효율적으로 운영할 수 있는 방법을 시정부와 함께 모색할 수 있도록 준비하기 위해 경험 많은 경영자들로 팀을 구성했다고 발표했다. 이런 일련의 사건들은 또 다시 노숙자 문제가 시의 가장 중요한 의제로 떠올랐음을 보여 주었다. 그러나 이번에는 여러 차이점들이 있었다. 전반적으로 주요 관련자들은 자제심을 잃어 가고 있었다. 시장은 기업인들로부터 지원을 얻으려고 했지만 거절당했다. 지난 겨울에 열성적이었던 일부 주민지도자들과 저명한 참여자들이 보이지 않았다. 여러 부문에서 관심과 지지를 표명했던 사람들도 논란에 다시 개입하지 않겠다고 결정하였다.

- 왜 적법하게 선출된 미들타운의 선출직 공무원들은 대책이 필요하다고 모두들 동의하는 문제임에도 불구하고 이러한 곤경에 처하게 되었는가?
- 원칙을 세우고, 정책을 입안하고, 공공자원을 할당하는 현재의 행정절차가 결과를 이끌어 내지 못하는 이유는 무엇인가?
- 법원은 표출된 갈등을 해결하는 데 왜 실패했는가?
- 미들타운의 선출직 공무원, 관련 민간단체, 그리고 기업계 리더들이 직면한 문제상황이 특수한 것이었는가? 아니면 현재 다른 많은 지역들을 괴롭히고 있는 유사한 문제에 직면하고 있었던 것인가?
- 미들타운 주민과 지도자들이 시도할 수 있는 다른 방법은 없었을까? 그들은 다음 번에는 무엇을 다르게 해야 했을까?

사실, 미들타운의 문제와 상황은 특수한 경우가 아니었다. 또한 우리가 노숙자 문제에 관한 정책갈등에 한해서만 서술했던 교착상태(impasse)의 종류도 특수한 경우는 아니었다.

현대 사회에서 지역사회의 지도자들이 원칙을 세우고, 자원을 배분하고, 정책을 만들고자 할 때는 항상 한바탕의 전쟁을 예상할 수 있다. 그리고 미들타운 사례가 보여 주듯이, 이러한 논쟁이나 갈등은 조용하지도 않고 그 범위가 한정되는 것도 아니다. 대부분의 경우에는 격렬한 대치상황이 특정 영역을 뛰어넘으며 전개된다.

미들타운과 같은 교착상태는 '더 큰 리더십'의 필요성을 제기하게 된다. 이는 지역사회가 문제에 빠져 해결할 수 없을 때 보이는 일반적인 반응이다. 그러나 선출직이나 임명직 공무원들의 더욱 강경한 결정이 교착상태를 해결하기 위한 최선의 대안은 아니다. 사실, 일이 진척되지 않아 낙담한 공무원들이 자신의 의지를 더욱 강경하게 밀고 나가려 할 때마다 사태가 해결되기보다는 더욱 복잡하게 꼬여 가는 것이 다반사이다.

공공정책결정의 '법칙'은 물리학의 법칙과 유사하다. 모든 힘이 가해질 때마다 거기에는 같은 힘의 저항이 발생한다. 따라서 어떤 결정을 밀어붙이는 행위는 원래 의도했던 것보다 더 열띠고 오랜 시간이 소모되는 논쟁과 갈등을 촉발하게 된다. 미숙하고 성급한 공무원의 권위적인 조치는 강력한 저항만을 초래할 뿐이다.

타협도 해결책이 되지 않기는 마찬가지이다―적어도 우리가 익숙해져 있는 타협이라는 말의 의미와는 전혀 다르게도 말이다. 타협은 개개의 집단들이 모두 양보를 하고, 어떤 것을 포기할 것을 전제로 한다. 그러나 이들의 희망과 필요가 진정 양심적이었다면 왜 누군가가 양보해야만 하는가? 타협이란 사람들이 수용할 수 있는 최소치만을 충족시킨 결과를 의미한다. 왜 최소치에 만족해야만 하는가? 왜 모든 사람의 최고의 열망에 가능한 한 가깝게 다가가려는 합의를 이끌어 내기 위해 노력하지 않는가?

정의(定義)에 따르면, 정치적 타협은 개개의 입장에서 얻기를 바라는 것보다 훨씬 적은 것을 제공한다. 따라서 이해당사자나 집단은 타협을 통해 얻어진 합의의 집행에 대해 만족스럽게 생각하지 않는다.

중요한 공공정책갈등은 종종 법원에서 판가름 난다. 이러한 이유는 미들타운에서 보듯이, 관련 당사자들이 아무런 결정을 내릴 수 없는 수렁에 빠지게 되기 때문이다. 또는 공무원들의 미숙하고 성급한 조치가 저항받기 때문이기도 하며, 정치적인 타협이 결렬되기 때문이기도 하다. 소송은 일반적으로 많은 비용이 들고 시간도 많이 소요된다. 그러나 소송은 대부분 이성을 잃은 당사자들에게 남겨진 유일한 대안으로 여겨진다.

불행히도 법원은 모든 당사자들을 만족시킬 수 있는 처방전을 내놓기를 꺼려하거나, 많은 경우에 내놓을 수 없다.[4] 간단히 말해, 법원의 목적은 법의 해석이지, 상충하는 이해를 만족시키는 것이 아니기 때문이다.

선거라고 해서 공공갈등을 해결하는 데 더 효과적이란 법은 없다. 선거후보자들은 주요 이슈만큼이나 개인의 특징을 강조하는 경향이 있고, 아주 양심적인 후보라 할지라도 다각적인 요인을 고려하여 어느 한쪽으로 치우치지 않는 입장을 견지하게 된다. 여러 중요한 공공정책 문제는 정치적인 행정구역의 경계를 넘나들기 때문에 지방정부, 광역정부, 주정부, 그리고 연방정부의 공무원 간 협력이 필수적이다. 단지 어느 한 사람의 공직자가 해결책을, 특히 위로부터 아래로 내려보낼 수는 없다. 일반적으로 사무의 위임명령은 명쾌하게 이해하기 쉽지 않다. 선거에서의 특정 후보의 승리를 특정 문제에 대한 공공의 지의 표명으로 해석하기도 어렵다.

마찬가지로 주민투표도 복잡한 문제를 너무나 간단하게 가부로 결정짓기 때문에 문제가 될 수 있다. 더욱이 주민투표는 공직자의 목을 겨누는 칼로 인식되어, 문제가 발생했을 때 공직자들로 하여금 단호하게 행동하지 못하게 한다. 끝으로, 여론을 형성하기 위해 돈을 사용하는 사람들이 선거의 결과를 좌지우지하기 때문에, 선거나 주민투표가 대중이 특정 공공정책갈등을 어떻게 해결하고 싶어 하는지에 대한 공정한 지표가 될 수 없다.

환경청(EPA)이나 연방공정거래위원회(Federal Trade Commissions, FTC)와 같은 행정기관들이 법원, 선거, 주민투표가 해결하지 못하는 문제를 해결해 줄 수 있으리라고 기대하는 것도 현실적이지 못하다.[5] 공청회와 같은 대부분의 행정절차는 너무 형식적이어서 커다란 도움이 되지 못한다. 법규도 사태를 해결하는 데 도움이 되기보다는 방해가 되는 경우가 더 많다. 더욱이 행정기관들이 갈등을 해결하기 위한 방법을 찾아나서리라고도 기대할 수 없다.

행정기관이란 행정규제가 제대로 집행되어 사전에 정해진 규칙들이 일정하게(한결같이) 적용되도록 해야 하는 임무를 갖고 있다. 이 말은 상황의 특수성이 고려되어서는 안 된다는 것이 대부분 경우에서 준수되어야 할 전제조건이라는 의미이다. 공공갈등의 행정적인 해결은 이런저런 영향력을 통해 로비를 하고 정치적인 뒷거래를 하는 사람들에게 유리하게 내려지는 경향이 있기 때문이다.

정부와 행정기관이 분리되어 있는 우리의 대의민주제(代議民主制, representative democracy)는 우리 정치체제의 근간이지만, 우리는 공공갈등을 해결하기 위해 이 대의민주제를 활용하는 방식을 개선할 필요성이 있다. 우리는 더 적은 비용으로 더 낳은 결과를 얻어야만 한다. 특히 우리는 이제 정부에 대한 국민의 신뢰를 회복하고 우리 사회의 각계 각층 간의 관계를 개선시키기 위해 기존의 방식과는 다른 문제해결방식을 모색할 필요가 있다.

다행히도 공공갈등을 해결하기 위한 새로운 접근법이 개발되어 지난 몇 년 동안 실험되어 오고 있다. 실험의 결과는 매우 인상적인 것이었다. 정말로 미들타운의 주민들과 공직자들, 그리고 다른 많은 공공갈등에 관련되어 있는 사람들 모두에게 도움이 될 수 있는 좋은 수단을 찾았다고 믿을 만한 충분한 이유가 있다. 그런 수단이 바로 '합의형성을 위한 협상접근법'으로 많은 갈등상황에 매우 효과적인 것으로 나타났다.

합의형성은 모든 이해당사자 그룹에서 뽑힌 대표자들의 비공식적인 면대면(面對面) 직접 접촉, 승패가 갈리는 결론이나 정치적 타협으로 의미가 퇴색한 해결책이 아닌 '모두의 승리'를 추구하려는 자발적인 노력, 그리고 종종 중립적인 회의촉진자(facilitator)나 조정자(mediator)의 도움 등이 필수적이다. 그러나 이러한 접근법은 기존의 방식을 대체하는 것이 아닌 보완적이고 추가적인 방안으로 인식되어야 한다. 왜냐하면 법령에 근거한 강제력을 갖고 있는 공무원들은 집행의 의무를 수행하기 위한 권위는 보유하고 있어야만 하기 때문이다.

합의형성을 위한 협상접근법은 매우 간단할 수도 있고 아주 복잡할 수도 있다. 대화를 나누기 위해 갈등관련자 모두를 한자리에 모은다는 생각은 아주 쉬워 보인다. 그러나 협상테이블에 누가 앉을 것인가를 생각하기 전에 다음과 같은 피할 수 없는 어려운 질문들을 상상해 보라.

- 누가 적절한 참여자인지를 어떻게 선정해야만 하는가?
- 정부의 집행책임을 보증하기 위한 '선샤인(공개회의)' 법과 기타 규정 위반 없이 어떻게 비공식적으로 협상을 진행할 수 있는가?
- 왜 공식적인 권위 및 막강한 정치권력을 갖는 인사들이 강력하지도 않은 단체들을 만나야 하는가?
- 합의형성과정에 참여한 사람은 소송권을 포기해야 하는가?
- 임시단체들에게 자신들이 한 약속을 구속시킬 수 있을까?
- 경험이 없는 참여자들에게 어떤 종류의 기술적인 지원이 제공되어야 하는가?
- 비공적인 협상은 이전에 내려진 합의를 고려해야 하는가?
- 공공갈등을 중재하기 위해 필요한 기술을 갖고 있는 전문가들이 있는가?

위와 같은 또는 다른 중요한 문제에 대한 만족할 만한 해답이 있을 수 있지만, 문제를 논의하기 위해 모든 사람들을 한자리에 모으는 일은 간단하지 않다는 것을 분명히 인식해야 한다. 만약 사소한 장애들이 합의도출을 방해하는 것이었다면, 오늘날 우리가 이렇게 많은 해결하기 힘든 공공갈등에 직면하고 있지는 않았을 것이다.

이 책은 공공갈등을 해결하기 위해 협상을 통한 합의형성 접근법의 활용에 관심이 있는 정부관료, 기업의 경영자, 시민운동가들에게 유용한 조언을 제시하고 있다.

공공갈등 해결 연구분야에서의 10여 년 동안의 연구와 실험에 입각하여, 우리는 성공적으로 갈등을 해결했던 사례와 그 성공이유에 대해서 기술한다. 합의구축 접근법의 찬반론을 서술하고 공공갈등을 해결하기 위해 이 접근법을 이용하여 사람들을 설득할 수 있는 매우 효과적인 방법을 제시하고 있다. 우리는 회의촉진자나 조정자를 선정하는 가이드라인을 제시하고, 협상이 실패하는 경우 이를 만회할 수 있는 치유책도 제안하고 있다.

대부분의 독자들은 선출직 직위를 갖지 않더라도, 앞으로 더욱 더 다양한 공공갈등의 상황을 경험하게 될 것이다. 예를 들어 보자.

- 민간개발업자나 공공기관은 우리의 이웃에 부정적인 영향을 미칠 수 있는 건물의 건설을 결정할 수 있다.
- 대폭적인 예산삭감은 지방정부, 주정부, 그리고 연방정부에서 발생할 수 있다. 이러한 예산삭감은 우리가 소속되어 있는 우리의 가족, 고용주, 또는 다른 집단에 영향을 미친다. 그렇다면 새로운 예산지출 우선순위를 결정할 때 우리는 어떠한 역할을 해야 하는가?
- 새로운 건강 및 안전규칙이 계속해서 채택되고 있다. 그중 어떤 것들은 우리의 일터를 폐쇄시키거나 우리의 지역사회를 변모시키기도 한다. 우리는 기준설정의 책임을 우리도 모르는 익명의 기관담당자에게 맡겨 버리기를 원하는가?
- 우리의 생활공간 속의 물, 토양, 그리고 공기는 오염되어 있다. 우리의 집들을 어쩔 수 없이 포기해야 하는가? 우리가 재정적인 곤궁에 빠지면 정부가 지원을 해 줄 것인가?

- 전기, 물과 같은 기초생활설비와 공공서비스의 공급비용이 지속적으로 증가하는 이유는 아마도 많은 사람들이 광역적으로는 필요하지만 지역에는 유해한 시설의 입지에 님비(not-in-my-backyard)적인 태도를 취하기 때문일 것이다. 이러한 시설들의 입지결정이 모든 사람에게 합당하도록 이루어지게 할 수는 없을까?
- 공공서비스에는 책임성 보험이 없기 때문에 우리의 가족과 고용주들이 필요로 하는 공공서비스의 질과 범위를 저하시키고 있다. 전문가들에 따르면 이러한 현상은 정부정책의 결과이다. 이에 대해 우리는 무엇을 할 수 있는가?
- 공동자원에 대한 관리 잘못으로 우리가 살고 있는 지구를 지속시켜 주는 정교한 생태적 균형이 끊임없이 위협받고 있다. 그토록 중요한 자원관리결정 문제에 있어 우리는 무엇을 해야 하는가?

일반 시민들도 자신들의 이해를 추구하고 더 나아가 공공선(公共善)을 개선시키는 데 '협상을 통한 합의구축' 접근법을 활용할 수 있다고 생각한다.

교착상태를 피하고, 법정쟁송의 필요성을 줄이며, 정부의 신뢰성을 회복하는 유일한 방법은 우리의 앞을 가로막고 있는 문제를 해결하는 방식에 관한 합의를 이끌어 내는 것뿐이라고 생각한다. 이것은 정치적인 타협이 아닌, 현명하고 공정하며 효과적이고 가능한 한 가장 안정적인 결과를 도출할 수 있는 우리들의 자발적인 합의를 말한다.

이런 자발적 합의에 있어서는 모든 이해관계자들이 갈등해소과정에 직접적으로 참여할 수 있는 기회가 보장되어야 한다. 또한 이 자발적 합의도출은 상당한 시간과 공적 자금의 투자를 필요로 한다. 그러나 우리가 확신하는 바는 대부분의 경우 합의도출에 소요되는 유무형의 비용보다 궁극적으로 얻는 효과가 더 많다는 점이다.

우리의 주장은 직접민주주의에 대한 향수의 발로가 아니다. 또한 우리는 법에 의해 규정된 권한을 갖는 사람들로부터 그들이 갖는 의사결정자로서의 정당한 역할을 박탈하려는 것은 더욱 아니다. 대신 리더십과 책임 있는 시민의식 양자에 대한 새로운 개념정의를 주장하고자 한다. 정치지도자들은 합의구축에 대해 더 많은 책임을 맡아 주어야 하며, 시민, 공익단체, 그리고 기업계 지도자들은 상호이익을 최대화하고 장기적으로 관계를 개선시킬 수 있는 해결책의 모색에 좀 더 적극적으로 참여하여야 한다.

대부분의 공공갈등 당사자들은 승리 아니면 패배라는 이분법적 사고에 너무 익숙해져 있어 관련 당사자 모두가 승리할 수 있는 접근법이 있다는 것을 상상하지 못한다. 더욱이 정부정책을 분석하는 전문가들조차도 정치적 타협이 아닌 '공동문제해결'을 위한 면대면 협상은 비현실적이고 부적절하다고 말한다. 이들이 비현실적이라고 말하는 이유는 많은 사람들이 모이는 경우, 간단한 문제에 대해서조차 합의도출이 어려운데, 하물며 복잡한 공공정책을 결정하는 문제에 대해서는 말할 것도 없이 합의도출이 불가능하다는 데 있다. 더 나아가, 전문가들은 아직 태어나지 않은 다음 세대 등과 같은 일부 그룹의 이해관계는 대표되기가 불가능하다고 주장한다. 전문가들은 또한 공공정책 문제에 있어 합의도출이 부적절한 이유는 주의 주장이 명확하고 영향력 등 파워가 좋은 그룹이, 의사표현이 불명확하고 세력이 없는 그룹들을 무력화시킬 수 있다고 경고한다. 현재와 같은 '적대적이고 투쟁적인 과정'만이 불리한 입장이나 조건을 가진 그룹의 이해를 보호할 수 있다고 주장한다.

우리는 위와 같은 주장에 대해 차차 논박하기로 한다. 그러나 여기에서는 위와 같은 주장에 동의할 수 없다는 점만을 밝히고자 한다. 우리는 갈등해결에 대한 전통적인 방법이 약자 그룹의 이해를 제대로 보호하지 못하고 있다고 생각한다. '합의도출을 위한 협상접근법'이 분명코 그것을 더 잘 보호한다.

이 책은 주로 일반인을 위해, 다음으로는 분쟁해결에 관심이 있는 학생들을 위해 쓰여졌다. 이 책은 상당부분 (하버드 법대의 대학 간 협상 프로그램의 일부로서) MIT의 공공갈등 프로그램의 연구결과에 기반하고 있다. 우리는 선출직 공무원, 판사, 그리고 각급 정부의 행정관료들과 장기간 이야기도 나누고 이들을 관찰하기도 했다. 또한 우리는 기업인, 시민단체 지도자, 일반시민, 그리고 특히 집단협상이나 국제외교 등의 분야에서부터 공공갈등이라는 새로운 분야로 영역을 확장해 오고 있는 일단의 선구적인 전문조정자들과 매우 긴밀하게 함께 연구해 왔다.

합의도출을 위한 협상접근법은 복잡하고 정치적으로 민감한 상황 등 다양한 분야에서 적용되어 왔다. 이 접근법은 실용적이고 적합하며 새로운 입법이 필요하지 않다. 어느 분야에서건 어느 때건 활용될 수 있다. 중요한 것은 이 접근법이 스스로의 생명력이 있다는 점이다. 일단 이 접근법이 널리 활용된다면, 결과들이 이 접근법의 효과를 스스로 입증할 것이다.

갈등해소의 이론과 실제

Theory and Practice of Dispute Resolution

Breaking the Impasse

제 2 장
갈등해소의 이론과 실제

　　최근 들어 많은 공공갈등이 지대한 관심의 대상이 되어 왔다. 뉴욕 시의 웨스트웨이(서부지역 고속도로 건설) 논란, 나이아가라 폭포 러브 운하 지역의 유독성 폐기물 제거 노력, 펜실베이나아 주 스리마일 섬의 원자력발전소 폐쇄, 동서해안에서의 해양원유 탐사, 오대호에서의 인디언 어업권 문제, 미 중서부지역 석탄사용 규제를 통한 산성비 저감대책, 전국적인 저소득층 주택건설 노력, 많은 주에서의 교도소 신설 실패, 방사성유해물질 저장시설 입지에 대한 연방정부의 논쟁, 유전자변형 농작물 및 의약품에 대한 실험, 검증되지 않은 살충제의 비상시 사용, 가뭄지역에서의 물이용권 재배분 문제, 알래스카 횡단 송유관 건설, 농가보조금 정책의 변화 등이 그러하다. 이러한 공공갈등은 적어도 하나의 그룹이 인정할 수 없다며 입법적 · 행정적 또는 사법적 결정에 대해 반발하여 장기간의 갈등을 초래한 사례들이다.

　위 유형의 갈등들은 모두 배분적 갈등(distributional disputes)이라는 범주에 해당한다. 이들은 헌법상의 권리 및 법적인 권리에 대한 정의(定義)가 주된 초점인 둘째 범주의 갈등과는 확연하게 다르다. 배분적 갈등은 재원배분, 기준설정, (토지와 물의 활용방법을 포함하여) 시설입지 등에 초점을 둔다. 학교 인종차별우대 폐지, 낙태, 학교에서의 기도, 동성연애자의 권리보호, 창조론 교육, 차별철폐 정책, 자살권 등과 같은 헌법적 권리에 대한 갈등은 주로 헌법에 보장된 권리에 대한 법원의 해석에 따라 정해진다.

근본적인 헌법적 권리가 논란이 될 때, 우리는 주로 사법적 시스템에 문제해결을 맡긴다. 법원이 헌법적 권리를 정의하고 나면, 일정한 형식의 합의구축이 헌법적 권리를 보호하고, 다른 정당한 이해들과 화해를 도모하는 데 도움을 준다는 것은 분명히 있음 직한 일이다. 헌법적 갈등을 해소하기 위해 합의제적 접근법을 활용할 수 있거나 활용해야만 한다는 문제는 여기서 논외로 한다. 그러나 갈등의 핵심이 법적이냐 또는 불법적이냐에 대한 논란이 아니고, 눈에 보이고 손에 잡히는 이득과 손실의 배분 문제일 경우, 합의구축 전략이 도움이 될 수 있다고 우리는 확신할 수 있다.

위의 두 가지 갈등범주에 대한 구분은 때로는 명확하기도 하지만 때로는 명확하지 않을 수도 있다. 우선, 구분이 명확한 경우를 살펴보자. 대부분의 환경기준 설정과 시설사용료 결정에 대한 논쟁은 본질적인 헌법적 보장에 대한 논란이라기보다는 유형의 편익과 비용의 배분과 관련된다. 이렇게 사안이 분명한 경우라 할지라도 문제의 심각성이 낮아지는 것은 아니다. 환경기준이 높게 설정되는 경우 기업의 이익이 낮아지게 되어 관련 기업들은 적극적으로 반대할 것이기 때문이다. 반대로, 환경기준이 완화되어 기업의 이윤은 상승하지만 공중의 위생과 안전이 위협을 받는다면, 소비자보호단체나 공익관련 단체들의 반발을 초래할 것이다. 또는 이해관련 그룹의 반대 여부와 관계없이, 자신들에게 미칠 이익과 손해의 배분에 영향을 미치기 위해 의도적으로 이의를 제기하기도 한다. 그렇지만 이러한 두 가지 논쟁의 경우에도 요금과 기준의 설정에 대한 정부의 기본권에 대한 논쟁은 아니다.

교소도, 정유소, 사회복귀 훈련시설, 쓰레기 매립장 등의 신설 예정지로 발표된 곳의 주변에 사는 주민들은 자신들을 잠재적인 패자(potential losers)로 인식한다. 주민들은 재산가치의 하락, 건강과 안전에 대한 위험 증가, 또는 양자 모두를 걱정하게 된다. 비록 지역 전체적으로는 이익이 될지라도 자신들은 손해를 보는 입장에 처하게 된다. 따라서 이들은 자신들의 지역에 위해시설의 입지결정을 막기 위하여 막대한 시간과 돈을 지불할 의사를 갖게 된다. 이들 주민들은 입지결정에 대한 적법성 또는 근본적인 권리의 문제를 언급하지만, 이들이 진정으로 주장하는 바는 손해와 이익의 구체적인 배분에 관한 것이지 정부의 시설입지 결정권은 아니다.

배분적 논쟁과 헌법적 논쟁이 혼재되는 경우가 종종 있다. 예를 들어, 개발사업 계획에 반대하는 사람들은 어떤 토지용도변경계획이 헌법적 제한 수준을 넘어서는 것이라고 주장할 수 있다. 마찬가지로 산업계의 입장에서는 적법 절차에 근거하고 있는 안전 및 환경규제 관련 행정에 대해서 이의를 제기할 수 있다. (예를 들어, 산업계는 의회가 헌법의 '상행위 조항'에 의해 의회에 부여된 권한을 넘는 일이라고 주장할 수 있다.) 산업계에 부정적 영향을 미칠 특정 규제안과 정부의 규제권한 모두에 이의를 제기할 수도 있다.

일부의 경우에서 이러한 혼란은 불가피하다. 또 다른 경우에서 이러한 혼란은 의도적인 것일 수 있다. 정부의 권한 행사에 대한 일부의 이의제기는 명백히 순수한 이념적 차이에 근거한 것일 수도 있다. 그러나 다른 경우의 이의제기는 냉소적인 의도의 지연(遲延) 전략일 수도 있다. 어떤 경우이든, 모든 근본적인 권리에 대한 이의제기—이념적 동기에서건 또는 전략적 음모이건—는 법원에서 다루어져야만 한다. 따라서 대부분의 경우 배분적 논쟁의 최종적인 결정은 근본적 권리에 대한 문제가 해결된 후로 미루어지게 된다.

정부의 정책입안권이나 자원배분권이 최종적으로 재확인되는 경우, 관련 당사자들은 더 이상 정부행위의 허용 여부에 대한 문제가 아니라 언제, 어디서, 어떻게 정부의 행정행위가 이루어지느냐에 대한 문제로 분쟁의 국면을 전환시키기도 한다. 다시 말해, 일단 헌법적 문제가 해결되면 배분적 분쟁이 본격적으로 시작된다.

타협: 배분적 분쟁을 다루기 위한 전략
Compromise as a Strategy for Handling Distributional Disputes

대부분의 배분적 분쟁은 입법기관에서 과반수를 확보하거나 도움이 되는 행정조치를 이끌어 내기 위해 로비를 하고, 행정기관장의 심정적 지지를 이끌어 내고, 법원에서 유리한 판결을 얻는 등 승리를 위해 모든 역량을 집중하는 것으로부터 시작된다. 분쟁당사자들은 투표권 교환, 연대 구성, 언론을 통한 여론변경 시도, 주민투표 제안, 정치적·재정적 지원 확보 등을 시도한다. 이러한 것들은 정치적 협상의 고전적 기법들이다.

이러한 기법들이 본질적으로 잘못되었다는 것은 아니다. 그러나 문제는 이러한 기법들을 활용하는 경우 마지못해 받아들일 수 있는 정도의 결과를 얻거나 또는 아예 결과를 얻지 못할 수도 있다는 데 있다. 모든 분쟁당사자들이 무언가 돌파구를 마련해야 한다고 동의를 하는 상황일지라도 교착상태는 매우 일상적이게 된다. 사실 미들타운의 구체적인 상황들은 가상의 것들이지만 이런 교착상태에서 볼 수 있는 역학관계들은 현실상황 그대로이다. 서로 대치하는 그룹들이 완벽한 승리에만 집착하는 경우에 도달하는 결과는 대부분이 파국뿐이다. 이러한 교착상태가 지속되는 한 중요한 문제들은 해결되지 못한다. 때로 이러한 장기적인 지연은 근본적인 위험들을 배가시키고, 의미 있는 해결책을 찾더라도 집행단계에서 어려움을 증폭시킨다.

정치적 협상의 과정을 통해 타협을 도출한 경우에도 시간이 흐른 뒤에 보면, 한쪽 또는 다른 그룹이 말도 안 되는 약속을 하라고 강요받았거나, 정당한 수준보다 낮은 수준의 제안을 수용하라는 압박을 받았음을 깨닫게 되는 경우가 너무나 자주 발생한다. 이런 식으로 당했다고 생각하는 그룹들은 자신들의 약속이행을 거부하게 된다. 따라서 이렇게 갈등이 해결된 듯 보이더라도 사실상은 여전히 미해결 상태이다.

정상적인 정치적인 소통을 통해 도출해 내는 타협책은 반발이나 저항을 최소화시키는 대표적인 방법이다. 그러나 가정, 재산, 또는 생명이 관련된 문제이기 때문에, 장기적으로 현명하지 못한 대안을 수용하는 것은 무책임하거나 심지어는 범죄일 수도 있다. 우리 사회는 여전히 중요한 결정은 '장점'에 입각하여 모든 관련된 지식과 경험을 토대로 내려져야 한다는 믿음을 고수하고 있다. 그러나 우리 일상의 경험에서 알 수 있듯이 그런 일은 벌어지지 않는다.

대신, 우리 사회는 차이(difference)를 서로 분담함으로써 얻어지는 정치적 타협으로 해결하려는 경향이 있다. 둘 이상의 그룹이 서로 교착상태에 빠져 모든 설득할 수 있는 수단이 더 이상 없는 경우, 고통을 나누고 똑같이 양보하는 방식으로 합의에 도달한다. 그러나 '한가운데'에서 양분하는 방식의 타협은 공공정책 결정에서는 이상한 결론을 산출할 수 있음을 명심해야 한다. 예를 들어, 집단협상과정에서 시간당 12달러라는 입장과 시간당 10달러라는 입장 간의 중간점은 분명하지만, 수력발전소와 원자력발전소 간의 중간점은 분명하지 않다.

투표교환(logrolling)이 정치적인 타협에서 종종 사용되지만, 이 방식 또한 만족할 만한 수준의 합의를 이끌어 내지는 못한다. 하나의 의사결정에 관련된 모든 사람들이 다른 이슈에도 마찬가지의 의사결정권을 갖지 않는 경우에는 투표교환이 가능하지 않다. 다른 이슈에도 동등한 결정권이 부여되는 경우에만 다른 문제의 의사결정자들과 투표를 교환할 수 있을 뿐이다. 한 대표자가 어느 한 이슈에 대한 투표권을 갖기 위해서는 다른 이슈에 대한 자신의 투표권을 포기해야만 한다. 일부 유권자들에게는 이러한 방식이 정치적 편의라는 이름 하에 매우 근본적인 문제들이 협상과정에서 소홀히 취급되는 것으로 보여질 수 있는 것이다.

협상을 통한 분쟁해결의 좋은 결과
Good Outcomes of Negotiated Settlements

갈등의 다양한 측면을 연구하는 많은 연구자들의 연구와 저작에 기초하여, 우리는 좋은 협상의 결과가 갖는 특징을 다음의 네 가지로 유형화하였다. 즉, 공정성, 효율성, 지혜, 안정성 등이다. 정치적 타협에 의한 결과물들은 이러한 네 가지 특징을 충족시키지 못할 수도 있다.

공정성

분쟁해결의 공정성을 평가하는 좋은 방법의 하나는 최종결정에 도
달하기까지의 과정이 공정했는가를 평가하는 것이다. 이 방법은 다음
과 같은 여러 질문을 제기하게 한다.

- 협상과정이 대중에게 공개되었는가?
- 참여를 원하는 모든 그룹에 적정한 참여기회가 주어졌는가?
- 모든 당사자들은 필요한 기술적 정보에 대해 접근할 수 있었는가?
- 모든 사람에게 자신의 생각과 관점을 표현할 수 있는 기회가 주어졌는가?
- 협상과정에 참여한 사람들은 자신들이 대표하는 집단에게 상황에 대한 설명의
  의무를 다했는가?
- 협상의 최종단계에서 정당한 절차에 의해 제기된 불만을 들을 수 있는 수단이
  있었는가?

협상 산물의 공정성을 평가하는 데 가장 중요한 것은 참여자들의
인식이다. 핵심 질문은 "협상과정을 관리했던 사람들이 최종결정에
영향을 받는 사람들의 관심사항에 민감하게 대응했는가?" 하는 것이
다. 갈등당사자들에 의한 지속적인 조정이 가능한 갈등해소과정은 공
정하다고 인식될 수 있는 가능성이 매우 높은 접근법이다.

일부 갈등분쟁 전문가들은 이러한 분석에 동의하지 않고 있다.[1] 이
들에 따르면 공정성을 평가하는 데 가장 중요한 점은 게임의 규칙이
바뀌지 않아야 한다는 것이다. 이런 시각의 핵심에는 '게임에서 이긴
다'는 생각이 숨어 있다. 게임의 규칙이 바뀌는지에 초점을 두는 사람
들은 공정한 과정이란 갈등당사자가 자신이 바라는 목적을 성취할 수
있도록 모든 갈등당사자에게 동등한 기회를 허용하는 과정이라고 생
각한다. 이러한 생각은 소송이 더 좋은 분쟁해결 방법이라는 쪽으로
기울어지게 되는데, 그 이유는 아마도 갈등당사자가 누구냐에 상관없

이 법의 행정절차가 항상 동일하게 적용되기 때문일 것이다. 이러한 시각을 고집하는 사람들은 소송절차가 임시방편적인 분쟁해결 노력보다 더 좋다고 생각하며, 그 이유는 법이라는 규칙은 변하지 않는다고 생각하기 때문이다.

제1장에서 제시된 미들타운의 노숙자에 대한 논쟁을 통해 공정성에 대한 위의 상이한 시각에 대해 논의를 해 보자. '게임에서 이기는 것'이 가장 중요하다면, 갈등에 관련되어 있는 공무원, 시민단체, 상공인 대표자, 주민들은 의사결정이 내려지는 법칙이 예기치 못하게 바뀌지 않아야 한다는 점을 보장하라고 할 것이다. 절차상의 조그마한 변경이라도 주도면밀하게 계획된 전략을 약화시킬 수 있고, 공정하지 못하다고 인식되기 때문이다. 모든 그룹의 목적은 최종 정책결정에 강력한 영향을 미치는 것이므로, 만일 새로운 의사결정의 법칙이나 절차가 자신들의 주장을 무력화시킨다면 관련 그룹들은 분명 '반칙'이라고 주장할 것이다.

반면, 바라는 결과가 모든 관련 당사자들의 만족이라면, 뛰어난 해결책으로 안내하는 게임의 규칙은 원하지 않을 것이다. 관련 당사자들이 노숙자 문제를 해결해야 할 문제로 바라본다면, 승리와 패배라는 관점은 부적절한 것이다. 가장 중요한 이슈는 노숙자들이 거주하기에 적절한 장소를 찾을 수 있느냐 없느냐 하는 것이기 때문이다. 만일 노숙자들이 그렇게 할 수 없다면 모두가 패배하는 것이다.

문제해결이라는 맥락에 있어서, 공정하다고 하는 인식은 변하지 않는 법칙에 좌우되기보다는 개개의 특수한 욕구를 수용하려고 하는 당사자들의 의지에 좌우된다.

미들타운의 경우에서 시장, 시의회, 여러 지방정부와 주정부 기관, 그리고 시민단체들은 모든 당사자들의 특별한 주장을 고려할 수 있는 해결책을 고안하기 위해 함께 일할 수 있었을 것이다. 예를 들어, 교회나 지역의 군부대에 임시 거처를 마련하는 전략을 함께 찾아냄으로써 노숙자들에게 실질적인 도움을 줄 수 있었으며, 따라서 노숙자들의 단기적인 필요를 충족시킬 수 있었을 것이다. 각 주거지역에 적어도 하나 정도씩의 버려진 건물을 집이 필요한 사람들에게 장기임대주택으로 분양하는 것은 시(市)나 주정부, 특히 사회복지와 주택 관련 정부기관들의 적극적인 관심이 있었더라면 성공할 수 있는 전략이었다. 노숙자주거연대와 같은 노숙자를 위한 시민단체들에게는 재건축된 주택들을 대상으로 모델이 될 수 있는 사회복지서비스를 디자인하는 임무를 부여할 수도 있었을 것이다. 이 임무를 성공적으로 완수했더라면, 노숙자주거연대는 다른 대상지에도 유사한 사회복지서비스를 관리하는 임무를 장기적으로 맡을 수도 있었다. 다시 말해, 모든 관련 당사자 그룹에게 좋은 아이디어 고안에 대한 부분적인 공적을 인정하면서 해결책이 성공할 수 있도록 일정 부분 책임질 만한 임무가 부여되었더라면, 이 그룹들은 과정을 좀 더 공정하게 인식했을 것이다.

협상을 통한 분쟁해결과정의 공정성을 평가하는 전혀 다른 방식은 협상에 도달하는 절차나 과정보다는 합의의 실체적 내용에 초점을 두는 것이다. 이러한 관점을 미들타운 사례에 적용한다면 무슨 일이 발생할까?

노숙자 문제에 관련한 모든 당사자가 위에서 논의한 전략과 같은 장단기 정책에 합의를 이끌어 내었다고 가정하자. 노숙자주거연대 회원은 합의에 도달한 해결책이 노숙자는 타인에게 제공할 것이 없으며 타인으로부터 도움을 받아야 한다는 사실을 타당하게 고려하고 있는지 질문할 수 있을 것이다. 요컨대, 노숙자주거연대는 합의내용의 공정성에 대한 검증으로서 다음과 같은 경험법칙(rule of thumb), 즉 '지불

능력이 있는 사람은 지불해야 하고 도움이 필요한 사람은 도움을 받아야 한다'는 법칙을 활용할 수 있을 것이다.

반면, 시의회 의원들은 똑같은 합의 내용을 평가함에 있어 다른 경험법칙을 사용할 수 있을 것이다. 예를 들어, 아래와 같이 질문할 수 있을 것이다. 이 정책들이 채택되어 이익을 보는 사람들의 총이익이 손해를 보는 사람들의 손해보다 더 많은가? 다시 말해, 시의원들은 어느 한 특정 그룹의 구체적인 이익이나 손해가 아닌 시 전체 차원의 비용과 편익의 균형에 더 관심을 둘 수 있다. 모든 동네에 노숙자들을 위해 개조한 건물을 하나씩 강제적으로 수용하도록 함으로써, 시 전체 차원의 공정성 테스트는 충족될 수 있었을 것이다.

시장은 유권자 과반수의 만족이라는 시각에서 합의안에 대한 실제적인 공정성을 평가할 수 있었을 것이다. 과반수 법칙을 평가의 잣대로 사용하려는 사람들은 공공분쟁에서 승리자와 패배자를 구분하기가 어렵기 때문에 과반수 법칙을 선호한다. 이를테면, "나는 수혜자의 수혜가 피해자의 피해보다 과연 큰지 확신할 수 없다. 개개인에 따라 수혜와 피해에 대한 평가기준이 모두 다르기 때문이다."라고 주장하기도 한다. 따라서 이들은 "대다수가 결과에 만족할 것인가?"라는 질문을 하게 된다. 이들의 관점에서는 주류세력이 소수세력의 의지에 종속되는 것은 공정하지 못한 것이다.

요약하면, 공공분쟁에 관련되는 모든 당사자들이 수용할 만한 실제적인 공정성에 대한 단 하나의 지표는 있을 수 없다. 그러므로 우리는 현장에서 '공정성'에 대한 엄격한 결정을 가급적 피하고 있다. 우리가 주장하는 바는 공공분쟁에서 좋은 과정은 좋은 결과를 가져오며 더 좋은 과정은 더 좋은 결과를 가져올 수 있다는 것이다. 분쟁당사자뿐만 아니라 지역주민 전체에게 협상과정이 공정하다고 인식된다면 그

과정은 공정한 것이다.

이러한 공정성에 대한 인식은 보통 다음 네 개의 테스트를 적용함으로써 평가될 수 있다:

1. 참여권고가 진술했는가? 그리고 모든 관련 당사자에게 참여의 기회가 부여되었는가? 참여권고가 적정한 시점에서 이루어졌는가(즉, 협상이 이미 많이 진전되어 늦게 참여한 사람이 하등의 영향을 미칠 수 없게 되기 이전 시점)? 모든 당사자들이 의사를 효과적으로 표명하기 위해 필요한 정보 및 기술적 자원에 대한 접근이 허용되었는가? 예를 들어, 노숙자의 사례에서 공정한 과정이 정책을 형성함에 있어서 시의회나 시장의 특별전담반만이 아니라 관련된 모든 그룹에 허용되었더라면 하는 아쉬움이 있다.

2. 관련 당사자의 관심사항을 반영하기 위하여 의사결정과정에 대한 체계적인 점검과 개선의 기회가 있었는가? 이러한 기회는 공청회나 비공개되는 특별전담반 등의 공식적인 자리가 아닌 모든 당사자가 서로의 생각과 제안을 경청할 수 있는 공개적인 문제해결 모임에서 가장 잘 제공될 수 있다.

3. 협상과정이 처음뿐만 아니고 끝까지 정당하다고 인식되었는가? 어느 한 사람이라도 협상의 결과를 위해 '이용당했다'는 느낌을 받지 않았는가? 협상과정의 최종단계까지 모든 참여자들이 "난 조종당했거나 이용당했다고 생각하지 않아요"라고 말할 수 있어야만 한다. 미들타운의 사례에서 노숙자주거연대, 노숙자 연대, 상공회의 단체 및 기타 관련자들에게 시의 노숙자 정책을 입안하고 집행하는 데 직접적인 역할이 부여되었더라면 모든 관련 당사자들에게 정책과정이 정당했다고 생각될 수 있었을 것이다.

4. 지역주민들의 관점에서 좋은 선례가 되었는가? "아마 이런 종류의 문제를 처리하는 데 좋은 방법일 것이다."라는 생각을 갖고 제3자들이 협상과정의 결론에 동의하여야만 한다. "이런 문제가 다시 발생하면 어떻게 문제를 해결할지 배웠다." 물론 이러한 테스트는 매우 까다로운데 지역주민 전체가 기존의 문제 해결방법을 버리고 새로운 문제해결책을 고안해 내는 권리를 보유하고 있어야만 하기 때문이다. 그러나 일반적으로 과거의 선례와 결별해야 하는 훌륭한 이유가 있어야만 하고 이 이유가 매우 조심스럽게 설명되고 이해되어야만 한다.

요약하면, 협상을 통한 해결과정의 정당성을 평가하는 최적의 방법은 이해당사자의 태도와 인식을 평가하는 것이다. 이 접근법은 분명 논란의 여지가 있다. 이 접근법을 채택하는 사람은 공정성에 대한 인식제고에만 도움이 될 뿐 진정으로 균형 잡힌 결과의 도출을 보장하지는 못한다는 비난에 대비해야 한다.

우리의 시각에서는, 추상적인 원칙을 적용하여 공정성을 평가하는 분석가가 아닌 관련 당사자들이 합의가 공정하다고 인식하는 것이 더욱 중요하다는 것이다. 관련 당사자들이 주어진 과정이 공정했다고 생각한다면, 이 과정을 통해 도출된 결과는 충실히 이행되어질 수 있을 것이다. 그러나 공정하지 못했다고 인식된다면 결과를 준수하지 않을 것이다.

효율성

공정성만으로는 충분하지 않다. 아무리 공정한 합의일지라도 합의를 달성하는 데 시간이 엄청나게 오래 걸리거나, 예상보다 비용이 몇 배나 더 소요된다면 이를 수용할 수 없다. 또한 협상에 참여하는 당사자들이 멋진 거래(특정 당사자에게 피해를 주지 않고 모두에게 바람직한 교환)를 위한 기회를 잃어버렸다면 도출된 결과는 효율적이지도 못하다.[2]

우리는 협상을 통한 해결의 효율성을 측정할 수 있는 몇 가지의 방법을 발견하였다. 물론 이들 방법은 상대적인데, 절대적인 의미에서 효율성은 공정성만큼이나 정의하기 어렵기 때문이다.

합의가 부재한 상태에서 얻을 수 있었을 결과보다 기껏해야 조금 더 공정한 결과를 도출하는 데 상당히 오랜 시간이 소요된다면 그 과정은 비효율적이고 무가치하다고 할 수 있다.

우리가 주장하는 바는 더 낳은 과정이 더 효율적이고 더 공정한 결과를 도출한다는 점이다. 더 낳은 과정이란 협력을 통하여 문제를 풀어 나가는 것이 가능하도록 하는 분위기의 조성을 중시하는 과정을 말한다. 이러한 분위기는 참여자들이 서로를 신뢰하고 기꺼이 자신들 속마음에 있는 우선 관심사항을 표현하도록 하기 위한 필수 전제조건이다. 참여자들이 자신들의 진정한 이해관계를 표현하지 않는다면 가장 효율적인 합의를 도출하는 것은 불가능하다. 예를 들어, 노숙자주거연대와 같은 단체는 시의회 청문회에서 자기 조직 내부의 문제에 대한 논의를 결코 원하지 않을 것이다. 그러나 노숙자주거연대가 노숙자 문제에 전념하는 것은 확고부동한 정치적인 신념에서 비롯된 것이기보다는 회원의 결속에 관심을 두는 것에서 비롯된 것일 수도 있다. 다른 단체들이 노숙자주거연대의 내부조직 문제를 해결하는 데 적극적으로 도왔더라면, 요구조건들은 강화되고 이로 인해 선의가 변질되는 등과 같은 관련 당사자들 간의 정면대결로 치닫는 문제를 피할 수 있었을 것이다.

미들타운에서 보듯이 '승리-패배'라는 이분법적 대결구도를 모두가 승리하는 결과로 바꿀 수 있는 유일한 방법은 관련 당사자들이 서로를 경청하고 서로의 요구사항을 들어주기 위해 노력하는 분위기를 만드는 것이다. 만약 시정부가 노숙자주거연대에게 최초의 노숙자들을 위한 주택에 좋은 사회복지서비스 체제를 구축할 수 있도록 책임을 위임하고 가용자원을 배분했더라면, 노숙자주거연대는 거리시위를 통하지 않고 좀 더 효율적으로 자신들 조직 내부의 문제를 해결할 수 있었을 것이다.

분쟁당사자들이 서로 대결국면으로 치닫게 되는 경우, 두 가지 전략 중의 하나를 (명시적이든 암묵적이든) 선택해야만 한다. 즉, 협상에 나서거나 아니면 일방적 행동에 나서는 것이다. 합의구축의 협상과정에서 소요되는 시간, 비용 그리고 불확실성에서 본다면 막강한 정치적 힘을 갖고 있는 분쟁당사자들은 주로 후자의 전략에 마음이 끌리게 된다. 대부분의 경우에 있어서 일방적 행동은 잘못된 효율성을 야기하게 된다. 만일 미들타운 시장이 다른 사람들과 협의 없이 자신의 특별전담반의 권고에만 따라 움직였다면 언론의 관심과 임시결과도 얻을 수 있었을 테지만 곧바로 저항에 직면했을 것이다. 집행단계에서 문제가 반드시 일어나게 마련이기 때문이다. 우리의 경험에 따르면, 공공분쟁에서 관료들의 일방적인 행동은 협상과정에서 소요되는 수 개월보다 두 배나 더 많은 시간을 법정에서 소비하게 한다. 공공분쟁에서 종종 '빠르게 가기 위해서는 천천히 가는 것'이 필요할 경우가 있다.

끝으로, 공정성과 효율성의 특성 간에는 한 가지 취사선택할 요인이 있다. 오랜 시간을 들여 협상자들이 고안한 정책들과 동일한 정책을 상황을 잘 아는 제3자가 빨리 만들어 낼 수도 있을 것이다. 이러한 훌륭한 개인적인 노력이 집단과정을 거치는 것보다 분명 더 효율적인 것이다. 그러나 경험에 따르면 공정성에 대한 인식은 참여에 달려 있다. 참여한 사람들이 자기 자신들의 합의라고 생각한다면 이들은 합의의 집행을 지지할 가능성이 높아진다. 따라서 효율성이라는 목적이 참여에 의한 공정성과 별도로 고려되어서는 안 된다. 경우에 따라서는 효율성은 부차적인 목적이 될 수도 있어야 한다.

하지만 그 외의 경우 효율성은 최고의 목표로 고려되어야만 한다. 외부에 의한 제약요소가 있는 경우, 협상에 참여한 당사자들은 이 한계 내에서 협상에 임해야 한다. 예를 들어, 겨울에 노숙자 일부가 동사했다면, 합의구축이 아무리 유용하다 할지라도 구체적인 시간적 제약을 충족하지 못한 것이 된다.

지혜

무엇이 지혜로운 결과인가? 어떤 의미에서 지혜란 시간이 지나고 나서 분명해진다. 대부분의 분쟁해결과정은 어떤 유형의 예측을 수반한다. 이 과정에서 그러한 예측의 타당성이나 이 예측이 입각하고 있는 가정의 정확성이 확인되기까지 수개월 또는 수년이 걸릴 수도 있다.

지혜의 열쇠는 앞선 예측(prospective hindsight)이라는 것이다.[3] 미들타운 논쟁의 참여자들은 자신의 지역과 자원배분 문제에 대한 충분한 경험을 통해 자신들이 야기하고 있는 교착상태를 예견할 수 있어야했다. 또한 참여자들은 자신들이 살고 있는 시에 타당한 정책이 어떤것인지에 대해 충분히 인식하고 있어야만 했다. 물론 경우에 따라서는 앞선 예측을 하는 것이 쉽지 않은 경우도 있다.

매사추세츠 주에서 습지에 대규모 쇼핑몰을 건설하려는 안건에 대한 분쟁이 그런 경우이다.[4] 주정부의 규제와 연방정부의 '준설 후 복구' 조건을 충족시키기 위해 개발업자는 개발대상지에서 몇 마일 떨어진 곳에 대체습지를 조성하겠다고 제안했다.

주정부의 관할 행정기관은 인공습지가 자연습지와 동일한 생태적필요성을 충족시킬 만큼 기능할 수 있는지에 대해 미리 예측해야만했다. 개발업자의 주장이 틀린 것으로 입증된다면 그때는 이미 때를놓친 것이다. 인공습지가 실패로 귀결될 무렵이라면 이미 자연습지는파괴되어 쇼핑몰이 들어선 후일 테니 말이다. 마찬가지로 쇼핑몰 건축을 허가하기 전에 인공습지가 만족스럽게 기능하는 것을 입증하도록 요구하는 것도 비현실적이다. 개발업자는 수십만 달러를 추가적으로 지불해야 할 수도 있고, 10여 년 이상을 기다려야 할지도 모른다. 따라서 사전입증은 재정적으로도 불가능하고 법적으로 납득하기 어려운 것이다.

만일 신뢰할 만한 연구기관이 10여 년 이상 인공습지의 생태적 기능에 대해 연구해 오고 있었다면, 행정기관은 현명한 결정을 내릴 만한 충분한 정보를 얻을 수 있다. 만일 그러한 연구기관이 없다면, 행정기관은 결정을 쉽게 내릴 수 없을 것이다. 만일 그러한 연구가 캘리포니아 지역에서만 수행되었다고 생각해 보자.

회의론자들은 두 주(州)는 서로 상이한 생태조건을 갖고 있기 때문에 캘리포니아 지역에서의 연구결과가 매사추세츠 주 지역에서도 얻어질 수 있는지 예단할 수 없다고 주장할 수도 있다. 또한 10년간의 연구결과가 결정적이지 못할 수도 있다. 예를 들어, 인공습지가 일부 특정 측면에서만 자연습지와 동일하게 기능한다고 할 수 있다. 또는 매사추세츠 주의 누군가가 인공습지에 대한 단 하나의 연구결과에 입각해 자연습지를 파괴하여서는 안 된다고 주장할 수도 있다.

사실 과학자들은 자연습지가 어떻게 만들어지는지 거의 알지 못하고 있다.[5] 더욱이 개발업자는 더 모르는 것이 당연지사이다. 매사추세츠 사례에서, 쇼핑몰 개발업자는 습지가 성공적으로 설계되고 조성될 수 있다고 주정부를 설득하는 환경용역업체로부터 서비스를 받았다. 하지만 주정부의 담당기관은 자신들의 전문가에 의견에 따라 인공습지에 대해서 반대하였다.

어떤 경우에 우리는 선례가 될 수 있는 적절한 경험을 갖고 있지 못해 앞선 예측을 내리기 어렵다. 또는 우리가 부분적으로 관련되는 경험을 갖고 있는 경우에는 전문가들에 따라 서로 다른 해석을 내리기도 한다.

이러한 사정으로 인해 종종 '어용과학'이라는 우울한 과정에 빠져들게 되고 분쟁당사자들은 상대방의 주장을 깎아내리고 자신들의 입장을 편들어 주는 전문가들을 고용한다. 결과적으로 정보의 유용성들이 훼손된다. 따라서, 검증을 통해 문제를 해결하기보다는 정당한 과학적 그리고 기술적 차이가 과장되게 되고 분쟁당사자들은 상대방에서 제공한 정보의 타당성을 공격함으로써 자신들의 입장만을 고집하게 된다. 이러한 사태는 사람의 목숨이 달려 있는 경우에는 매우 위험한 상황이다. 그러므로 어용과학을 미연에 방지하는 방법과 과학기술 자문위원들을 생산적으로 활용할 수 있는 방법에 대해서 고민해야 한다.

현 상황에서 어용과학자들은 제살을 깎아먹는 것과 마찬가지이다. 의사결정자(와 대중)들은 종국에는 실망하게 될 것이고 논쟁에 있어서 중요한 과학적 측면들을 무시하게 될 것이다. 대중들은 "과학자들 사이에서 합의를 이루지 못한다면, 우리는 어쩌란 말인가?"라고 되묻게 될 것이다.

현명한 해결이란 가장 적절한 정보를 담고 있어야 한다. 그러므로 지혜의 개발과 혼합을 손상시키는 어용과학은 바람직하지 않다.[6] 그러나 하나의 결정이 영향을 발휘하기까지 수개월 또는 수년이나 걸린다면 어떻게 지혜를 얻을 수 있을까? 이 질문에 대한 해답은 협력에서 찾을 수 있다. 분쟁당사자 양측 모두가 잘못될 위험을 최소화시키는 노력에 적극 참여해야 한다. 당사자들은 반드시 특정 증거가 어느 한 일방에 유리하더라도 최적의 가능한 기술적 증거를 수용할 수 있는 협력적 업무관계를 개발해야 한다.

의견 및 시각의 차이에 대한 현명한 해결책을 찾기 위해서는 하나의 복잡한 문제를 상호 합의에 의해 일련의 부분 부분으로 나누어 가는 협력연구가 절대적으로 필요하다.

일련의 질문을 통해 개개의 부분들을 정의할 수 있다. 의견을 서로 달리하는 중요한 가정을 검증하기 위해 소규모로 실험을 수행할 수 있는가? 중요한 의견불일치를 해결하기 위해서는 어떤 정보를 필요로 하는가? 우리는 합의에 의해 정한 수단을 통하여 얻은 증거 중 우리 자신의 주장을 포기하게 하고 다른 사람들의 주장에 동의하도록 하는 증거가 어느 것인지를 구별해 낼 수 있는가? 우리는 복잡한 문제를 해결해 나가면서 서로를 배워 나갈 수 있는가?

　분쟁당사자가 의지만 갖고 어떤 협약에 이르기에는 충분하지 않다. 서로 경합하는 이해관계는 의지력을 검증하기보다는 각자가 제시하는 주장과 이를 뒷받침하는 증거의 타당성을 근거로 검증해야 한다. 현명한 합의에 이르기 위해서는 어용과학을 피해야만 한다.

안정성

　끝으로, 안정성도 훌륭한 결정을 위한 중요한 특징 중 하나이다. 공정하다고 인정되고 효율적으로 도달했고 기술적으로 현명해 보이는 합의일지라도 지속성이 없다면 만족스럽다고 할 수 없다.

　불안정성은 비현실적인 기대 등과 같은 몇몇 원인에 의해 발생한다. 공공분쟁 해소 노력에 참여하는 사람들은 실현가능성을 중요하게 생각해야만 한다. 실천할 수 없는 주장을 내세워서는 안 된다. 예를 들어, 한 그룹이 어떤 연대를 대표한다면, 그 연대의 전 구성원으로부터 지지를 이끌어 내어야 하는 책임을 져야 한다. 그렇지 않으면, 구성원들은 서로 반목하게 되고 합의의 집행을 방해하려 할 수 있다. 협상에 참여하는 개개 그룹의 대표자는 자신의 제안에 수반하는 조직 내부에서 제시하는 모든 조건을 충족시켜야 하는 책임과 연대의 구성원들로부터 계속해서 제기되는 이의를 처리하는 책임도 수행하여야 한다.

실현가능성은 얼마나 현실적인 시간표를 설정하느냐에 달려 있다. 지나치게 야심적인 경우, 집행이 서로 연관되어 있는 여러 활동들로부터 영향을 받는다면 시간이 지남에 따라 문제가 나타날 수 있다.

실현가능성을 파악하는 다른 방법은 협상당사자들이 서로에게 얼마나 성실한가에 초점을 두는 것이다. 상대방이 실현하기 어려운 약속을 받아내는 것이 승리로 보일 수도 있지만, 상대방에게 비현실적인 성실성을 요구하는 것은 도움이 되지 못한다.[7] 너무 광범위하고 비현실적인 약속보다는 적정한 수준의 약속을 추구하고 제시하는 것이 바람직하다. 미들타운 시장은 특별전담반을 구성하여 문제를 해결할 수 있으리라 생각했었다. 시의회는 수차례 단호한 조치를 약속했지만 결과적으로 시의회가 역부족이라는 것만 깨닫게 되었다. 시장이나 시의회는 자신들의 역할을 과장했던 것이다. 이런 상태에서 시장과 시의회가 합의를 강요했더라도 기꺼해야 일시적인 합의였을 것이다.

가끔 분쟁당사자들은 합의가 최종단계에 다다를 즈음 예상치 못했던 화합의 분위기에 이끌려 비현실적인 약속을 하는 유혹에 빠지는 경우가 있다. 또 어떤 경우는 너무나 피곤하고 지쳐서 기술적·법적·경제적, 그리고 재정적 문제들을 심각하게 고려하지 않고 성급하게 최종합의를 도출하려는 경향에 빠지기도 한다. 어떤 경우이든, 결과적으로 '도미노 효과'가 발생하게 된다. 처음 어느 한 당사자가 현실에 부딪혀 자신의 약속을 이행하지 못하면, 그것이 다른 당사자에게 전가되고 종국에는 전체 합의가 붕괴된다.

협상을 통한 합의는 반드시 재협상이라는 단서조항을 포함시켜야 한다. 지혜의 추구가 바로 협상자들이 새로운 정보를 흡수해 내는 것을 의미하는 것처럼, 안정성의 추구도 상황의 변화에 따라 협상을 통해 얻은 합의를 조정할 필요성이 있다. 하나의 유용한 모델은 대부분의 법안의 마지막에 달려 있는 '단서조항'이다. 이 단서조항이란 이전의 법에서 특정 조항이 현행법 및 헌법과 배치되는 경우 바로 그 조항만 무효화되는 것이며, 그 법 전체가 무효화되는 것은 아니다. 이러한 단서조항을 통해 의원들을 소집하여 위배조항을 수정할 수 있고 나머지 법은 유효하게 유지할 수 있다.

서면으로 합의서를 작성하는 경우, 협상자들은 반드시 다음과 같은 요약문구를 포함시켜야 한다. "만일 우리의 합의가 근거하고 있는 가정이 잘못되었다면, 다시 모여 그 가정을 바로잡는다." 예를 들어, 미들타운 사례에서 분쟁당사자들이 6개월마다 모임을 갖고 노숙자들의 상태에 대한 새로운 정보를 검토하고 협상을 통한 합의의 이행 여부를 조사하기로 합의해야 했다.

공공분쟁 해결에 참여하는 당사자들은 합의의 안정성은 당사자들 간의 관계에 따라 달라질 수 있음을 인식해야 한다. 이미 강조했듯이, 의견불일치를 해결하는 전통적인 방법은 적대의식과 반목을 야기하는 '승리-패배'의 이분법적·전투적 대결이다. 이러한 방법으로 이루어진 합의에 조그마한 결함이라도 발견된다며 불만을 품은 당사자들은 문제를 제기하여 합의 전체를 무산시킬 수 있다. 합의에 의한 해결책이 아니면 새로운 정보와 예기치 못한 사건들이 발생하여 그 해결책은 무력화된다. 즉, 불만을 품은 당사자들이 새로운 빌미를 발견하여 합의를 와해시켜 버릴 수도 있는 것이다.

분쟁당사자들 사이에 좋은 실무관계를 구축하면, 안정성의 가능성은 상당히 높아진다.[8] 상황이 아무리 좋은 경우라도 합의과정은 쉽사리 궤도를 이탈할 수 있다. 바로 이 시점에서, 재협상의 성공 여부는 이전의 협상과정에서 형성된 당사자 간의 관계의 질(the quality of relationship)에 좌우된다. 서로에 대해서 긍정적인 감정을 가질 수 있었다면 합의를 수정하고자 모여 협상을 재개할 가능성이 높다.

승패게임에서 모두가 이익이 되는 해결책으로
From Win-lose to All-gain Solutions

승패라는 이분법적 분쟁을 모두가 승리하는 합의로 전환시키는 것은 쉽지 않다. 무엇보다 우선 서로 가치가 틀린 이해사항들을 얼마나 효율적으로 묶어 내느냐가 중요하다.[9] 이러한 개념이 불안정한 정치적 타협의 하나인 '투표교환'과 같은 것으로 이해될 수도 있지만 둘 사이에 중요한 차이점을 발견할 수 있다. 첫째로, 가장 효율적인 거래는 모든 당사자들이 자신들의 우선순위에 대해서 정확한 정보를 교환할 수 있을 때 가능한 것이다. 신뢰의 결여라는 특징을 갖고 있는 정치적 흥정은 그러한 정보의 교환을 불가능하게 한다. 더욱이 모든 이해당사자 그룹은 개개의 협상에서 자신들의 입장을 개진할 임시대표자를 지명할 필요가 있다. 이 대표자 지명을 통해 아무리 소수의 사람들만이 깊은 관심을 갖고 있는 사항일지라도 투표교환으로 무시해 버리는 사태를 사전에 방지할 수 있다. 소수를 대표해 발언하도록 지명된 임시대표자들은 투표교환에서와 같은 압력을 느끼지 않아도 된다.

모두가 이득을 얻는 합의는 분쟁당사자들이 경쟁이 아닌 협력적 측면을 강조할 때만이 달성될 수 있다.[10] 나의 이익과 함께 상대방의 이익까지 고려해야 하는 이러한 이중 고려 또는 복합적 동기들은 동시에 다루어져야 한다. 갈등이 억제되어서는 안 된다. 사실 갈등은 매우 강력하게 필요로 하는 개혁을 달성하기 위해 활용할 수 있는 유일한 수단이다. 그러나 어떤 조치가 필요하다고 모두가 동의하는 경우에도 대결 양상이 계속되는 것은 매우 치명적이다. 모두가 승리하는 해결책은 상대방의 요구를 충족시키면서 자신의 요구를 만족시키는 방법을 고안해 내는 모든 분쟁당사자의 능력에 좌우된다. 아무리 자신들만의 이익에 집착하는 경우일지라도 이러한 협력이 절대 필요하다.

다음 장에서는 몇 개의 배분적 분쟁사례에 대해 상세하게 설명한다. 이들은 미국 전역의 대도시나 소규모 도시에서 발생하는 실제 상황을 대표한다. 이러한 분쟁들은 무작위적으로 선택된 것이 아니다. 사실, 이들을 선택한 이유는 계속해서 발생하는 공공분쟁의 원인과 해결에 걸림돌로 작용하는 현재의 대의민주제 시스템의 문제점을 보여 주고 있기 때문이다.

갈등해소 어려움의 원천
Sources of Difficulty

Breaking the Impasse

제 3 장
갈등해소 어려움의 원천

　　지금처럼 공공정책을 형성하고 집행하기가 어렵게 된 것은 두 세대 간에 걸친 임시땜질식 대응의 결과이다. 우리는 정부의 행정과정의 정당성을 제고하기 위한 취해진 여러 훌륭한 노력들이 오히려 정부행정의 효율성을 저해하는 결과를 가져온 역설의 시대에 살고 있다.

　　수많은 실례들을 찾아볼 수 있다. 예를 들어, 연방의회와 법원은 행정기관이 의회가 제정한 일반명령(general mandate)을 구체적인 규제책으로 수립하는 법규제정과정의 정당성을 제고하고자 노력해 왔다. 의회는 법규제정은 '일조방식'(역주: 법규제정과 관련된 일체의 정보를 공개하도록 하는 원칙)에 의거해야 하며, 연방정부관보(*Federal Register*)에 의해 법규제정에 대한 적정한 사전 고지가 있어야 하며, (밀실거래의 가능성을 방지하고자) 행정기관은 제안된 법규가 검토되는 동안 피규제 대상과의 의사소통을 금지하는 등을 규정하고 있는 법안을 통과시키기도 하였다. 법원도 제안된 법규에 이의를 제기할 수 있는 당사자의 수와 범위를 확대시켰고, 각각의 법규제정과정에 대한 구체적인 기록보존도 요구해 왔고, 행정기관이 의회의 입법의도를 충실히 따르도록 모든 법규를 아주 면밀히 검토할 것이라는 의지를 분명히 밝혀 왔다. 따라서 우

리는 시의적절한 의견개진을 필요로 하는 그룹들에게 오히려 연방의
회나 법원의 개입이 언제나 필수적이어서 매우 시간소모적인 괴상한
법규제정과정을 갖게 되었다.[1]

정부의 효율성을 높이고자 이런저런 개혁조치들이 실시되었지만
결과는 정반대였다. 예를 들어, 1984년에 환경청이 제안한 규제의
80% 이상이 법원에 제소되었다.[2] 제소는 (환경청이 기업에 너무 우호적이라
고 주장하는) 환경옹호단체들뿐만 아니라 (환경청이 지나치게 기업에 엄격하
다고 주장하는) 상공인연합회나 로비단체들에 의해서도 이루어졌다.

지속적인 정부의 대처능력 시스템 개선노력이 오히려 정부의 효율
성을 방해한 이유를 기준설정이라는 영역에서도 찾을 수 있다. 예를
들어, 어떤 법안의 목적이 특정 지역의 공기나 물의 정화라면, 공기나
물의 청정기준치를 정하는 것은 행정기관의 책임이 된다. 그러나 이
행정기관이 직면한 문제는 어떠한 기준이 설정되더라도 모든 그룹을
만족시킬 수 없으며, 과학적인 자료를 이용하더라도 (또는 좋은 관행에
근거하더라도) 행정기관이 정한 특정 기준치를 결정적으로 정당화해 주
지는 못한다는 점이다.

이러한 문제가 더 복잡해지는 경우는 법정에서이다. 특별한 과학적
전문성이 없는 법원이 어느 정도의 수준이 특정 수중오염원의 ppm기
준으로 적정한지 판단하기에 적합한 곳은 아니다. 법원이 할 수 있는
역할이란 행정기관이 정해진 의사결정절차를 준수하고 있는지 또는
행정기관이 정한 기준이 의회의 의도와 일치하는지를 판단하는 것이
다. 따라서 기준설정에 관한 과학적 복잡성과 기술적인 불확실성으로
인해, 법정에서의 전문가 증언을 통해 하나하나의 문제에 대해 거의
모든 측면을 검증할 수 있다.

어용과학은 혼란만 초래하고 가중시킬 뿐이다. 대부분의 경우에서,

기준설정상의 문제는 절차적인 흠결이라기보다는 실체적인 내용에 대한 논쟁이다. 그러나 연방의회에서 부가한 수많은 절차적 안전장치는 실체적 이슈에 대한 합의도달에 방해물로 작용하고 있다.

정부의 의사결정과정을 공개하라는 압력 및 행정행위에 대한 엄격한 시각을 취하겠다는 법원의 의지는 두 가지 예기치 못한 부작용을 초래했다. 비록 정부의 정당성과 대응성을 제고하려는 노력은 좋은 의도에서 출발했지만, 실질적인 효과는 그다지 칭찬할 만하지 못하다. 행정기관 및 입법기관의 의사결정시간이 더 많이 소요되게 되었고, 따라서 집행도 더욱 더디어지게 되었다. 이런 지체를 장점으로 생각하는 사람들은 이기적인 의도에서 이러한 새로운 절차적 안전장치를 활용(또는 남용)하는 방법을 배우게 되었다. 결국 행정기관의 직원들은 자신들의 모든 조치들이 법원에 제소될 가능성이 있으므로 '규정대로' 따르는 것이 안전하다는 것을 알게 되었다. 행정기관 (및 일부 입법기관의) 행위가 점차 관료화됨에 따라 우리 사회는 이들 기관들을 옴짝달싹 못하게 만들어 왔다. 더욱이 행정기관들의 자유재량이 일일이 검토와 해석의 대상이 됨에 따라 아예 자유재량의 행사를 회피하게 되었고, 많은 장점과 의도를 갖는 특정 사업계획이 제대로 평가되지 못하는 사태가 발생하고 있다.

좋은 의도들이 예기치 못했던 이상한 결과를 초래하여 왔다. 우리의 정부구조를 땜질식으로 처방해 온 그 많은 개혁가들 어느 누구도 정부의 공개 및 대응성 강화가 사실은 개개 정책집행의 독특성을 존중하며 정책들이 현명하게 적용될 수 있는 가능성을 저하시킨다는 생각을 하지 못했다. 그러나 바로 그런 결과가 초래되고 말았다.

강력한 로비행위들도 최근에 새롭게 인식되고 있는 또 다른 문제점이다. 연방헌법 초안자들은 연방정부 수립 직후부터 강력한 로비스트들이 생겨났음에도 불구하고 전문로비스트 집단을 결코 예상치 못했다. 그러나 1960년 이후로 로비스트들의 수와 영향력은 폭발적으로 증가하여 이로 인해 생겨나는 문제를 인식하게 되었다. 우리 사회는 로비에 대해 두 가지 생각을 갖고 있다. 하나는, 모든 시민들에게 자신의 목소리를 전달하려면 반드시 해당 의회의원들에게 로비를 하라고 권장하고 있다. 그러나 다른 한편으로는 의회를 대상으로 활동하는 전문로비스트 집단을 의심의 눈초리로 바라보고 있다.

사실 우리는 로비가 행정기관에 영향을 미쳤다는 증거를 보면 더욱 마음이 불편해진다. 우리 생각에는 행정기관의 의사결정은 주어진 상황이라는 사실에 입각해야 하는 것이다. 따라서 우리는 피규제자들이 규제자를 조종하는 '기관포섭(agency capture)'을 염려하고 있다.[3]

사법기관에 미치는 로비의 영향은 매우 작다고 말할 수 있다. 사법기관이 로비의 영향을 통제할 수 있는 기관이라는 점이 작은 위안이 되기도 한다. 입법기관 및 행정기관의 결정이 있는 그대로의 사실판단에 근거하기보다는 효과적인 로비의 결과라고 생각되는 경우, 이에 대한 시시비비를 법원에 제기할 수 있기 때문이다. 이러한 사태로 인해 법원의 부담은 가중되게 된다.

요약컨대, 우리 정치체계의 정당성 및 대응성을 제고하려는 다양한 노력이 있어 왔다. 그런 노력에 의해, 최초에 제기된 문제해결에 반드시 필요하지 않을 수 있는 추가적인 시간과 비용이 정부의 업무추진 과정상에 늘어나게 되었다. 더욱이 분쟁갈등에 좀 더 적합한 체계를 채택하기보다는 기존의 기구들이 불편해하는 새로운 역할들을 강요하여 왔다.

우리는 현재 대의민주제의 다섯 가지 단점—배분적 갈등을 야기하고 지연시키는 —을 지적할 수 있다. 몇몇 단점들은 대의민주제 자체의 고유한 단점이고, 나머지 몇몇 단점들은 최초의 단점들을 교정하는 노력의 결과로 야기된 것들이다. 그러나 이 모든 단점들은 배분적 분쟁의 수와 강도가 증가됨에 따라 더욱 심각해져 가고 있다. 아래에서 이 다섯 가지의 단점, 즉 다수의 폭력, 정치의 근시적 성격, 투표절차의 부적절성, 오늘날의 기술적 복잡성, 승자독식의 원칙에 대해 사례와 함께 논하고자 한다.

다수의 폭력
The Tyranny of the Majority

가까스로 유권자의 다수표를 획득하여 입법기관의 구성을 결정하고, 간신히 다수파를 차지한 입법기관의 의원들이 의사결정을 좌지우지하는 경우, 다수파보다 아주 조금 적은 소수파는 어떻게 되는가? 이론상 소수파는 다음 선거에서 다수파가 될 때까지 기다려야 한다. 소수파에게 있어, 다수파 대표자들은 유권자 다수의 시각을 갖고 있으며, 자신들의 검증된 지지를 포기하려 하지 않을 것이기 때문에 다수파에게 로비를 하는 것은 별무소득이다. 승자는 패자에게 "지난번 투표에서 나에게 어떻게 했지?"라는 질문을 던질 것이 명백하다.

물론, 현재 정부체제에는 노골적인 압력행사를 방지하도록 하는 안전장치들이 있다. 또한 아주 많은 책임들이 다수파의 권력남용을 제어할 수 있는 충분한 권한을 갖는 정부의 집행부 성격인 행정수임기관과 임명직 공무원들에게 전가되어 있다.

이러한 경향에는 다음과 같은 이념적인 요소가 포함되어 있다. 암묵적인 의미에서 소수자들은 기술적인 근거에 입각하여 행정기관의 보호를 요청할 수 있어야만 한다. 다시 말해, 지도자의 변동에 영향을 받지 않는 공무원은 기술적 전문성의 창고 역할을 해야 하고, 이 전문성은 비정치적인 방법으로 활용되어야만 한다. 행정의 안정성이 정치의 안정성을 대체하고, '전문가'에 의한 정책집행을 가능하게 한다. 이들 전문가들은 (정치적인 이해관계가 아닌) '공정한' 의사결정을 해야 한다.

이러한 소수파 권리에 대한 암묵적인 보호는 적극적인 사법부에 의해 강화되어 왔다. 법원은 행정기관 행위의 공정성을 조사할 책임이 있다. 이러한 사법부의 책임이 여러 행정적인 안전장치의 마지막을 구성하게 된다. 행정의 안정성, 절차의 공개성, '엄격 조사' 원칙 등이 '나머지 49퍼센트'의 이해가 무시당하지 않도록 집합적으로 작용하고 있다.

그러나 이러한 제도가 실질적으로 작용하는지에 대한 확신이 높다고는 할 수 없는데, 그 부분적인 이유는 현재의 행정과 사법적 과정을 지나치리만큼 정치화해 왔기 때문이다. 권력자들은 항상 이러한 조직적인 간섭이라는 유혹에 빠지곤 했지만 최근 들어서는 철저해지고 상대적으로 공정해졌다. 많은 대통령들과 상원의원들은 판사들의 정치적 성향에 대한 '리트머스 시험(litmus test)'을 주장해 왔다. 그리고 새로운 행정부가 들어설 때, 기존의 행정공무원을 정치적 동지로 대체하기 위해 말단직 관료까지 행정기관의 '모든 자리의 독식(sweep the tables)'에 대해 아무도 반대하지 않는다. 이러한 현상은 19세기 초 정치로의 회귀이다. "전리품은 승자에게 속한다."

그러나 결과적으로 1800년대에 이 엽관주의는 앤드류 잭슨(Andrew Jackson) 대통령의 민주당에 도움이 되지 못했고, 오늘날에도 효과적이지 못하다. 오늘날에도 지난날처럼 소수파는 사법적 그리고 행정적

의사결정이 항상 문제의 쟁점이나 사실에 근거하지 않는다는 것을 정확하게 이해하고 있다. 따라서 그러한 결정의 정당성은—적어도 소수파의 눈에는—매우 낮은 것이기 때문에, 불만세력들에게는 정당성이 취약한 의사결정을 방해하고 뒤집기 위해 상정가능한 모든 대책을 촉구하는 것이 전적으로 정당하게 생각된다.

이런 문제의 심각성은 우리가 실제 생활현장에서 순수 '다수파'와 '소수파'를 거의 직면하지 않는다는 사실에 있다. 사실 다수파나 소수파 모두 여러 작은 분파들 간의 취약한 연합체로 구성된다. 소수파의 구성원들은 중요한 이슈에서 다수파 내의 불화를 이용하여 새로운 다수파를 만들고자 다수파의 일부를 훔쳐오기도 한다. 이러한 결과로 인해 더욱 더 연합체 구성의 중요성을 강조하게 되었고, 이로 인해 공공정책은 점점 더 불안정성을 갖게 되었다. 다시 말해, 정책입안과 자원배분이 정당한 정책토론의 결과가 아닌 오로지 다수파의 크기에 의해 결정되는 것이 더욱 더 분명해짐에 따라, 다수파 구성을 강조하게 되고 정책의 불안정성은 높아지게 되었다.

우리는 정책의 불안정성에 영향을 미치는 여러 요인들을 파악할 수 있다. 일단 정책의 불안정성이 많은 사람들에게 인식되면, 이 불안정성은 자가발전적이 된다. 소수파는 다수파의 정책선택에 주목할 필요성이 없다는 점을 알고 있다. 소수파는 단지 필요한 이해집단의 이합집산이 끝날 때까지 다수파 정책의 집행을 방해하면 된다. 소수파는 자신이 (재)집권하는 경우, 다수파가 명백하게 정치적 이유에서 선택한 기분 나쁜 정책들을 폐기해도 정당하다는 점을 정확하게 인식하고 있다.

불행히도, 모든 정당들이 정권을 획득하여 행정부 전반에 걸쳐 자신들을 위한 정책을 만들 수 있는 날을 기대하기 때문에 정책의 불안정성을 야기하는 이러한 초보적인 시스템을 개혁할 아무런 인센티브가 존재하지 않는다. 현재 우리가 갖고 있는 시스템 환경에서 정쟁주의와 불안정성은 공생관계에 있는 것이다.

다음의 리버엔드(RiverEnd) 사례는 배분적 분쟁해결의 문제점을 좀더 여실히 보여 주기 위해 이 장에서 제시하는 다섯 사례 중의 하나이다. 환경보호주의자들과 개발업자 간의 실제 갈등을 약간 각색한 리버엔드 사례는 소수파가 다수파의 의지를 수용하지 않으려 할 때 어떤 일이 발생할 수 있는지를 보여 주고 있다.

리버엔드 갈등사례: 환경 vs. 개발

어느 봄날 아침, 호스트 세이볼트(Horst Seybolt) 박사는 아침식탁에서 신문을 펼쳐 1면 기사를 훑어보고 있었다. 박사는 자신이 본 기사에 놀랐다.[4] 전날 있었던 기자회견에서 스트래턴(Stratton) 주지사는 대규모 교통개발사업 계획을 발표했다. 주지사에 따르면 주정부는 대도시권 순환도로를 건설하기 위해 주도(州都)의 4개 고속화도로 중의 하나인 웨스트 라인(West Line)을 확장할 수 있도록 연방정부에 7억 5천만 달러의 특별기금을 신청할 예정이었다.

조간신문은 도로건설 사업을 지지하며 주지사의 주장을 요약하고 있었다. 주지사 주장의 요점은 주도로 들어오는 차량의 수를 줄이려는 것이었다. 이 도시는 점점 더 강화되어 가는 주정부와 연방정부의 공기오염 정화 기준을 충족시키지 못하고 있었고, 도시로 들어오는 차량의 수를 줄이라는 법원의 명령을 받고 있는 상태였다. 지하철을 교외지역까지 연장함으로써 시의 북쪽과 서쪽 교외지역의 통근자들에게 자가용이 아닌 새로운 통근수단을 제공할 수 있게 된다. 더욱이 스트래턴 주지사에 따르면 도심에서의 극심한 교통혼잡으로 인해 도

시의 투자환경이 악화되고 있었다. 이러한 문제는 대규모 지출과 광역적 접근법을 통해서만이 해결할 수 있다고 주장했다.

열렬한 환경보호주의자인 세이볼트 박사는 주도와 환경규제기관들 간의 문제를 잘 알고 있었다. 더욱이 주도 서쪽 경계에 있는 작은 마을인 알포드(Alford)의 거주자로서 세이볼트 박사는 시의 북서지역의 통근자들이 처해 있는 문제를 너무나 잘 알고 있었다. 하지만 알포드와 주도를 가르고 있는 환경적으로 민감한 습지의 보호단체인 수변지역보호연합(Watershed Association)의 대표로서 세이볼트 박사는 자기 지역의 환경문제를 특히 잘 알고 있었다. 세이볼트 박사는 신문기사를 읽으면서 자신의 불신이 점점 커져 가고 있음을 느꼈다. 주정부는 시의 강 유역 한가운데인 리버엔드에 지하철역과 대규모 주차장을 포함한 새로운 대규모 교통시설을 건설할 계획을 갖고 있었다.

세이볼트 박사는 리버엔드의 현재 상태에 대한 어떠한 환상도 갖고 있지 않았다. 주도 주변을 둘러싸고 있는 여러 공원 지역의 한 부분인 리버엔드는 수십 년 동안 남용과 무관심의 대상이 되어 왔다. 지역 및 광역정부 관료들은 철새와 다른 여러 야생동물들의 서식지로서 오랫동안 지정되어 온 리버엔드를 무관심 속에 방치해 두고 있는 상태였다. 화물 및 승객용 철로와 고속도로가 공원을 이상한 형태로 조각내어 훼손시켰다. 고속도로는 리버엔드 습지의 한가운데에서 끝나고 있어, 이미 인근 교통으로 체증을 겪고 있는 로터리 쪽으로 고속차량들을 연계시키고 있었다. 그 결과 인근 지역은 무질서와 위험에 노출되어 있었다. 이 지점은 주의 다른 어떤 지역보다 대형교통사고가 많이 발생하고 있었다.

리버엔드 주변지역의 개발도 아무런 사전계획 없이 진행되어 왔다. 주도의 시정부는 대규모의 고층 공공주택을 인근에 건축했고, 세원

창출을 위해 철로변을 따라 공장지대 개발을 조장했다. 이들 공장의 일부는 철로 위로 지나다니는 다리가 폐쇄되어 자신들이 시의 공공서비스를 제대로 받지 못하고 있음을 깨달았다. 일례로, 시의 소방차들이 인근의 알포드를 우회하여야만 리버엔드까지 도달할 수 있었다.

이런 실수와 잘못된 계획의 역사로 인해 세이볼트의 수변지역보호연합을 포함해 환경보호자와 단체들의 분노를 샀고, 리버엔드의 훼손을 방지하기 위한 환경단체들의 결속을 가져왔다. 세이볼트 박사가 생각하건대 주지사의 계획은 또 다른 실수와 실패로 나아가고 있는 것이었다. 세이볼트 박사는 참으로 의아하게 생각했다, "리버엔드는 홍수지대이자 커다란 습지의 한 부분이란 것을 왜들 모르지? 이 지대에 또 다른 건축물이 들어서면 홍수가 분명 알포드 타운의 주택지로 범람할 텐데."

리버엔드와 외곽순환도로 사이에 있는 여러 타운들은 지하철 연결공사를 극렬하게 반대할 것이 분명했다. 타운의 주민들 입장에서는 지하철은 범죄와 다른 대도시가 경험한 문제의 증가를 의미하는 것이었다. 만일 지하철 연장을 성공적으로 저지한다면, 리버엔드 정류장은 지하철의 마지막 정류장이 될 것이고 주지사의 예상보다 더 크게 건설되어야 할 것이었다.

마지막이자 가장 중요한 것은, 스트래턴 주지사가 설명한 규모의 개발사업은 훼손된 리버엔드의 자연환경을 복원하려는 많은 지역 주민들의 꿈을 깨뜨리는 처사였다.

그러나 몇 주 후 다른 그룹들은 주지사의 계획에 대한 지지를 표명하고 나섰다. 교통계획서 개발을 개인적으로 지휘했던 주의 교통성 장관은 이 개발계획은 주의 역사상 가장 공개적인 과정을 통해 수립되었다고 주장했다. 그의 주장에 따르면, 시의 주민과 주변 지역사회의 대다수 주민들은 거주지를 파괴하는 고속도로보다 철도나 지하철과 같은 대량수송수단을 명확히 선호했다는 것이다. 따라서 이 새로운 개발계획은 주민들의 희망과도 일치한다는 것이다. 철도건설에 따른 공업지와 상업지 개발을 통해 세수증대를 기대하고 있는 알포드 타운과 주도 시정부의 관료들도 개발계획을 지지했다. 이 새로운 개발계획에 참여할 개발업자들, 특히 개발예정지의 주요 토지소유자들은 개발계획을 적극적으로 환영하였다. 이들의 시각에서는, 리버엔드는 '자연' 상태로 복원될 가능성이 전혀 없는 것이었다. 이들은 이러한 현실에 입각해 리버엔드 지역이 갖고 있는 공업지대와 상업지대로서의 높은 잠재력을 개발하는 것이 합리적이라고 주장했다.

주지사의 개발계획 발표 후 한 달 만에 환경보호자들과 개발론자 간의 전선이 형성되었다. 지하철 노선 확장사업 개시 전 첫 단계는 연방과 주법에 의해서 요구되는 광역교통공단에 의한 환경영향평가서 작성이었다. 두 진영은 이 문제에서 최초로 공식적인 대결양상을 보이기 시작했다. 논란의 심각성을 인식한 주지사는 환경영향평가 과정에 모든 이해관계자들이 참여할 수 있도록 하는 자문위원회를 구성할 것이라고 발표했다. 이 지역의 대학교수이자 중재자인 엘리엇 로렌스 (Elliot Lawrence)가 위원회 의장에 임명되었다.

로렌스는 임명 직후부터 리버엔드 교통개발 사업계획으로 인해 야기되고 있는 험악한 분위기와 극단적인 입장의 대립에 직면하였다. 위원회의 최초 회의에서 개발지지자들은 자신들의 입장을 천명하였다. 이들은 리버엔드 환경에 대해서는 일고의 여지가 없다고 단정적으로 주장했다. 진정으로 주정부와 연방정부가 지하철 연장사업에 7억 5천만 달러를 지출할 생각이라면, 개발사업과정에서 그만한 예산 가치의 역할을 해야 한다고 주장했다. 즉, 가능한 한 가장 커다란 주차시설을 건설하며 기존의 도로, 로터리, 다리 그리고 통행패턴에 대한 면밀한 검토가 포함되어야 한다는 것이었다. 이들에 따르면, 이러한 대규모 공공투자의 핵심은 상응하는 대규모 민간투자로 유발시켜야 할 뿐만 아니라, 지역 전체의 투자도 진작시켜야 한다는 것이었다.

세이볼트 중심의 환경보호자들은 개발론자들과 마찬가지의 확신을 갖고 대응하였다. 환경보호자들은 과거의 죄와 남용은 용서가 되지 않는다고 주장하였다. 유일한 수용가능한 계획이란 리버엔드에서 더 이상의 개발을 방지하고 현재의 환경위해시설을 강제로 철거하며, 범람지대의 개울, 습지대, 그리고 야생동식물 보호지를 한층 개선하고 보호를 강제할 수 있는 '개발 불가' 접근법이었다. 환경론자들은 주(州)가 이 접근법을 통해 현재의 습지보호규제를 준수할 수 있다고 주장하였다.

몇 번의 회의 후, 위원회 의장인 로렌스는 양쪽 진영이 지나치게 극단적으로 되어 가고 있음을 느꼈다. 이 개발사업이 주정부와 연방정부의 모든 관련 선출직 공무원들로부터 분명한 지지를 받고 있다는 사실은 환경보호자들에게 전혀 영향을 미치지 못했다. 환경보호연대는 자문위원회에서 철수하고 법정소송을 제기하겠다고 위협했다. 개발사업 지지자들도 언제든지 법정공방을 할 의사가 있다고 밝히고 자신들의 막강한 정치력과 자금동원력을 행사할 뜻을 비쳤다.

자문위원회가 구성된 지 몇 개월 지나지 않아 분위기가 극도로 험악해진 한 회의에서 양측은 앞으로 대화에 참여하지 않겠다고 선언하기에 이르렀다. 개발지지 측의 한 대표자는 청중이 운집해 있는 회의실에서 환경보호자들을 향해 "건설 불가라는 말도 안 되는 주장을 집어치우고 좀 더 현실적인 것을 이야기합시다."라고 소리쳤다. "그렇지 않으면 우리는 이 문제를 정치적으로 해결하겠소. 선출직 공무원들은 우리를 지지하고 있단 말이오."

이에 환경보호자들도 위협적으로 반격했다. "환경을 개선하고 복원할 필요성을 인정하지 않으면 우리는 법원에 제소하겠소. 또한 이 개발사업을 저지할 것이고, 앞으로 리버엔드에서의 그 어떤 개발사업도 무산시킬 것이오."라고 세이볼트도 소리쳤다.

환경보호자들은 주지사, 연방의회 의원단, 주(州)의 공공사업성 그리고 연방과 주의 교통담당기관 등의 의사결정들을 수용할 준비가 되어 있지 않았다. 물론 이러한 결정들이 자의적 결정이 아니라는 사실은 문제가 되지 않았다. 사실, 관련 기관들은 연구용역비로 수백만 달러를 지불했고, 광역교통정류장(regional transit stop)에 대한 여러 대안 및 어떠한 부정적인 환경영향도 저감(低減)시킬 수 있는 방안을 검토한 바 있다.

또한 환경보호자들은 주정부와 광역기관들에 의해 제안된 개발사업을 지지하고 있는 자신들이 뽑은 대부분의 선출직 공무원들의 의사결정도 수용할 준비가 되어 있지 않았다. 왜 환경보호자들은 만장일치로 개발사업을 반대하는가? 환경보호자들은 각종 연구들이 개발사업을 교묘하게 지지하고 있다고 생각하기 때문이었다. 사실, 환경보호자들은 광역대중교통정류장을 건설하려는 최초의 결정이 정치적 의도에 근거하고 있지, 객관적인 대도시민의 교통수요 조사결과에 근거하고 있지 않다고 생각하였다.

리버엔드 분쟁에서 환경보호연대 회원들은 개발사업을 반대하는 지역주민들의 지지를 얻으려고 했다. 그들은 전국적인 환경단체들의 도움을 청했다. 이들은 주의회의 교통분과위원회 회장이자 알포드 지역에 미칠 이 개발사업의 영향에 관심을 갖고 있던 알포드 출신의 핵심 주 하원의원을 통해 영향력을 행사하려고 시도하기도 했다. 또한 환경보호자들은 스트래턴 주지사와 직접 접촉을 하기도 했다. 그런 연후에 이들은 법적 조치를 취하겠다고 위협을 하였다. 이들은 또한 리버엔드 사업에 대한 자신들의 지지를 얻기 위해 주도(州都), 알포드 및 인근 타운 등의 선거에서 이슈화를 도모하기도 했다.

그러나 결국에는 제5장에서 상세하게 설명할 대면협상을 통해 한 가지 해결책이 부상하게 된다.

장기적인 이행약속의 부족
Lack of Long-term Commitment

현재의 대의민주제의 전체적인 안정성 속에는 주요한 리더십체제와 정책의 불안정성이 감추어져 있다. 이러한 불안정성은 자연스럽고 필요한 것으로, 대의민주제가 변화하는 환경과 대중의 정서를 반영할 수 있도록 해 준다.

우리의 선출직 및 임명직 공무원들은 자신들의 임기가 짧다는 것을 알고 있다. 그러므로 이들은 어쩔 수 없이 제한된 시간 내에 문제를 파악하고 해결해야 한다. 이들은 또한 종종 반대 정파에서 나오기도 하는 자신들의 후임자들이 (정치적 실익이 없는 경우라면) 기존의 프로그램이나 정책을 계속 수행할 의무는 없다는 것도 알고 있다. 결과적으로 엄청난 돈이 비교적 단기간에 지출된다. 전국 차원의 최근 사례로는 (미국의 해외연료의존도를 낮출 수 있도록 하는 coal-to-gas나 다른 실험적인 기술들을 상업화하려는) '합성연료' 사업과 유독성 폐기물 처리장의 대규모 정화사업을 위한 슈퍼펀드(역주: Superfund는 미국 정부의 통제를 받지 않는 위해폐기물 처리장을 정화하는 연방정부 프로그램이다.) 조성 등을 들 수 있다.

합성연료사업은 1970년대의 석유위기에 대응하여 시작되었다.[5] 이 사업이 종료된 1985년까지 합성연료사업위원회는 수십억 원의 예산을 지출했다. 석유가격이 정상수준으로 돌아오자마자, 해외연료의 존도를 낮추기 위해 필요했던 합성연료시장과의 정치적인 합의가 붕괴되었다. 그런데 시장과의 합의의 붕괴는 최초의 문제인식과는 별반 상관이 없다. 미국의 장기적인 대체연료원의 필요성은 신문 1면 기사를 장식했던 석유위기 당시에 못지않게 현재에도 중요하다. 이 경험을 통해 다음 두 가지 교훈을 얻을 수 있다. 첫째, 합성연료 프로그램이 해결하려고 했던 직접적인 문제가 해결됨으로써 이 사업의 생명력이 치명적으로 손상되었다. 둘째, 합성연료사업 자체가 정치적인 지지도에 영향을 줄 정도로 눈에 띄는 결과를 신속하게 얻어 낼 수 없었다.

마찬가지로, 연방의회는 5년도 채 안 되는 기간 동안 약 2천 억 달러라는 예산을 슈퍼펀드 조성에 배정하였다.[6] 대다수 슈퍼펀드 조성 지지자들은 당시에 파악된 약 800개 이상의 화학폐기물 처리장의 정화에 더 많은 시간과 예산을 배정해 달라는 환경청의 요청에 동정적이지 않았다.

많은 정치인들은 즉각적인 대책이 필요하다고 주장했다. 정치인들은 정화사업을 효율적으로 진행시키기 위해 필요한 기본연구를 기다릴 여유가 없었다. (사실, 정치인들은 다음 의회선거까지 결과가 필요했다.) 거의 5년간 환경청은 겨우 6개 정도의 폐기물 처리장을 정화할 수 있었다. 1985년 슈퍼펀드 프로그램의 재인가 여부에 대한 논란이 진지하게 시작되었을 당시, 이 프로그램의 반대론자들은 정화문제 자체보다는 정화비용의 규모 (그리고 비용확보) 문제에 더 관심이 있었다. 다시 말하면, 연방의회의 정치현실은 정화사업의 실질적 필요성과 현실을 인식하고 있지 못했다.

　이러한 단기적 시각은 행정과정의 비효율성을 야기하게 된다. 행정부가 새로운 과업에 숙련될 때쯤 정부의 핵심의제는 바뀌게 된다. 어떤 경우에 이러한 비효율은 현재의 시스템 하에서 단기적 책임성 때문에 치러야 하는 비용일지도 모른다. 그러나 다른 많은 문제들은 급조되는 프로그램이나 많은 예산의 조기집행 등에 의해 자연스레 해결책이 찾아지지 않는다. 불행히도 에너지 및 환경 문제들이 이런 경우에 속한다. 이런 상황이 부분적으로나마 합성연료 프로그램과 슈퍼펀드 조성사업이 왜 비생산적이 되었는지 설명해 준다. 이러한 문제들을 해결하려면 수 년 또는 수십 년 동안의 지속적이고 끈기 있는 관심과 (대규모의 일회성 재정지원이 아닌) 지속적인 예산배정이 필요하다. 무한정한 자원이 있다 하더라도 의회나 행정부가 현재의 대중교통 및 교육문제 등을 해결할 수 있을까? 이러한 문제들은 시시때때로 변화하는 특성을 갖는 정책목표들이다. 이들 문제는 심지어 앞서 정의내린 문제에 대한 해결책이 집행되기도 전에 변하기도 한다.

　일부 사회에서는 장기적인 대책에 대한 합의가 비교적 쉽게 이루어진다. 예를 들어, 전체주의 정권은 비록 집행에 문제가 있을지라도 장기정책을 명령할 수 있다. 일본은 합의형성에 성공적이었고 그런 성공으로 인해 전후 눈부신 경제성장을 이룩할 수 있었다.[7] 그러나 일본의 전체주의적 상명하달 방식이나 문화적 동질성의 추구는 미국의 정책입안자들에게는 적합한 모델이 아닐 것이다. 우리에게 필요한 것은 문제에 대한 규정과 그 문제 해결을 위해 장기적인 헌신이 필요하다는 초당파적인 합의이다.

　이러한 합의로 인해 정부의 행정과정에서 정치가 필요 없어지는 것은 아니다. 일부의 경우, 정치는 부차적인 역할을 수행하게 될 수도 있다. 일단 어떤 문제가 초당파적인 합의를 통해 특별하고 장기적인 고려의 대상으로 정의되었다면, 그 문제는 그러한 대상으로 유지될 수 있을 것이다. (이는 미국의 어떤 정파나 정당이 집권하느냐에 상관없이 존중되어야 하는 외국과의 장기적인 협정과 동등한 자국 내의 협정과 같다고 할 수 있다.) 이러한 합의의 장점은 두 가지가 있을 수 있다. 첫째, 대책에 대한 장기적인 지지가 견고하다는 것을 정확하게 인식시킬 수 있다. (대체적으로 우리의 행정관료들은 장기적인 초당적 합의가 논란을 피할 수 있는 보호막이 될 수 있어 이러한 기회를 환영할 것이다.) 둘째, 부분적으로 새로운 정보가 수집되어 대책이 변경될 수는 있지만 장기적인 초당적 합의는 유지될 수 있다.

선출직 공무원들이 장기적인 관점을 취하지 않음으로써 발생하는 문제를 보여 주는 '사회복지재원 배분' 사례가 있다. 1970년대 중반, 연방정부는 포괄보조금으로 매년 제공되는 상당한 연방정부의 예산 배분 결정권을 주정부로 이양하기 시작했다. 이 재원은 사회복지서비스에 활용되어야 하지만 포괄적 규정으로 인해 주정부에 상당한 재량권이 부여되었다.

매년 각 주의 여러 단체들은 이 사회복지재원의 일부를 확보하기 위한 효율적인 방법을 터득하여 왔다. 주로 역사가 오래된 단체들이 보조금을 받아갔다. 사회복지서비스 수요는 지속적으로 변하고 있는데, 과거에 보조금을 받았던 단체들은 지속적으로 재원확보를 요구하고 있다. 그리고 이러한 단체들은 매우 잘 조직되어 있어, 재원배분 기준의 변화에도 불구하고 효과적으로 로비를 할 수 있었다. 1980년대 중반까지, 아래에서 소개할 주정부의 대다수 관료와 관계자들은 중상층 아이들의 여름 캠프를 위해 재원지원을 계속하는 반면 폭행당하는 여성을 위한 보호소가 재원부족으로 폐쇄되는 것이 이치에 맞지 않는다는 것을 인정했다. 그럼에도 불구하고, 기존의 지출 우선순위를 개혁하려는 노력들은 번번이 무산되었다.

사회복지서비스 우선순위 결정

주정부의 사회복지서비스위원장인 메리 도라다(Mary Dorada)는 좌절감에 휩싸여 있었다. 때는 1983년 봄이었다.[8] 그녀는 지난 1년여 동안 새로운 지침을 마련하고자 추진 중이었다. 그녀의 보좌관들은 세밀한 사회복지서비스 수요평가를 위해 거의 18개월 동안 준비했다. 이미 완성된 평가는 특히 빈곤 지역에서의 사회복지서비스의 수요가 변화하고 있음을 분명히 보여 주고 있었다. 그러나 지난 4년간의 재정 지출 사이클은 이미 또다시 반복되기 시작했다.

새로운 지침에 대한 비난 전화들이 걸려오기 시작했고, 의회의 사회복지위원회에서는 특별청문회 개최가 예정되었다. 그녀의 예상대로라면, 이 청문회는 예고된 지침안을 철회하지 않는 한 험악한 고성이 오고가는 성토장이 될 것이 뻔했다. 연합통신사에 응답전화를 하려고 전화기를 집어들면서도 그녀는 지금껏 고려하지 못한 실무적인 대안들이 있을지도 모른다는 생각을 수없이 하면서 자신의 빈약한 대안들을 검토하고 있었다.

사회복지서비스 포괄보조금은 여러 면에서 특별한 점이 있다. 첫째, 이 보조금은 사회복지서비스에 대해서 유일하게 아무런 제약 없이 지원을 제공하고 있다. 다른 모든 사회복지서비스 보조금은 매우 구체적으로 서비스의 범주 및 수혜자 그룹이 정해져 있다. 둘째, 적어도 지금 논의되고 있는 주정부에서는 사회복지 프로그램이 민간의 매칭펀드와 연관되어 있다. 지역의 서비스 단체가 모금한 돈의 액수에 따라 포괄보조금 재원이 연동되어 지원될 수 있었다. (이와 유사한 장치를 통해, 사회복지 프로그램은 그 지역에서 결정한 우선순위에 더욱 적절하게 대응할 수 있는 것이다.) 마지막으로, 포괄보조금의 총액은 처음 주정부와 연방정부 간에 체결된 기금협정규정 탓에 주정부의 재원을 통해 지속적으로 증가하게 되어 있었다. 1970년대 이 기금이 시작될 때, 이 프로그램은 주정부에 총 100만 달러를 제공했다. 1985년까지 이 프로그램은 주와 연방정부의 기금 2,000만 달러 이상의 재원과 민간의 매칭펀드 약 400만 달러를 비영리 사회복지서비스 단체에게 제공하였다.

메리 도라다의 주에는 포괄보조금 프로그램과 이해관계가 깊은 네 개의 커다란 그룹이 있었다. 첫째는 지방공무원들이었다. 포괄보조금 총액 중 주정부의 비율이 연방정부의 비율보다 더 커졌지만, 지방공무원들은 이 재원을 주정부의 돈이 아닌 연방정부의 돈으로 인식하고 있었다. 따라서 주의회의 사회복지서비스위원회에 의해 매년 수행되는 주정부 차원의 사회복지서비스 수요평가에도 불구하고, 주(州) 대부분의 선출직 및 임명직 공무원들은 기금에 대한 지방정부 차원의 통제권을 유지하려는 데 관심이 높았다.

그러나 사회복지서비스 위원장의 시각에서 볼 때 지방통제권 문제는 다른 저의를 숨기기 위한 계략이었다. 주정부 사회복지서비스 기관의 광역사무소는 항상 모든 보조금을 검토하고 승인하는 책임을 수행하여 왔고, 주정부는 현재 새로운 권한을 요구할 엄두도 내지 못하고 있었다. 사실 사회복지서비스 위원장실이 보조금 지원의 우선순위 결정을 돕도록 최초로 지역주민으로 자문단을 구성했다. 그러나 위원장실로부터 최초의 지원이 없었다면 지역주민자문단은 결코 구성될 수 없었을 것이다. 결과적으로 포괄보조금 프로그램은 주의 사회복지부에 의해 몇 년 전에 준비된 낡은 지침에 따라 운영하게 되었다. 이 지침은 지방정부에 의한 우선순위 결정권의 중요성을 분명하게 강조하고 있었지만 동시에 포괄보조금 재원으로 공급할 수 있는 사회복지 서비스와 재원신청을 할 수 있는 사회복지기관의 범위를 지정하고 있었다. 이러한 지침들이 존재하고, 또 존재해 왔다는 사실은 지방통제권 주장을 매우 위축시키는 것이었다.

사회복지서비스 프로그램에서 중요한 이해관계를 갖고 있는 둘째 그룹은 주 전역에 걸쳐 약 5,000개의 비영리단체를 대표하는 사회복지서비스공급자연합회(the Association of Social Service Providers)이다. 이 연합회는 주정부 재원으로 받는 사회복지사들의 임금과 다른 재원을 통해 받는 복지사 임금 간의 균형 문제에 특별한 목소리를 내고 있었다. 이 두 복지사 그룹 간의 임금격차는 너무 심하다고 모두들 인정하고 있었다. 예를 들어, 포괄보조금 재원으로 임금을 받는 탁아소 직원은 연평균 8,000달러 소득을 갖는 반면 민간탁아소 직원은 이보다 50% 이상을 더 받고 있다. 연합회는 현재 포괄보조금 계약에 의해 지불되고 있는 임금이 균형을 이룰 정도로 대폭 인상되어야 한다고 주장했다. 또한 지방공무원들과 함께 이 연합회는 서비스 지원 우선순위가 계속해서 지방에 의해 결정되어야 한다고 주장하고 있다. 바로 이런 점에서 사회복지서비스공급자연합회가 영향력을 발휘하고 있다.

셋째 그룹으로는 기업, 재단 및 지방정부 등의 매칭펀드 조성에 기여하는 민간기부자들이다. 이 기부자들의 대다수는 다음의 핵심사항에 대해 동의하고 있었다. 첫째, 민간기부자들은 자신들의 매칭펀드 기부의 한 방식으로 '현물'이나 기타 비현금 기부도 선택할 수 있어야 한다고 생각하고 있었다. 이들은 또한 매칭펀드 운영지침을 준수하지만 주정부의 지원 우선순위와는 상관없이 특정 단체에 기부금을 지정할 수 있는 권리를 희망하였다. 비록 이들은 지원 우선순위를 바꾸어

보조금 배분지침을 개정해야 한다는 위원장의 주장에 동조하고 있었지만, 주정부 중심의 새로운 지원 우선순위 결정이라는 아이디어는 좋아하지 않았다. 이들은 너무나 많은 돈들이 도심의 주민들에게 돌아가고 있는 반면, 빈곤지역이 존재하는 교외와 주변지역에는 충분하게 지원되지 못하고 있다는 우려를 위원장이 인식하지 못하고 있다고 불만을 토로하고 있었다.

마지막 주요 이해관계자는 민간원호단체들, 특히 소수인종과 장애인들의 대표자들이었다. 이들은 현재의 지원순위가 매우 잘못되었다고 강도 높게 불만을 제기하고 있었다. 특히 이들은 문화와 언어가 다른 소수인종들을 위한 프로그램에 더 많은 재원이 배정되어야 한다고 주장했다. 발달장애인을 위한 프로그램이 포괄보조금의 지원대상이 될 수 없다는 점에 매우 분노하고 있었다. (사실 다른 주에서는 이미 이런 목적으로 재원을 할당하고 있었다.) 단결력이 약한 이들 시민단체들은 비록 주정부가 새롭게 규정한 우선순위에 대해 한목소리로 지지를 했지만, 각자의 세부적인 이해관계 앞에서는 이들의 연합전선이 쉽게 붕괴되었다. 각각의 시민단체는 새로운 우선순위가 어떻게 정해져야 하는지에 대해 자신들만의 분명한 생각을 갖고 있었기 때문이다.

사회복지서비스 위원장은 새로운 운영지침을 발효시킬 공식적인 권한은 갖고 있었지만 그녀는 자신이 충분한 정치적 지지를 받지 못한다는 사실을 알고 있었다. 이러한 사실은 매년 회계연도가 시작되면 분명하게 나타난다. 매년 새로운 운영지침을 발효시키려는 메리 도라다의 시도는 번번이 의회의 의해 저지되었다. 의회는 위원장이 한 발짝 물러나 새로운 개정안을 철회할 때까지 전체 사회복지서비스 예산(약 10억 달러)을 볼모로 활용하고 있었다.

의회는 법규개정을 반대하거나 서로 상반되는 개정지지 단체들인

사회복지서비스공급자연합회, 지방공무원, 기업체 기부자, 그리고 시민옹호단체 등으로부터 지속적이고 강력한 압박을 받고 있었다.

1982년, 도라다 위원장은 의회의 지도부와 사회복지서비스위원회 위원들과 개인적인 접촉을 하려고 노력했지만 아무런 결실을 거두지 못했다. 그녀는 새로운 운영지침을 지지하는 사람들을 거의 찾을 수 없었다. 사실, 사람들은 그녀가 제안한 운영지침에 거의 관심이 없었다. 그들은 기존 보조금 수혜자의 자격을 박탈하고 새로운 수혜자 그룹을 추가해 기금경쟁을 강화시키려는 모든 개혁에 극렬하게 반대하고 있었다. 개개의 그룹은 자신들의 이해관계만을 추구하려고 할 뿐이었다.

위원장의 최근 서비스 수요평가 보고서에 따르면 특히 네 개의 그룹이 제대로 서비스를 받지 못하고 있었다. 첫째는 가정불화를 겪고 있어 전통적인 지원을 활용하지 못하는 가정이었다. 둘째는 젊은 부모들(또는 예비부모들)이었다. 위원장의 수요평가 보고서는 아동학대와 무관심을 예방하기 위해 이들 그룹들이 지원대상이 되어야 한다고 주장했다. 이는 천주교를 믿는 가정이 많은 주에서는 매우 논란이 되는 우선순위였다. 셋째는 심각한 행동장애를 갖고 있거나 가족의 보살핌이 없는 청소년층이었고, 마지막 그룹은 노숙자들이었다. 이 그룹들은 지금까지 특별 프로그램의 초점이 되지 못해 왔고, 결과적으로 어떠한 단체들도 이 그룹들을 대신해 포괄보조금을 받지 못했으며 이 그룹들을 위해 활동할 수 있도록 준비할 수도 없었다.

도라다 위원장으로서도 전체 예산에서 차지하는 비중이 낮은 포괄보조금 때문에 의회와의 관계를 악화시키는 것은 바람직하지 않았다. 주지사도 의회와 대립각을 세우고 싶지 않았다. 주지사는 다른 예산 관련 당면 문제가 있었기 때문에 미미한 포괄보조금 예산문제 때문에 의회의 지원을 잃어버리는 것을 원하지 않았다. 2년마다 선출되는 의원들도 또 다른 압력들을 받고 있었다. 일례로 의원들은 사회복지서비스공급자연합회가 선거에 막강한 영향력을 갖고 있음을 아주 잘 인식하고 있었다. 따라서 어떠한 의원도 사회복지서비스단체들의 보조금을 삭감하여 위험을 자초하고 싶지 않았다.

이전의 다른 프로그램에서의 경험에 따르면, 사회복지서비스 프로그램의 새로운 지침은 기존의 지역 간 보조금 분배 패턴을 변경시키는 것이었다. 그러나 정확한 보조금의 지역 간 분배 패턴은 새 지침이 시행되기 전까지는 알 수가 없었다. 이러한 사실 자체만으로도 다음 선거까지만으로 임기가 정해져 있는 의원들에게는 받아들일 수 없는 위험이었다. 중요하지만 위험하기까지 한 사회문제를 해결하려는 시도는 거의 정치적인 보상을 얻기 어렵기 때문이다.

하지만 우리가 제5장에서 기술하게 될 대면협상을 통해, 포괄보조금 배분 문제에 이해가 걸린 약 100여 개의 단체들이 마침내 새로운 우선순위 결정과정에 대한 합의에 이를 수 있었다.

선거과정의 단점들
Shortcomings of the Voting Process

미국인들은 선거과정에 상당히 중요한 의미를 부여하고 있다. 물론 미국인들이 항상 그러한 확신을 갖고 행동하는 것은 아니지만 말이다. 그러나 분명한 것은 선거과정이 공공정책 결정에서 고려되어야 하는 모든 이해관계들을 동시에 고려할 수 없다는 사실이다.

예를 들면, 투표는 시의적절하지 못하다. 지난 선거와 다음 선거 사이에는 매우 많은 이슈가 생겨난다. 1년 전에 타당했던 의제를 갖고 선출된 후보들은 오늘 우리가 필요로 하는 대표자가 아닐 수 있다. 우리는 새로운 정보를 접하게 되면 아주 중대한 문제에 대한 우리 자신의 마음을 바꾸기도 한다. 선거 때와는 반대의 견해를 갖게 되었어도 우리는 여전히 우리가 과거에 뽑은 대표자를 통해 우리의 의사를 대변하려고 한다.

후보자가 공직선거에 나서는 경우, 이들은 다양한 이슈에 대한 입장을 표명한다. 우리는 비록 중요하지 않은 문제에 대해 우리와 다른 견해를 가지고 있더라도 대체로 우리와 같은 견해를 가진 후보자를 선택하여 투표한다. 그러나 어떤 후보자도 우리의 삶에 커다란 영향을 미치는 중요한 문제에 아무런 관심을 갖지 않는다면 우리는 어떻게 할까? 아마도 우리는 우리에게 가장 적게 반대할 만한 후보자에게 투표를 하거나 우리가 관심을 가지지 않는 이슈들에 대한 후보자의 입장을 통해 적어도 우리의 사고방식과 유사하다고 생각하는 후보자를 선택할 것이다.

더욱이 우리가 특정 후보에게 투표를 하는 방법으로는 특정 문제에 대해 우리가 느끼는 감정의 강도를 표현할 수 없다. 사실, 어떤 주요 이슈에 대해 우리와 반대의사를 갖고 있는 시민들도 같은 후보자에게 투표하는 경우가 발생할 수 있다.

게다가 유권자들은 결코 상황변화에 따른 선택을 할 수가 없다. 미국민은 아마도 선거(심지어는 주민투표)를 통해 특정 가정하에서의 대안 1과 주요 사건에 의해 전혀 다르게 전개될 수 있는 대안 2 중에서의 선택만이 허용된다는 사실에 크게 충격을 받을 것이다. 그러나 상황에 따른 선택의 기회가 없기 때문에, 유권자들은 지나치게 일반화되거나 단순화된 대안 중에서 하나를 선택할 수밖에 없다.

‘상황적 합성(contingencies)’은 배분 분쟁에서 모두가 승리하는 대책 마련을 위해 가장 중요한 속성이지만, 투표는 이러한 융통성을 제공하지 못한다.

로비는 유권자들의 의지를 보완해 주고 찬반투표에 의해 반영될 수 없는 유권자들이 갖는 관심의 강도를 표현해 줄 수 있는 수단이다. 그러나 미국 국민들은 권장받아 마땅한 로비의 유형에 대해서는 이중적인 생각을 갖고 있다.[9] 로비스트의 활동자금에 대한 규제를 원하고, 모든 로비스트의 등록제를 원하며, 우리의 대표자들이 누구에게 어떤 의무를 강요받고 있는지를 알고 싶어 한다.

단순히 말해, 우리는 로비가 불공평하기 때문에 로비행위에 대해 불편한 마음을 갖고 있다. 분명 로비는 선거제도만큼 평등성을 갖추지 못한 보완책이다. 예컨대, 효과적인 로비란 정치중심지인 워싱턴에서 이루어지고, 충분한 자원과 좋은 조직을 갖고 있고, 적재적소에 친한 인사들이 있는 경우이다. 대부분의 로비가 비난의 대상이 되는 이유는 지나치리만큼 사기업의 이해관계를 도모하기 때문이다. (무기 생산업체의 로비는 쉽게 눈에 띄어 자주 인용된다. 그러나 기업 이외의 다른 로비는 효과적이지 않다. 최근 무기소지법의 폐기는 무기로비단체 활동의 결과인 예이다.)

반대로, 조직화되지 못하고 재정이 충분하지 못한 단체들은 자신들의 입장을 효과적으로 반영할 수가 없다. 일부 사례의 경우, 무조직은 단순히 관심 부족의 반영이다. 그러나 다른 몇몇 경우, 무조직은 매우 민감한 사회적 이슈가 갑작스럽게 발생하여 관련 단체들이 조직화할 수 있는 충분한 시간을 미처 갖지 못하는 경우도 있다.

(앞에서 논의된) 리버엔드의 대중교통시설에 대한 주정부의 건설계획 사례에서 로비스트 개입에 의해 발생하는 두 가지 문제점을 보여 주

고 있다. 협상참여자들은 개발업자들이 유력한 주 정치가들에게 아주 용이하게 접근할 수 있었다. 개발업자의 로비스트들은 이미 곳곳에 포진하고 있었고, 주 의회와 행정부는 오래전부터 구축해 온 관계를 활용할 수 있었다. 자신들의 정치적 영향력을 통하여 이미 정책결정 과정에서 우위를 점할 수 있어, 아웃사이더인 환경단체들의 분노를 야기했다. 로비의 분명한 첫째 위험은 분쟁의 결과가 논쟁을 통한 장단점에 의해서가 아니라 상대적인 정치적 영향력에 의해 결정되어 버릴 수 있다는 점이다.

둘째 위험도 또한 의사결정과정에 관한 것이었다. 즉, 로비스트들의 부적절한 영향력 때문에 의사결정과정 전체가 의심을 받았던 것이다. 게임의 초기부터 잠재적인 패배자는 주정부가 제안한 모든 것을 거부하려 했다. 필요하다면 불도저 앞에 누워 버릴 수 있다는 이들의 주장은 이해할 만한 분노였다.

주(州) 공무원들도 중요한 사실을 간과했다. 영향력 있는 그룹의 침묵은 현상을 오판하게 할 수 있다. 일시적이지만 이러한 침묵은 향후 발생할지 모를 대대적인 저항을 인식하지 못하게 할 수 있다. 로비가 불공정하다는 인식을 초래하는 경우, 초기에 이런 로비에 대한 반응이 없다 할지라도 결국에는 갈등과정에서 중요한 영향을 미치게 된다.

로비가 선거과정을 보완할 수 있다 하더라도 모든 이해당사자들의 관심사를 수용할 수 없다는 문제는 여전히 남아 있다. 캘리포니아 주에서와 같은 주민투표도 이러한 문제점을 해결하지 못한다. 다양하고 상세한 주민투표 안건이 제시되더라도 이는 여전히 이분법적 찬성-반대의 상황 적응적이지 못한 형식을 갖고 있다. 따라서 특정 집단이 갖고 있는 관심의 강도는 투표안건에 반영되지 못한다. 투표절차의 경직성으로 인해 투표를 마치자마자 포기해야 하는 어느 한쪽의 입장을 선택할 수밖에 없다.

오염된 강과 항구를 정화하려다 실패한 하몬(Harmon) 하수처리공단 (Sewage Authority)의 이야기는 선거가 아무도 원하지 않는 결과를 야기할 수 있음을 보여 주는 대표적인 사례이다.

하몬 카운티(Harmon County) 하수정화 갈등사례

롤렌캠프(Rollenkamp) 판사는 판사석에서 아래를 내려다보며 말했다.[10] "이번 분쟁은 12년이나 지속되어 왔습니다. 이미 충분한 시간을 가졌으므로 나는 이 분쟁이 해결될 때까지 모든 새로운 하수관 연결과 추가적인 건설을 금지할 것입니다." 법정에는 대부분이 변호사들인 100여 명의 방청객이 있었다.

하몬 시가 고용한 변호사인 마이크 오브리(Mike Aubrey)는 담담했지만 시(市) 정부가 이 소식을 접할 때 어떤 반응을 보일지 알 수가 없다. 지난 8년 동안 그는 하몬 카운티의 광역하수시스템 건설을 지연시킬 수 있도록 모든 법적 조치를 취해 왔다. 광역하수시스템이 건설되지 않는 한 하몬 시의 재정 건전성은 확보될 수 있었다. 그러나 오브리의 입장에서 이번의 건설금지 판결은 또 다른 상황의 전개였다. 하몬 시는 대대적인 건설공사가 포함된 다운타운 활성화 정책들의 발표를 준비 중이었다. 이번 판결로 이 활성화 정책들이 위험에 빠지게 되었다.

주의회가 1975년 처음 하몬 카운티 광역하수처리공단을 설립했을 당시 하몬 시의 공무원을 포함해 모두가 환영했었다. 그러나 광역하수처리공단이 1978년 1억 달러의 시스템 계획안을 발표하고 하몬 시에 대해 설치 및 운영 예산의 약 1,000만 달러 이상을 매년 분담하라고 하자, 하몬 시의 시장과 시의회는 과다 비용 소요를 이유로 전면적인 법적 소송을 시작했다.

그 후로 사태는 악화일로였다. 사업비용은 점점 더 증가했고 이자율도 상승했으며, 카운티의 채권등급은 하락했고, 정화시설에 대한 연방정부의 보조금도 거의 삭감되었다. 1985년에 광역하수처리공단은 광역하수처리시설 비용이 3억 달러가 소요될 것으로 추정하고 하몬 시에 매년 2,200만 달러를 부담하라고 했다. 이에 놀란 시 공무원들은 계획안을 말도 안 된다고 일축해 버렸다.

오브리에게 이 문제는 매우 간단했다―하몬 시는 그만한 비용을 지불할 수 있는 여력이 없었다. 1985년 시의 총 재산세 수입은 겨우 2,000만 달러였다. 매년 가구당 1,000달러 정도의 하수처리비를 요구하는 것은 거의 모든 가구를 쫓아내는 것이고 경제활동의 위축을 초래할 것이다. 광역하수처리공단의 계획에 따르면, 하몬 시는 계획 시행 첫해에만 전체 가구의 절반 이상을 잃어버릴 것이다. 하수처리공단은 미국에서 가장 가난한 시의 하나인 하몬 시에 어떻게 그 정도의 비용을 부담하라고 하는지 어처구니가 없었다.

오브리는 잠자코 판사가 이어가는 말을 경청하고 있었다. "나는 전 주정부 중재자인 론 존스(Ron Jones)를 특별감사로 임명할 것입니다. 그는 전문가 팀을 구성하여 합의도출을 위한 공동노력이 효과를 가져올 수 있는지 알아보기 위해 당신들과 함께 활동할 것입니다. 나는 1985년 9월 1일 최종결정을 내릴 것입니다. 그때까지 하수관 연결금지 결정이 계속 유효할 것입니다."

광역하수처리공단 변호사 존 렌프로(John Renfrow)는 광역하수처리공단 이사장인 톰 글린(Tom Glynn)을 바라보며, "음, 이제 주민들도 어쩔 수 없이 우리와 함께 논의를 해야 합니다. 내 생각엔 판사도 우리

편으로 기울었어요." 하고 말했다.

그러나 공단 이사장인 글린은 확신을 할 수 없었다. 그는 "왜 판사는 그냥 판결을 내리지 않았죠? 특별감사는 또 뭐란 말입니까?" 하고 물었다.

글린은 특별감사가 이 분쟁과 관련한 이해관계자들을 개별적으로 만나기 시작하면서 듣게 될 주장들을 상상해 보았다. 이 카운티의 작은 마을들은 수년간 주장해 왔던 대로 광역하수시스템에 강제적으로 연결되게 해서는 안 된다고 주장할 것이었다. 일면, 글린은 이러한 관점에 심정적으로 동조하고 있었다. 이들 작은 마을들은 정화조를 운영하여 하수문제를 해결할 수 있었다. 그러나 광역하수청이 일단 대형 하수관을 카운티 전 지역에 매설한다면, 작은 마을들을 이 광역하수시스템에 연결시키지 않는 것은 상식에 맞지 않는 처사였다. 더욱이 앞으로 마을이 더 개발되어 광역하수시스템을 필요로 하게 되면, 이 작은 마을들은 그때서야 광역하수시스템에 연결해 달라고 아우성칠 것이다. 따라서 이들 소규모의 마을들도 적정한 수준의 선행투자비를 부담하는 것이 당연하다고 글린은 생각하고 있었다.

또한 칼턴(Carlton)과 다른 부유한 마을들의 선례도 있었다. 글린은 이 부유한 마을들에 대해서는 좋지 못한 감정을 가지고 있었다. 이들 마을은 하수처리시스템이 필요하다는 것을 인식하고 있었지만, 이들 마을의 정치지도자 어느 누구도 하수처리비용의 상승에 따른 정치적 부담을 지려고 하지 않았다. 이들 마을 주민에게 1년에 700~800달러는 커다란 부담이 아니었다. 글린이 화가 나는 것은 줏대 없는 마을 정치인들이 광역하수처리공단을 나쁜 기관으로 매도하고 있다는 점이었다.

끝으로, 하몬 시에도 문제가 있었다. 글린은 이 시의 대부분 주민이 가난하다는 것을 알고 있었다. 그러나 글린은 하몬 시에 오브리와 여러 부하직원을 고용할 수 있도록 자금을 지원하고 있는 거대 통조림 회사인 랜들사(Randall Company)의 생각을 못마땅하게 여기고 있었다. 랜들사의 입장은 분명했다. 하몬 시의 하수시스템으로 방류하고 있는 랜들사의 오수에 대한 사전처리비용을 부담하지 않으려는 것이었다. 랜들사의 막대한 배출량을 고려하면, 하몬 시는 광역 차원의 약 40%에 해당하는 오수를 발생하고 있다. 그렇다면 왜 광역하수도시설의 건설 및 운영비의 40%를 부담하지 않으려 하는가? 글린이 아는 한 모든 광역하수시스템은 오수배출량을 기준으로 비용을 계산하고 있었다. 주민 고객의 비용부담액과 랜들사의 비용부담액을 결정하는 것은 전적으로 시의 책임이다. 그러나 문제는 랜들사가 시를 떠나겠다고 계속 위협하고 있는 것이었다. 글린이 아는 한 그것은 공연한 위협이지만, 시 당국으로서는 무시하지 못할 위협이기도 하였다.

특별감사 론 존스는 곧바로 업무에 착수하였다. 존스는 글린이 예상했던 것처럼 여러 그룹의 의견들이 정교하지 못한 상태임을 발견하였다. 존스는 관련 지방 공무원들의 의견을 들은 후, 연방환경청(EPA)과 주(州) 환경보호성 관계자들과 면담하였다. 연방환경청은 지난 10여 년간 15개가 넘는 지자체의 하수정화시설을 폐쇄조치하려고 노력해 왔다고 밝혔다. 지자체의 하수정화시설은 연방정부의 기준에 미달하였고, 1988년에 새로이 제정된 청정수법(Clean Water Act) 기준을 충족시킬 수 있도록 개선시킬 수도 없는 형편이었다. 1978년 연방환경청은 광역하수처리공단에 새로운 광역하수시스템 비용으로 6,500만 달러의 보조금을 제공하였으나, 광역하수처리공단 관료들은 사업추진을 지연시켰고 결국 소송에 처하게 되었다. 아직 6,500만 달러는 집행되고 있지 않지만, 1985년 현재 총 사업비의 극히 일부에 지나지 않는 액수가 되었다. 그러나 연방환경청으로부터의 추가적인 보조금은 지원받을 수 없었다.

주 환경보호성도 연방환경청과 유사한 주장을 하였다. 주 환경보호성 관료들은 수년간 하몬 카운티의 하천과 개천의 심각한 오염수준을 개선하고자 노력해 왔다. 그러나 광역하수처리공단으로 하여금 조속히 광역하수처리시스템을 건설하도록 하는 노력은 모두 실패하였다. 마찬가지로, 부적절한 자치단체의 하수정화시설을 폐쇄시키려는 노력도 정치적인 이유로 좌절되었다. 현재 하몬 시는 주정부의 더 많은 재정지원을 요청하고 있지만 더 이상의 재정지원은 가능할 수 없었다. 몇 년 전 하몬 카운티 시스템의 건설비용이 약 1억 달러였을 당시, 주정부 관료들에 따르면 주정부는 광역시스템 비용의 약 20%를 지원할 수 있었다. 그러나 현재 주정부는 재정압박을 받고 있는 상태이고 1978년에 당초 약속했던 대로 2,000만 달러 지원이 가능할 뿐이었다.

특별감사 존스는 계속하여 관계자를 만나고 다녔다. 카운티의 39개 모든 커뮤니티의 선출직 공무원과 임용직 공무원, 광역하수처리공단과 이들이 고용한 변호사와 직원, 주의회 의원, 하수관 연결금지조치에 불만을 갖고 있는 카운티 건설업자 연합회, 주지사의 지방재정 특별보좌관, 그리고 많은 전문가와 공무원 등을 개별적으로 접촉하였다.

존스는 이러한 대대적인 접촉을 통하여 다음과 같은 세 가지 구체적인 인상을 받았다. 첫째, 각 지방자치단체들은 하몬 카운티 광역하수처리공단을 신뢰하지 않았다. 광역하수처리공단은 지난 10년간 부채에 허덕이고 있었고, 그 부분적인 이유는 공단의 본청건물을 마치 '타지마할'처럼 화려하게 신축한 데서 비롯되었다고 지방공원들을 생각하고 있었다. 사실, 광역하수처리공단이 채권을 통해 조달하는 약 3

억 달러 중 7,500만 달러는 부채비용 지불에 사용되고 있는 실정이었다. 또한 광역하수처리공단은 시나 타운 정부와의 관계가 원활하지 못하고, 때로는 매우 권위적으로 행동하고 있었다. 이러한 나쁜 긴장관계는 공화당 소속의 지방 관료(그리고 주지사)와 민주당 소속의 카운티 관료 간의 정치적 갈등에 의해 악화된 측면도 있었다. 둘째로, 광역하수처리공단이 제안한 광역하수처리시스템이 기술적으로 타당하고 적절하게 설계되었는가에 대한 의문이었다. 주정부는 비용을 절감할 수 있는 다른 대안이 있을 거라는 생각을 갖고 있었다. 셋째로, 하몬 시의 재정상태는 매우 좋지 않았다. 하몬 시가 파산당하지 않고, 시의 유일한 일자리인 랜들사를 쫓아내지 않거나, 주택의 절반 이상을 잃어버리지 않고 광역하수처리시스템 사용료로 1년에 800만~1,000만 달러를 지불할 수 있는 재정능력은 없었다. 주지사의 특별보좌관과 주의 지방재원지원국도 하몬 시의 이러한 주장을 이해하고 있었다.

존스는 롤렌캠프 판사와 만난 자리에서 "이 사건을 해결할 수 있는 방법이 있는지 모르겠습니다. 앞으로 남은 3주 내에 이 문제를 해결할 수 있을지 모르겠습니다."라고 말했다.

판사는 창문 쪽을 물끄러미 바라보다가 "계속 수고해 주게, 존스." 하고 응답했다. "나도 9월 내에 이 사건을 판결하고 싶지 않네. 내가 광역하수시스템의 설계에 대해 무엇을 알겠나? 내 말은 자네가 조금이라도 사태의 개선에 진척을 이끌어 낼 수 있다면, 몇 주의 시간을 더 주겠네. 그러나 다른 사람들에게는 이를 말해서는 안 되네! 이미 광역하수시스템 건설 금지에 특별 예외를 요구하는 많은 사람들이 찾아오고 있다네. 계속 노력해 주게나." 하고 판사는 말을 마쳤다.

존스는 여러 생각에 잠겨 판사의 방을 빠져나왔다. 어떻게 하면 판사를 포함하여 모두가 수용할 수 있는 무언가를 만들어 합의를 이끌어 낼 수 있단 말인가? 모두가 합당하다고 생각하는 비용부담에 대한 보상은 무엇이란 말인가?

　대다수 기초자치단체 공무원과 카운티 공무원들은 거의 모든 정화 계획안을 계속 반대해 온 것이 분명한데, 그 이유는 자기 지역 주민들에게 커다란 새로운 비용부담을 지우지 않으려 하기 때문이었다. 재정이 건전한 타운들은 자신들이 혹시 부당하게 많은 비용부담을 지는 것은 아닌지 의구심을 갖고 있었다. 하몬 시를 비롯한 가난한 기초자치단체들은 자신들에게 부과된 비용을 부담할 수 있는 재원을 갖고 있지 못했다. 찬반문제에 직면한 상황에서, 가난한 기초자치단체의 모든 공무원들은 하수정화 계획안에 반대할 수밖에 없었다. 더욱이 이들은 건설비용이 늘어나면서 더욱더 반대쪽으로 기울고 있었다. 카운티 공무원들도 카운티 세금을 인상시키는 모든 계획을 반대해 왔다. 이들은 빠져나올 수 없는 값비싼 소송에 휘말려 있었다. 이들이 '찬성'을 표명하는 것은 결과적으로 과거에 자신들의 반대로 인해 이미 수백만 달러를 낭비시켰다는 것을 암묵적으로 인정하는 것이다. 또한 계속적인 '반대'에도 불구하고 결국에는 건설되어야 하는 광역 하수시스템의 비용만을 인상시키게 되는 결과를 초래하게 되는 것이었다. 이러한 냉소적인 비난 속에서, 이들은 판사의 해결책 — 이들 모두가 알고 있듯이, 앞으로도 계속하여 법원에 제소되고 항소사태가 될 것이 뻔한 — 을 기다리고 있는 것이었다. 제5장에서 설명하듯이, 이 해당사자들이 이러한 진퇴양난에서 벗어날 수 있도록 조정자가 중요한 역할을 수행하였다.

정치적 구호를 압도하는 기술적 복잡성
Technical Complexity Overwhelms Sloganeering

배분적 분쟁을 해결함에 있어서 합의의 중요성이 오랫동안 간과되어 왔다. 그러나 많은 상황에서 서로 다른 정치세력과 주민들도 공동의 대의명분에는 서로 협력해 왔지만, 그들에게도 합의는 단순한 구호차원의 피상적인 의미를 갖는 그 이상도 이하도 아니었다. 근본적으로 상이한 가치를 갖는 여러 그룹들은 '에너지 독립', '사회복지 사수', '국립공원 보호', '강력한 국방', '유해폐기물 정화' 등과 같은 구호로 스스로를 규정한다.

일부의 경우 이러한 구호는 매우 효과적이다. 1960년대 말까지 인간을 달에 착륙시키겠다는 존 F. 케네디 대통령의 계획은 국가의 관심과 자원을 당시로서는 비현실적인 목표에 집중시켰고, 결국에는 이를 성취시키는 데 기여했다. 그러나 흔히는 기술적 복잡성이나 가장 좋은 집행전략에 대한 의견차이 등이 계획의 실천을 좌절시키고 취약한 합의기반을 붕괴시킨다.

슈퍼펀드가 좋은 사례이다.[11] 전국의 유해폐기물 정화에 대한 최초의 운동은 국민의 강력한 지지를 받았다. 최근 여론조사에서도 유해폐기물로부터 건강을 지키고 안전에 대한 위협을 제거하는 것은 미국의 많은 시민들의 최우선 목표에 속하고 있다. 자원의 배분과 활용은 본질적으로 정치적인 저항에 직면하게 되지만, 슈퍼펀드에 대해서는 비교적 그러한 정치적 저항이 없었다. 환경복구나 지하수와 대기 보호 등과 같은 전국적인 노력은 민주당과 공화당 모두의 지지 속에 1981년 최초로 12억 달러의 예산이 배정되었다.

그러나 연방환경청이 집행을 시작하자 많은 문제가 발생하였는데,

주로 현장에서의 기술적 복잡성에 의해 제기되었다. 따라서 문제해결을 위해서는 단순한 예산배분만으로는 충분하지 않음을 알 수 있었다. 만일 폐기물처리에 약 10배 이상의 예산이 소요된다면 어떤 일이 벌어질까? 이러한 막대한 비용증가 속에서도 합의가 유지될 수 있을까? 마찬가지로, 특정 유해폐기물처리장 복구(와 수거된 폐기물의 영구적인 처리 방법)에 따른 문제는 거의 해결 불가능해 보였다. 합의는 새롭게 제기된 어려운 문제에 의해 위협받았다. 어떻게 유해폐기물을 '정화' 할 것인가? 유해폐기물을 다른 지역으로 옮길 것인가? 그렇다면 어느 지역으로 옮길 것인가?

유해폐기물 문제에 따른 기술적 복잡성과 법적 문제가 지난 몇 년간 발생했다. 유해폐기물 사례에 있어서, 조사자가 쉽게 유해물질의 성분을 파악할 수 있고, 어디서 발생하는지 알 수 있고, 유해물질의 중화 및 봉합 방법을 선정할 수 있고, 유해물질 폐기에 대한 책임자를 처벌할 수 있을 것이라는 가정 하에서 이 정책이 실시되었다. 그러나 이 가정은 잘못되었음이 판명되었다.

우리가 현재 갖고 있는 과학적이고 공학적인 지식은 아직 충분하지 않다. 예를 들어, 유해물질의 구성성분이 무엇이고, 그러한 물질들이 어떤 경로를 통해 지하수로 스며들었으며, 이들이 환경에 장기적으로 미치는 영향은 무엇이고, 오염지역의 개선으로 초래될 수 있는 부작용은 무엇일까 하는 등의 기본적인 과학적 문제에 관해서도 전문가들 사이에서조차 의견의 일치를 보지 못하고 있다.

법적인 문제들도 예상치 못한 방식으로 영향을 미치고 있다. 예를 들어, 몇몇 사례에서 유해물질 불법폐기 의혹을 받고 있는 사업체들은 현 배상책임 시스템 (계약위반은 제외하고, 희생자에 대한 보상을 의무화하는 민간의 위법행위) 하에서, 오염지역에 대한 자발적인 정화는 유죄의 인정에 상당하므로, 관련된 사업체는 대대적인 추가적 책임을 이행해야 한다는 사실을 인식한 후에야 비로소 오염지역의 원상복구에 합의했다.

따라서 환경정화기금 조성에 자발적으로 참여하라는 연방환경청의 압력을 수용한 기업들은 연방환경청에 의해 제시된 환경개선 액수보다 훨씬 많은 액수를 요구하는 (오염지역 인근 주민으로부터의) 소송에 자신들이 매우 불리한 위치에 서게 됨을 발견하였다. 이후로, 유해폐기물 장소 인근의 기업체들은 소송에 의한 책임공방을 염려하여 최소한의 방식으로도 자발적인 기금조성에 참여를 거부하여 왔다.

한 자원회수(폐기물을 에너지로 전환시키는) 시설 건립계획안을 살펴보자. 광역도시의 한 시에서 발생하는 1일 1만 톤에 달하는 쓰레기 처리 문제의 심각성과 시가 운영하고 있는 매립장의 한정된 매립연한에 의한 문제 등에 대해 논란은 거의 없다. 따라서 자원회수는 누구나가 인정하는 대처방안이다. 그러나 자원회수시설 건립 후보지가 최초로 선정되자마자, 복잡한 과학기술적 문제들로 인해 문제해결 방정식이 복잡하게 되었다. 시의 여러 쓰레기 처리 방식 중의 하나인 자원회수시설 건립이라는 대안에 대한 광범위한 지지로 위태롭게 유지되어 온 이 시의 취약한 합의기반은 기술적 복잡성 문제 때문에 일순간에 사라져 버렸다.

상당히 광범위한 지지를 얻고 있는 조치들을 추진하는 와중에도, 우리는 또 다른 차원의 분쟁에 휘말리곤 한다. 물론 쓰레기 처리는 안전하게, 그리고 가난한 가구의 현실을 감안하는 방식으로 해야 함은 물론이다. 그러나 이러한 원칙에 모두가 동의하지만, 이 원칙 이외의 다음 문제에 직면해서는 우리의 합의가 쉽게 붕괴되고 만다. 어떤 기술을 사용할 것인가? 누가 비용을 지불할 것인가? 어디에 입지할 것인가? 문제해결을 위해 정부에 어느 정도 의존해야 하는가? 그러나 이러한 질문에 대한 정확한 해답은 알지 못할 뿐더러, 이러한 문제를 일괄적으로 결정할 수 있는 좋은 방법도 갖고 있지 못하다.

다이옥신 분쟁사례

1982년 초, 연방해군공창의 주변 주민들은 많은 걱정과 근심을 갖게 되었다.[12] 몇 년 전, 해군공창 폐쇄 결정 이후 이 공창은 도심 내의 가장 커다란 개발가용지로 부각되어 다양한 공공 및 민간 개발계획안의 대상이 되어 왔다. 브라운스톤(Brownstone) 주민들에게는 최근에 발표된 계획안이 최악으로 여겨졌다. 이 계획안에 따르면 시정부가 이 공창 부지에 '자원회수시설' 건설을 추진하려는 것이었다. 그러나 '자원회수'라는 멋진 단어 속에는 많은 문제가 내포되어 있었다. 대도시 정부의 위생국(Department of Sanitation)에 있어서 '자원회수'는 에너지를 생산하기 위해 쓰레기를 소각하는 것을 의미하는 것이었다.

브라운스톤 주민들은 1982년 3월에 개최된 공청회에서 즉각적으로 강력한 반대의사를 표명했다. 시정부는 자원회수와 단순 쓰레기 폐기 사이의 차이를 강조하기 위해 많은 노력을 경주했지만, 해군공창 주변의 주택소유자들은 '쓰레기' 옆에 살고 싶지 않다고 주장하였다. 사실, 많은 인근 주민들도 메트로폴리스 여러 곳에서 쓰레기를 싣고 들어오는 커다란 쓰레기 트럭이 혼잡한 교통을 더욱 악화시킬 것이라고 주장했다. 이에 주민단체들은 매우 재빠르게 주민들의 합의를 도출해 냈다. 그것은 '자원회수'가 악취, 쥐, 곤충, 그리고 교통혼잡을 의미한다면, 공장의 일부분이라도 수용할 수 없다는 것이었다.

이 외에도 여전히 많은 해결하기 어려운 문제가 있었다. 주민사회에서 돌고 있는 소문들이 회의에서 힘을 얻어 가고 있었다. 일부 주민들은 쓰레기 소각에 따르는 건강상의 위험, 심지어는 폭발위험까지 있다고 들었다. 한 주민은 인근 주의 한 시정부가 최초로 건설한 자원회수시설이 과도한 공기오염을 유발하여 연방정부에 의해 폐쇄되었다는 경험을 연계시키고 있었다. 그 시의 자원회수시설에서는, 심지어 전문가들 사이에서조차 안전매연배출기준에 대해 합의할 수 없었다. 현재 그 시는 막대한 비용만 잡아먹는 골칫덩어리를 갖고 있는 셈이었다. 그렇다면 이 해군공창도 유사한 기술적 및 재정적 실패로 귀결되지 않을까? 만일 그러한 가능성이 있다면, 브라운스톤 주민들은 더욱 거세게 이 사업에 대해 반대할 것이다.

그러나 메트로폴리스는 다른 시각을 갖고 있었다. 브라운스톤 지역의 주민을 포함해 이 시의 주민들과 상인들은 매일 1만 톤 이상의 쓰레기를 배출하고 있었다. 이 같은 비율이라면, 시가 유일하게 가동하고 있는 쓰레기 매립장은 앞으로 8년 내에 매립제한용량에 도달해 더 이상 매립할 수 없게 될 것이다. 그러나 시 행정구역 내에는 쓰레기 매립지로 활용할 만한 공터가 없었고, 설령 있다 하더라도 이 지역의 지하수면이 높기 때문에 시의 행정구역 대부분은 쓰레기 매립지가 될 수 없었다. 연방정부는 바다에 쓰레기를 처분하는 것을 강력하게 금지하고 있었고, 인근 주들도 자신들의 쓰레기 처리 문제에 직면하고 있어서 이 대도시에서 나오는 어마어마한 쓰레기를 환영할 리 없었다.

점점 심각해져 오는 위기와 피할 수 없는 시간상의 압박 때문에, 이 시정부의 위생국은 쓰레기 매립의 대안을 모색하는 연구를 시작하였다. 면밀한 연구 끝에, 위생국은 대안으로 제2차 세계대전 이후 유럽의 많은 도시에서 사용되고 있고, 최근 들어 50개 이상의 미국 도시들에서 활용되고 있는 자원회수기술을 최종적으로 선택하였다. 이 기술은 쓰레기를 태워 생산한 증기로 터빈을 돌려 전기를 생산해 내는 것이었다. 이렇게 생산된 에너지는 쓰레기 수거 및 처리 비용을 충당하고, 소각로를 건설하는 데 소요된 초기 비용을 지불하는 데 사용될 수 있었다. 이 대도시 지역의 경우에, 수거된 쓰레기를 압축하여 시의 소각장으로 트럭을 통해 옮겨지게 된다. 시의 위생국에서 실시한 타당성 연구에 의하면 약 8개의 소각장을 통해 이 대도시의 수요를 충당할 수 있었다. 이 시는 환경영향평가를 통해 연방해군공창이 건강과 안전에 커다란 영향을 미치지 않는 시범소각장으로 적합한 장소라고 결론을 내렸다.

사실 이러한 여러 사전연구를 통해 브라운스톤 주민들은 자원회수시설 건설계획에 대해 알게 되었고, 1982년 3월에 주민회의를 촉발시켰다. 이 주민회의를 계기로 6월에는 전체 주민사회와 시 전체의 시민단체들로 관심이 확산되었다. 이 무렵, 최근에 메트로폴리스 대학의 교수로 임용된 전국적으로 유명한 생태학자인 해리 래시터 박사(Dr. Harry Lassiter)는 시의 위생국에서 시행한 환경영향평가를 비판하는 상세한 연구를 발표했다. 래시터 박사는 해군공창에 계획된 자원회수시설은 대량의 플라스틱을 소각함으로 인해 건강에 커다란 위험을 초래할 수 있다고 주장하였다. 그는 플라스틱을 종이와 함께 태우면 다이옥신과 다른 치명적인 암을 유발할 수 있는 화학물질을 배출하여 인근 주민사회에 영향을 미칠 수 있다고 발표하였다.

이와 같은 주장의 심각성과 이런 주장에 동조적인 지역신문 메트로폴리스 타임스(*Metropolis Times*)의 사설로 인해, 래시터의 보고서는 전국적인 관심의 대상이 되었다. 이러한 상황전개가 브라운스톤 주민들을 더욱 놀라게 만들었다. 자원회수시설 건설 계획을 계속 추진하고자 하는 시정부는 다이옥신 배출 및 오염위험 연구를 수행했던 환경위험

평가 전문가를 고용하여 대응에 나섰다. 이 전문가의 보고서는 래시터 박사의 결과와 정면으로 배치되는 것이었다. 시정부가 고용한 전문가는 추가적인 건강 위험은 없으며, 래시터 박사가 틀렸다고 주장했다.

이제 자원회수시설 건설에 따른 논란은 위생국의 손을 떠나 시의회로 넘어갔다. 시 전역에서 걸려 오는 성난 시민들의 전화는 위생국이 다이옥신 보고서 내용을 조작했으며, 주민들이 원하지도 않는 위험한 시설을 시정부가 강제로 설치하려 한다고 비난하는 내용들이었다. 사실 의회의원들도 성난 브라운스톤 주민들만큼이나 혼란스러웠다. 이무렵, 다양한 전문가들이 수행한 다이옥신 문제에 대한 연구보고서가 나왔지만 거의 상반되는 결과를 보여 주고 있었다. 과연 누구의 보고서를 믿어야 하는가?

많은 논의 끝에, 1984년 봄에 시의회는 오랫동안 지역문제 해결에 참여해 온 민간과학자단체인 과학아카데미에 도움을 요청하였다. 시의회는 이 아카데미에 갈등의 해결과 다이옥신에 관련된 위험의 진실을 밝혀 달라고 요청했다.

과학아카데미는 시정부가 요청한 과제수행을 수락하지 않았다. 대신, 아카데미 직원들은 다이옥신에 관한 유효한 과학적 및 기술적 증거를 검토하기 위한 '공개토론회'의 개최를 요청하였다. 이 공개토론회는 평범한 보통사람들의 눈높이에 맞는 용어로 개최되어야 한다고 과학아카데미는 강조하였다. 이 공개토론회를 통해 여러 중요한 문제들을 검토하여 (이 토론회에 초대될) 주민과 환경단체들을 설득하고 최종결정권을 갖고 있는 시의회 의원들에게도 정보를 제공하려는 의도였다.

1984년 12월 11일 아침, 약 60여 명의 사람들이 과학아카데미의 비좁은 회의장에 모여들었다. 아무런 우려감 없이 기대감이 회의장을 가득 메웠다. 과학아카데미는 이미 연소과정 전문가, 오염통제 전문가, 공중보건의학 전문가 등과 (배경) 논의를 진행해 왔지만, 모두가 한 자리에 모인 것은 이번이 처음이었다.

이 전문가들은 이미 과학적 전문용어로 이루어진 서로의 결론들을 비난하고 있었는데, 이번에는 과학적 용어가 아닌 일반인들이 쉽게 이해할 수 있는 용어로 자신들의 입장을 주장하고자 하였다.

자원회수시설의 찬반론자들은 회의장 양 끝에서 서로를 응시하고 있었다. 한쪽은 하루에 1만 톤의 쓰레기를 처리해야 하는 위생국의 담당자들이었고, 다른 한쪽은 눈앞에 보이는 위험으로부터 자신들과 가족들을 지키겠다고 결심한 브라운스톤 주민들이었다.

오전 9시 30분, 토론회의 진행자로 임명된 진 맥거니(Gene McGerny) 박사가 회의시작을 알렸다. "자, 다이옥신의 위험과 공중보건기준에 대한 논의를 시작합시다."

이 지역의 과학아카데미가 주최하는 비공식적 정책토론회는 통상적인 절차는 아니었다. 이러한 토론회를 개최하는 데에는 엄청난 시간이 소요되었다. 다이옥신의 위험에 대한 과학적이고 기술적인 논쟁을 해결하기 위한 이러한 토론회가 어떤 식으로 진행되어야 하는지 아무도 확신할 수 없었다. 이 토론회의 결과는 제5장에서 기술할 것이다.

승자독식 사고방식
The Winner-takes-all Mind-set

분쟁해결을 위한 행정적인 또는 입법적인 노력이 실패로 돌아갈 때, 우리는 법원의 판단을 구하게 된다. 지금까지 서술한 대의민주제의 한계를 생각할 때, 법정해결이 때로는 유일한 해결방법으로 생각된다. 중요한 결정이 정치적 야합으로 되는 경우, 불만족한 이해관계자들은 법정으로 이러한 결정을 가져간다. 특히 로비스트들이 입법과정이나 행정적 결정에 명백한 영향을 미쳤다면, 법정에서 적법절차에 따라 시시비비를 가리게 된다. 복잡한 기술적 문제를 법정으로 가져가게 될 경우가 매우 많은데 서로 상반되는 입장이 전문가들을 통해 각각의 과학적 주장을 입증할 수 있다.

법원 접근성이 성공적으로 확대됨에 따라 소송사례가 급증하고 있다.[13] 그러나 무슨 목적으로 소송을 제기하는가? 항소법원이 자신의 판결을 구속할 능력에는 한계가 있다. 법원은 자신들에게 제기된 법적 문제에 대해서만 평결하는 권한을 가질 뿐이다. 실제적인 의미에서 이러한 한계가 의미하는 바는 분쟁당사자들을 대표하는 변호인이 비공개적으로 논란을 진행하는 것을 의미하거나, 법정에서 평결되는 배분적 논쟁은 승자독식의 원칙 하에서 결정되어야 함을 의미한다. 이러한 분쟁은 통상적인 의미에서의 중재가 아니다. 다시 말해, 판사는 소송에서 일방이 원하는 것을 줄 수 있는 타협을 이끌어 낼 수 없다. 더욱이 법원은 당사자들이 생각하지 못했던 대안을 모색함으로써 관련 당사자 모두가 승리할 수 있는 결과를 도출할 수 있도록 분쟁당사자들과 직접 머리를 맞대고 논의하지 않는다. 사실 사법적 해석은 일반적으로 분쟁의 범위를 법적인 측면으로만 축소시킨다.

법정 내에서의 원고와 피고라는 적대적 체제 하에서는 양자가 함께 승리할 수 있는 대안모색을 방해하는 불행한 게임의 규칙이 작용하게 된다.[14] 예를 들어, 법정평결에서의 증거와 심문 채택에서 적대적인 전략이 활용됨으로 인해 잠재적으로 유용할 수 있는 정보들이 평결논의에서 의도적으로 배제되는 사태가 발생하게 된다. 대부분의 법정절차에서, 적대적인 당사자들은 유용한 정보를 갖고 있다 하더라도 서로 간의 공유가 허락되지 않거나 또는 서로 공유하려 하지 않는다.

법원은 법적으로 인정할 만한 행위원인의 범위를 제한하고, 복잡하고 상호 관련되어 있는 문제를 비법적인 행위로 분해시키며, 허용될 수 있는 정보를 제한함으로써 모든 이해당사자들의 실질적인 관심사를 수용하는 판결을 내리기가 어렵다.

행정기관의 행위에 대한 사법적 판단도 이용할 수 있는 정보의 양과 질적인 측면의 문제로 인해 실망스럽기는 마찬가지이다. 법원은 행정기관의 결정에 대하여 법적인 하자(瑕疵) 측면만을 검토하는 한계를 갖고 있다. 법원은 행정기관이 내린 사실문제에 대한 판단에 대해서는 유예할 수밖에 없다. 행정기관의 행위에 대한 법원이 갖는 이러한 한계에도 불구하고 법원은 행정기관의 결정이 신뢰할 수 있거나 혹은 충분한 증거를 활용했는지의 여부에 대한 법적인 문제에 관해서만 그 행정기관이 내린 결정의 정당성 여부를 판단하게 된다. 이 경우 담당 법원은 사실문제에 대하여 검토하게 되는데, 이러한 검토는 법원이 문제판단에 도움이 될 수 있는 추가적인 정보(예: 연구자료나 전문가 증언) 등에 접근할 수 없기 때문에 매우 제한적일 수밖에 없다.

연방의회나 연방대법원은 행정기관의 의사결정에 대한 법정판결로 인해 야기되는 규제지연의 문제를 해결하기 위한 방안을 모색하여 왔다. 그러나 아직까지 성과를 거두지 못하고 있다. 버몬트 양키(Vermont

Yankee) 사례(1978년의 버몬트 양키 원자력발전회사와 자연보호위원회 소송)에서 법원은 행정기관의 판단에 법적인 힘을 실어 주었다.

윌리엄 렌퀴스트(William Rehnquist) 판사는 분명한 논조로 두 기의 원자로 가동을 허가한 원자력규제위원회의 결정에 절차상 하자가 있다는 하급법원의 판단을 '과도한 사법적 개입'이라고 비판하였다. 또한 연방의회도 법원이 더욱 실질적인 의사결정을 내릴 수 있도록 유도하고자 하였다. 일례로, 1979년 일부 연방의원들은 행정기관이 입안한 규제에 대해 문제가 발생하는 경우 해당 규제에 대한 타당성을 '충분한 증거'에 입각하여 행정기관이 입증하도록 하는 법의 제정을 촉구하였다.

법원은 증가일로에 있는 과학적 논란의 실체적 내용에 대한 개입으로부터 벗어나고자 노력하여 왔다. 우리는 그러한 노력에 박수를 보낸다. 사법적 판단과정은 배분적 분쟁에서 불가피하게 수반되는 과학적 불확실성을 해결하는 데 적합하지 않다.

행정기관이 내린 판단의 일부가 아니라는 이유에서 중요한 과학적 증거를 법원이 고려할 수 없어 반대결론에 도달하는 법적 주장이 유리하게 되는 상황을 생각해 보라. 이러한 경우, 법원은 올바른 법적 절차를 이용하고도 참담한 결론에 도달하는 경우가 발생하게 된다.

이 장에서 마지막으로 제시된 사례에서, 우리는 법원이 실체적 내용에 대한 법적 심사과정에의 개입을 피하려는 모습을 설명하였다. 판사는 소송사례의 문제와 관계성의 복잡성을 인식하고 갈등당사자들이 만족할 만한 합의를 도출할 수 있도록 특별감사를 임명하였다. 전적으로 절차적인 결정은 잘못된 정보에 입각할 가능성이 있었고 항소나 상고를 통해 번복될 가능성이 매우 높을 수 있었다. 그 대신, 우리에게 필요한 것은 비공식적이고 교육적인 절차인 공동사실조사(a joint fact-finding) 방법이었고, 이를 통해 갈등당사자들은 관련된 이슈와 대안에 대한 이해를 공유할 수 있었다. 하몬 사례와는 달리, 이러한 사례에서의 진정한 문제는 비용의 배분이 아니라 혜택을 어떻게 배분할 것인가 하는 것이다.

원주민 어업권 갈등사례

오대호에 대한 전쟁이 대부분의 주에서 주민들도 알지 못한 채 20년 이상 진행되어 왔다.[15] 사실 이 문제에는 두 미국 원주민 부족, 상업 및 스포츠 낚시단체, 일부 주정부 및 연방정부 관료 등 매우 소규모의 집단들만이 관련되어 있어서 언론의 주목을 끌지 못했다. 더욱이 이 문제는 어업권과 행정구역의 중첩 등에 관한 문제여서 저녁 뉴스거리로는 너무 복잡한 문제였다.

그러나 1984년경 이 문제가 대중에게 널리 알려지기 시작했다. 이 분쟁은 전형적인 주정부와 원주민 부족정부 간의 갈등으로 전개되었다. 약 24명의 원주민이 주정부의 자연자원보호청사 앞에서 연좌농성을 하다가 체포되었다. 주정부 측에서는 원주민들의 배에 승선하여 보복의 인상을 지울 수 없는 수색을 하기 시작하였다. 사보타지와 총기발포 사건 등의 물리적 충돌까지 발생하기에 이르렀다. 뒤늦게 이러한 갈등이 대중의 주목을 끌게 됨에 따라 다음과 같은 문제가 제기되었다. 무엇이 이 분쟁의 발단이고, 어떻게 이 분쟁을 해결할 수 있을까?

오대호의 북쪽과 동쪽 호숫가에 위치해 있는 두 치페와(Chippewa) 원주민 부족은 자신들이 잡는 고기의 크기나 특별한 낚시장비의 사용에 대한 어떠한 규제도 받지 않으며, 호수의 어디에서든 어획할 권리가 있다고 주장하였다. 이러한 주장의 근거는 1847년 치페와 원주민 부족과 연방정부 간에 체결된 우스터(Wooster) 협정으로, 이 협정에 따르면, 자신들은 자신들의 영토가 결정될 때까지 호수에서 어획할 무제한적인 권리를 갖는다는 것이었다. 그래서 원주민들은 100년 이상 아무런 제약 없이 어획활동을 해 왔으며 앞으로도 그렇게 할 것이라고 주장하였다.

치폐와 원주민 부족은 상업적 낚시꾼과 스포츠 낚시꾼들과 호수의 물고기를 대상으로 경쟁하게 되었다. 1960년경, 이 두 그룹 간의 긴장이 중대하기 시작하였다. 원주민 부족은 상업적 낚시꾼들을 포함하여 점점 증가하는 경쟁자들, 특히 정교한 낚시장비를 갖춘 낚시꾼들에게 분노하였는데, 이들은 원주민 부족과 같이 화이트피시라는 물고기를 채취하였다. 스포츠 낚시꾼들은 치폐와 원주민 부족이 전통적인 어망을 사용하기 때문에 자신들이 주로 어획하는 블루트라우트(blue trout)를 무차별적으로 남획하고 있다고 주장하였다. 상업적 낚시꾼들과 스포츠 낚시꾼들도 좋은 낚시 지점을 놓고 갈등을 겪고 있었고 서로 치졸한 고의적 파괴행위를 벌이고 있었다.

이러한 이해관계는 1969년에 주정부의 자연자원보호청(Natural Resources Authority)이 과다어획으로 인해 호수의 화이트피시와 블루트라우트의 생태계가 위협받고 있다고 결론을 내리자 더욱 첨예하게 되었다. 결과적으로 자연자원보호청은 엄격한 낚시허가제를 도입하여 호수의 낚시행위를 규제하였다. 이에 대해, 치폐와 부족과 연방정부는 주정부를 상대로, 주정부의 관계기관들은 미국 원주민이 갖는 주권적 지위를 고려할 때 원주민들을 규제할 권한이 없다며 소송을 제기하였다. 더욱이 치폐와 부족은 주정부가 호수의 자원을 활용할 수 있도록 하는 우스터 협정에 의해 보장된 자신들의 권리를 침해하고 있다고 주장하였다.

이에 주정부는 이러한 주장이 이치에 맞지 않는다고 반박하였다. 호수는 모든 주민들이 공유하는 자원으로, 주정부는 일부 특정 또는 모든 특수이익 단체의 남용으로부터 호수를 보호할 권리를 갖는다고 주장하였다. 또한 주정부는 우스터 협정은 치페와 부족이 '정착'할 때까지만 부족들의 권리를 보호할 뿐이며, 이성적인 사람들은 주가 이미 정착된 것으로 생각한다고 주장하였다.

지난 15년간 갈등이 고조되어 왔지만, 연방법원은 복잡하게 얽힌 이러한 사태를 풀지 못하고 있었다. 1984년 현충일(Memorial Day)은 낚시철이 시작되는 날이었다. 이 날은 또한 이 갈등이 새로운 폭력의 단계로 접어들었음을 보여 주는 우울한 날이었다. 두 치페와 부족 어부가 동쪽 호숫가에서 술취한 스포츠 낚시꾼에 의해 치명상을 입었고, 다른 원주민도 남쪽 호숫가에서 비슷한 사고를 당하였다. 당시 주의 순회연방판사였던 올리버 이스트먼(Oliver Eastman) 판사는 사태의 추이를 충분히 보아 왔다. 이스트먼 판사는 이 분쟁의 해결책을 모색하기 위해 경험 있는 조정자인 레슬리 버마스터(Leslie Burmaster)를 임명하였다. 판사는 또한 1985년 현충일 하루 전날을 합의도출의 최종일로 정하였다. 판사는 단호히 법원은 더 이상 최근과 같은 사태의 재발을 용납할 수 없다고 밝혔다.

이후 1년 동안 버마스터는 주정부와 원주민 부족들이 수용할 수 있는 조건들을 찾아내려고 노력하였다. 그녀는 상업적 낚시꾼과 스포츠 낚시꾼들도 참여할 필요성이 있다고 생각했는데, 이들은 자신들이 수용할 수 없는 어떠한 합의도 (정치적이고 법적인 수단을 통해서라도) 훼손하려 들 가능성이 있었기 때문이다. 버마스터는 호수의 물고기 자원에 대한 독립적인 연구위원회를 설치하여 물고기의 양, 관리 및 어획 등과 같은 복잡한 이슈들에 관하여 그녀 자신을 포함해 분쟁당사자들을 교육시켰다. 그녀는 진행속도는 느렸지만 의미 있는 진전을 보고 있다고 생각하였다. 그녀가 진전이 있었다고 생각한 이유는 드디어 모든 관련 당사자들이 한 가지의 자명한 사실을 이해했기 때문이다. 분쟁당사자 간의 협조라는 조건 하에서만 법원은 과거보다 더 많은 연간 어획량을 허용할 것이라는 점이었다. 만일 타협이 이루어지지 않는다면, 법원은 총 허용어획량을 대폭 삭감할 것이었다. 그렇게 되는 경우, 법원의 판결에 의해 승자가 되더라도 결국 손실을 입게 될 것이었다.

그러나 시간은 흘러갔다. 1985년 5월 29일, 여러 이해관계자 그룹의 대표들이 이스트먼 판사의 법정으로 모였다. 버마스터는 최종 조정안을 이틀 전에 배포하였다. 그녀는 각 그룹에게 자신의 조정안을 수용할지 아니면 법원의 강제조정안을 택할지를 물었다. 여러분의 가장 소중한 이해관계를 보호하는 방식이라고 여러분 개개인이 말한 이 조정안을 지지할 것인가? 아니면 법원이 여러분의 입장을 대변해 주기를 바라는 모험을 택할 것인가? 버마스터조차도 치페와, 주정부, 그리고 여러 낚시 이해관계자들이 이 질문에 어떤 결정을 내릴지 확신할 수 없었다.

정오에 이스트먼 판사는 버마스터의 초안을 들고 있었다. 판사는 "나는 당신들 모두에게 차례로 같은 질문을 할 것입니다." 하고 판사석 앞에 모여 있는 변호사들에게 공표하였다. "이 조정안을 수용합니까, 수용하지 않습니까?"

낚시 권한 사례에서 조정자의 활용은 매우 이례적이었다. 어떤 의미에서, 이는 법정에서 법률문제에 관한 가부 결정은 부적절할 수 있다는 사법부의 고백을 대표적으로 보여 주고 있다. 법률적 문제가 반드시 중요하지 않은 경우, 이해당사자들은 자신들의 실질적인 문제에 대응하기 위해 합의를 도출해 내는 것이 더 합리적이다.

비록 법원이 '승자'를 선택하는 경우라고 하더라도, 문제는 해결되지 않을 수 있다. 모든 것을 잃지 않으려는 패자 측은 그냥 또 다른 공간으로 옮겨 가거나 또 다른 전략을 활용할 수 있다. 최초의 소송은 상급법원에 항소하거나 다른 이유로 새로운 소송을 제기할 수 있다. 통과된다면, 법원의 결정을 효과적으로 뒤집는 법안이 제안될 수도 있다. 패자 측은 경제적인 이윤이나 체면 등의 강력한 동기 때문에 활동을 계속 전개할 수도 있다.

버마스터의 조정접근법은 제5장에서 상세하게 서술한다.

개선된 임시방편적 접근법들
Improved Ad Hoc Approaches

앞의 분석에 따르면 대의민주제의 단점을 극복할 새로운 배분적 갈등해결 접근법이 필요하다는 점이 분명해졌다. 과거에 유연하고 안정적인 것으로 입증되었다고 해서 우리의 시스템을 계속해서 미봉책으로 남겨 두어서는 안 된다. 입법부·사법부·행정부를 포함하여 효과적인 도구를 부적합한 임무에 활용하여 왔다. 따라서 그 결과는 불만족스러운 것이 당연하다.

따라서 새로운 접근법은 아래와 같은 특성을 지닌 것이어야 한다.

- 임시방편적
- 비공식적
- 합의적(즉, 합의형성적)

'임시방편적'이라 함은 이해당사자가 자신이 선호하는 갈등해소과정을 설계할 수 있는 여지가 있어야 한다는 의미이다. '비공식적'이라 함은 비관료제적 방식으로 (고용된 지지자가 아닌) 당사자 자신이 상대방과 함께 대처한다는 의미이다. '합의적' 접근법이란 어떤 문제와 그에 대한 해결책의 특정한 공식화를 감수하겠다고 합의하는 경우에 달성되는데, 합의조정안이 주어진 상황 하에서 최적이고 이 조정안이 개별 이해당사자의 가장 중요한 관심사항을 담고 있기 때문이다. '대면적'이라 함은 이해당사자들이 테이블에 둘러앉아 합의안을 도출하거나 혹은 포기를 결정할 때까지 함께 일하는 것이다. 보완적 접근법이란 만일 합의에 이르지 못하는 경우, 이해당사자들은 기존의 분쟁해소과정에 의존할 것임을 의미한다. 그리고 마지막으로, 반복하지만, 이러한 접근법은 분쟁의 핵심이 헌법적 권리나 법리의 정의에 관한 것인 경우에는 적합하지 '않다'.

우리의 목표는 공동문제해결을 권장하는 것이다. 이러한 접근법은 이슈 간의 연계를 구축하고, 이해당사자 간에 상이한 가치요소를 묶어 내고, 보상책이나 보상금이 마련되고, 앞으로의 이행이 보장되는 데 성공이 달려 있다. 끝으로 모든 이해당사자들이 필요로 하거나 원하는 것을 얻어야 한다. 합의조정은 최소한 다른 수단을 통해 얻을 수 있는 만큼의 매력적인 결과를 모든 이해당사자 그룹에 줄 수 있어야 한다. 더욱이 이런 유형의 문제해결 결과가 충분히 정당한 것으로 인식되어야 하고, 결과적으로 이해당사자들은 결과이행을 방해하려 들지 않아야 한다. 이러한 특성의 합의도출은 변화하는 환경에 따라 검토와 수정이라는 메커니즘을 포함하고 있어야 한다.

어떻게 해야 배분적 분쟁을 더 공정하고, 더 효과적이고, 더 현명하게, 그리고 더 안정적으로 해소할 수 있을까? 무엇보다도 합의형성과정의 핵심 단계를 이해하는 것이 필요하다. 〈표 3-1〉은 공공갈등해소에 대한 전통적 접근과 합의적 접근 간의 핵심적인 차이를 요약하고 있다.

일부 배분적 갈등에서는 이해당사자들이 특별한 도움 없이 합의형

〈표 3-1〉 배분적 분쟁에 대한 대안적 접근법

특징	전통적 접근법 (conventional approach)	합의적 접근법 (consensual approach)
결과	승-패. 관계 손상	모두 승자. 관계 개선
참여	강제적 참여	자발적 참여
상호작용 형식	간접적(변호사나 고용된 지지자를 통해)	직접적(얼굴을 맞대고 당사자 간 해결)
절차	모든 사례에 동일한 운영규칙과 절차 적용	특정 사례에 맞게 설계된 새로운 운영규칙과 절차
종료도달 방식	판사나 관료에 의한 최종 결정의 강제	이해당사자에 의한 최종 결정의 자발적 수용
제3자의 역할	지원 없음. 제3자의 역할 없음	지원 있거나 없음. 제3자의 다양한 역할
비용	단기간에는 낮거나 조금 높음. 장기간에는 매우 높을 가능성 있음	단기간에는 중간 정도 또는 높음. 성공적인 경우 장기간 비용은 낮음
대표성	일반 목적으로 선출 또는 임명된 관료	임시방편적. 개별 협상을 위해 특별하게 선택됨

성의 모든 요소들을 스스로 처리할 수 있다. 그러나 대다수의 경우에는 제3자의 지원이 매우 중요하다. 따라서 '지원 없는 협상(unassisted negotiation)'과 '지원기반 협상(assisted negotiation)'을 구분하도록 한다. 물론 이해당사자들이 어떤 접근법을 사용하더라도, 임무의 수순을 이해하고 효과적으로 수행해야 한다. 그 순서와 임무는 다음 제4장과 제5장에서 기술할 것이다. 또한 이 장에서 소개한 다섯 가지의 분쟁이 이 책에서 제시된 접근법을 활용하여 어떻게 해소되었는지 설명할 것이다. 앞서 언급했듯이, 이 다섯 가지 사례는 전형적인 배분적 갈등으로 대의민주제의 결함에 의해 발생하였다. 그러나 이들 분쟁을 해소하기 위해 사용된 일단의 전략들은 전형적이지 않다.

지원 없는 협상

Unassisted Negotiation

Breaking the Impasse

제 4 장
지원 없는 협상

더 공평한 결과가 '더 좋은' 결과라고 말할 때, 그 공평한 결과란 이해관계자가 더 많이 만족하는 것을 의미한다. 또한 '더 효과적인' 결과, '더 현명한' 결과, '더 안정된' 결과가 이해관계자에게 더 커다란 만족을 줄 때도 마찬가지이다. 이러한 전제조건은 이해관계의 중요성을 강조하기 위해 이 장에서 재차 언급한다.

그룹의 만족을 측정하는 가장 좋은 방법은 단기적 이해와 장기적 이해를 고려하는 것이다. 이해관계가 충족되면 그룹의 만족 수준은 올라갈 것이다. 공공갈등을 겪는 어느 그룹이건, 이들의 가장 우선순위는 자신들의 이해를 명확하게 하는 것이다. 이는 단순히 구성원들이 원하는 것을 아는 것 이상이다. 이는 또한 (합의형성이 없이) 전통적인 방식을 통해 자신들이 얻을 수 있는 것을 추정하는 것을 의미한다.

이해당사자들이 자발적으로 자신들의 이익을 만족시키는 합의를 형성해 낸다면 공공갈등은 더 효율적으로 (그리하여 더 좋은 결과가 나올 가능성이 높게) 해소될 수 있을 것이다. 이해관계자들에 의해 정의되고 도출되는 합의를 통해 자신들의 이익을 좀 더 충족시킬 수 있기 때문에 입법부의 투표, 행정부의 결정, 그리고 법원의 판결보다 갈등해소의 가능성이 높다.

바로 이것이 우리가 주목하는 특징이다. 모든 이해당사자 그룹이 배분적 갈등을 해소하기 위한 일방적인 행위나 전통적인 방식보다 협상에 의한 합의를 통해 더 많은 것을 얻을 수 있다는 믿음이 있을 경우에만 합의적인 대안이 더 좋고―그리고 수용될 수 있다. 바꿔 말하면, 선출직 공무원, 입법기관, 관료, 그리고 판사 앞에 자신의 사례를 가져가서 최소한의 관심사를 만족시킬 수 있고 바로 그 최소한의 것이 충분한 승리라고 생각하는 경우, 이 당사자는 더 많은 정성을 들여야 하거나 예측할 수 없는 과정을 선택하려 하지 않을 것이다.

그러나 한 이해당사자 그룹이 승리를 확신할 수 없고 최소한의 목적 이상의 것에 만족하고자 하는 경우, 협상에 돌입할 동기를 갖게 된다. 바로 이 점을 설명하기 위해 협상연구자들은 '배트나(BATNA)'라는 단어를 고안해 냈다.[1] '배트나'라는 약어는 '협상에 의한 합의보다 더 나은 대안'을 의미한다. 협상은 전적으로 이 개념에 좌우된다. 어떠한 그룹도 협상을 통해 얻을 수 있는 것보다 '협상테이블을 벗어나서' 얻을 수 있는 것이 더 좋은 경우에는 협상 참여를 선택하지 말아야 한다. 반면, 협상을 자신의 배트나보다 더 많이 얻을 수 있는 기회라고 인식하는 경우, 이 그룹은 협상테이블로 나오는 데 충분한 이유가 있는 것이다.

한 시정부의 이상한 '퀴크' 공급에 관한 분쟁에 휘말린 한 그룹의 입장에서 어떻게 이러한 계산을 바라보아야 할지 상상해 보자. 이 상상의 그룹은 첫 단계로―퀴크가 회원들에게 매우 중요하기 때문에 자신을 조직한 후에―관련 입법·행정·사법 기관들이 예상대로 행동하는 경우 자신들이 갖게 될 퀴크의 양을 결정해야 한다.

이들의 최선의 '어림짐작'에 따라, 정답이 30퀴크라고 가정하자. 따라서 협상은 이들에게 30퀴크 이상(또는 30퀴크 이상의 가치를 갖는 어떤 것)을 확보할 기회를 제공해야만 한다. 그렇지 않으면 협상테이블에 나올 동기는 없는 것이다. 바로 이 30쿼크가 협상에 의한 합의에 대한 최고의 대안(배트나)—즉 협상 없이 얻을 수 있다고 생각하는 최소—가 된다.

제안된 협상이 모든 관련 당사자들에게 보장된 배트나보다 더 많은 것을 줄 수 있어야 한다. 즉, 개개 당사자 그룹이 협상결과가 배트나보다 클 수 있다고 인식해야만 한다. 그렇지 않으면 협상테이블로 나와 앉지 않을 것이다. 모든 관련 당사자가 참여하지 않는다면, '더 낳은' 합의는 가능하지 않다. 협상에 빠진 그룹은 자신들이 배제된 합의를 고의적으로 방해할 수 있기 때문이다.

위의 가상 쿼크 사례에서 좋은 결과란 모든 이해당사자들이 독자적으로 얻을 수 있는 것보다 더 많은 쿼크(또는 그에 상당하는 가치 있는 어떤 것)를 얻는 것이다. 다시 말해 모든 이해당사자들의 이해가 충족되어야 한다.

그러나 배트나 계산은 매우 까다롭다. 똑똑한 협상가라면 자신이 무엇을 가장 원하는지 (또는 우려하는지) 뿐만 아니라 어떤 일이 발생할지도 고려해야 한다. 실제로, 똑똑한 협상가는 모든 가능한 전략과 결과에 대한 '기대치'를 계산한다.[2] 그러한 계산은 통상적으로 '완벽한 승리' 또는 '완전한 패배'의 가능성에 최고 또는 최악의 결과치를 곱하는 것이다. 이런 방식으로—예를 들면—리버엔드(RiverEnd) 사례의 환경주의자가 법원 처분의 기대치를 계산하는 것이다. 첫째, 사업계획이 저지되는 경우의 총 '절약'과 이들과 반대되는 법원결정으로 인한 경우의 모든 손실을 계산하고, 다음으로 그 결과에 법정에서 승소하거나 패소할 가능성을 곱하면 된다.

위험감수에 대한 각자의 태도에 따라 사람들은 배트나를 상이하게 인식한다. 위험을 감수하려는 사람은 완전한 승리에 대한 기대치를 계산함으로써 배트나를 산정할 것이다. 그러나 위험을 회피하려는 사람은 기꺼이 패배하거나 비용을 지불하는 수준에서 배트나를 설정할 것이다. 따라서 상대방이 어느 정도 위험을 감수할지 알 수 없으므로 상대방의 배트나를 짐작하기가 어렵다.

배트나 계산이 또 어려운 이유는 모든 고려요인들을 화폐가치로 환산할 수 없기 때문이다. 30쿼크 가치의 전혀 다른 종류의 미래이익에 대한 전망은 무엇인가? 리버엔드 사례가 보여 주듯이, 환경가치와 다른 무형의 가치는 평가하기가 매우 어렵다.

이러한 여러 어려움에도 불구하고, 공공갈등을 겪는 모든 그룹은 자신의 배트나를 계산함으로써 '전통적 대안' 대(對) '합의적 대안'의 이익과 불이익을 비교할 수 있어야 한다. 법정 조정의 기대치가 그룹의 배트나로 타당하고, 그런 배트나를 인식할 수 있다면 협상에 의한 조정결과를 측정하기 위한 기준점을 설정할 수 있을 것이다.

한 이해당사자 그룹이 다른 대안을 고려하지 않고 자신의 일방적인 행동경로를 최고의 대안으로 추구하는 경우라면, 이는 이 그룹의 정확한 배트나일 수 있다. 물론 이런 경우는 극히 예외적이다. 모든 대안은 회수할 수 없는 시간, 돈, 그리고 아마도 정치적 자산의 지출을 필요로 한다. 따라서 하나의 행동경로는 보통 다른 행동경로를 배제시킨다. 결과적으로 배트나 추정을 위한 좀 더 실질적인 기법들이 필요하다. 협상 연구자들은 배트나 계산을 위한 여러 수단을 개발해 왔다.[3]

배트나와 여러 행동경로의 기대치를 바꿀 수 있는 요소들을 추정함에 있어 전문분석가의 도움을 얻는 것이 바람직하다. 전문분석가는 유사한 선례들을 찾아 통찰력 있는 예측을 제시해 준다. 모든 분쟁이 이러한 전문성을 요구하지는 않지만, 예상되는 결과가 위험하거나 대규모일수록 전문가의 도움은 더욱 중요해진다.

현실적인 배트나를 계산하는 데 가장 어려운 부분의 하나는 상대방이 무슨 생각을 하는지 예상하는 것이다. 개개 그룹의 자신의 대안 (그리고 자신의 동기)에 대한 평가는 다른 그룹의 배트나 추정에 영향을 미치는데, 하나의 대안을 추구하는 비용은 다른 그룹이 무슨 결정을 내리느냐에 따라 달라지기 때문이다. 다른 그룹과 의사소통이 전혀 없거나 매우 적은 경우에는 다른 그룹이 여러 개의 대안에 어떤 가치를 부여하는지 짐작하기 어렵다. 다른 그룹의 공개성명이 도움이 될 수 있지만, 그러한 성명이 의도적으로 왜곡되게 설계될 수도 있다.

커다란 거래가 걸려 있는 경우에는 객관적으로 되기가 특히 어렵다. 상대방의 강점을 과소평가하려 하고 자기 자신의 대안을 낙관적인 생각으로 채색하려 한다. 바로 이 점이 적절한 배트나 계산에 있어 사심이 없는 외부전문가를 활용해야 하는 강력한 이유가 된다.

어떠한 정보를 활용하더라도 자기 자신과 다른 그룹의 대안을 분석함에 있어 모든 불확실성을 제거하기는 불가능하다. 반면에, "자기 자신의 배트나를 알고 잊어버리지 마라."라는 것보다 공공분쟁에 휩싸인 당사자에게 더 좋은 조언은 없다. 이는 매우 어렵지만 당연한 일이다. 그러나 공공분쟁에 휩싸인 그룹들이 자신의 협상전략을 선택하기에 앞서 충분한 분석을 하는 경우는 거의 없다. 더욱이 많은 갈등 당사자들은 사태가 전개됨에 따라 자신의 배트나를 재평가하는 데 실패한다.

다른 사람의 행위결과로 인해 배트나가 변할 뿐만 아니라 모든 개개인이 본인 스스로의 노력으로도 배트나를 개선할 수 있다. 예를 들어, 진정성이 담긴 역제안을 만들어 냄으로써 배트나를 개선할 수 있다(즉, A이해당사자 그룹과의 합의 거부라는 대안은 B이해당사자 그룹으로부터의 새로운 제안이다). 스스로의 노력으로 할 수 있는 두 번째 접근법은 연합체 구축이다. 강력한 이해당사자 그룹을 포함하는 연합체를 구축하는 경우, 새로운 집단적 배트나는 처음에 자기 혼자만을 상정하고 계산한 것보다 더 높을 수 있다. 또한 유용한 선례를 찾아낼 수 있으면 배트나를 개선할 수 있다. 다른 곳에서 우리와 같은 그룹들이 더 많이 받았다면, 우리 스스로가 정당하다고 생각한 추정치를 개선할 수 있다. 마찬가지로 우리의 주장을 정당화할 수 있는 강력한 원칙을 찾아낸다면 우리의 계산, 즉 배트나를 향상시킬 수 있다.

또 다른 스스로의 노력은 다른 참여자들의 기대치를 낮추거나 배트나를 축소시키는 것이다. 이는 통상적으로 상대방의 마음속에 의심을 야기시키는 것이다. 상대방의 계산에서 약점을 발견한다면, 상대방이 추정한 배트나에 대한 상대방의 믿음을 흔들 수 있다. 또한 상대 연합체 구성원들을 설득하여 상대방의 기대치를 낮추고 잠재적인 소송절차의 장을 바꾸거나, 행정절차와는 다른 대화공간으로 움직이게 한다. 이러한 변화들은 상대방이 기반을 두고 있는 가설도 변화시킨다.

주의 깊은 분석을 통해 모든 이해당사자들이 합의적 접근법을 채택했으면, 다음 단계는 구체적인 협상 전략을 선택하는 것이다.

제로섬 협상 vs. 통합적 협상
Zero-sum vs. Integrative Negotiations

협상에는 기본적으로 두 가지 접근법이 있다. 이들은 모든 협상전문가들에 의해 관측되는 접근법이다.[4] 첫째는 제로섬 접근법으로 매우 제한적인 이득만 있을 뿐이라고 가정한다. 어느 한쪽이 승리하는 경우, 반드시 다른 쪽은 패배한다. 따라서 한쪽의 이득은 다른 쪽의 손실로 이어져, 전체적으로 제로섬으로 귀결된다.

예를 들어, 한 당사자가 한정된 용수공급의 배분을 우려하는 경우, 이 협상은 분명히 제로섬 방식으로 전개될 것이다. 한쪽의 추가적인 용수 획득은 반드시 다른 한쪽의 포기가 있어야만 한다. 이러한 상황에서는 이해당사자들이 맨 처음에 취하는 입장이 매우 중요하다. 소위 첫 협상안 제시는 최종 결과를 결정하게 된다.

이 접근법은 주택구매와 같은 전형적인 구매자－판매자 간 협상을 보여 준다. 만일 구매예정자가 처음에 낮은 구매액을 제시하면, 판매자는 그 제안을 심각하게 고려하지 않을 것이고, 협상은 즉시 종결된다. 만일 구매자가 판매자가 갖고 있는 최소액 (즉, 판매자의 배트나) 이상의 제안을 한 경우, 판매자는 그 제안을 수용하거나 아니면 더 많은 액수를 요구할 수 있다. 따라서 제로섬 상황에서 첫 제안은 향후 협상의 기준이 된다.

다른 유형의 협상인 통합적 거래는 또 다른 전략을 필요로 한다. 이 유형의 협상에서 이해당사자들은 거래할 무엇을 찾아야 한다. 서로 다른 가치를 갖는 아이템을 충분하게 찾을 수 있다면, 그러한 차이를 이용하여 거래를 성사시킬 수 있고 모두가 이득을 취할 수 있다. 통합적 거래를 성공적으로 만드는 핵심 요인은 서로가 상이하게 생각하는 가치의 아이템들이 있어야 한다는 것이다. 이러한 아이템들이 거래패키지 안으로 '통합'되어야 한다.

통합적 거래에 참여하는 협상자들은 함께 거래할 목록을 개발해야 한다. 이는 통합적 거래는 요구보다는 질문으로 시작해야 바람직하다는 의미이다. 통합적 거래의 성공은 적절한 협력적 분위기를 어떻게 조성하느냐에 달려 있다. 협력이 없이는 상대방이 가장 원하는 것을 발견하고 거래할 의사를 파악하기 어렵다.

주택가에 상업건물을 짓도록 토지용도변경허가를 받으려는 건설업자의 상황을 사례로 들어 보자. (이 건설업자가 시의 토지심사위원회에 가기 앞서 주민과 비공식 회의를 마련했다고 가정하자.) 논란이 될 만한 이슈가 많을 것이 분명하다. 따라서 주고받을 수 있는 아이템이 있어야 한다. 그러나 이해관계자들이 협상을 (즉, 건설업자가 제안한 건물을 짓거나 못 지거나 하는) 제로섬으로 인식하고 대한다면, 양측은 모두에게 이익이 될 수 있는 기회를 발견하지 못할 것이다. 그러나 만일 이들이 통합적 거래를 목적으로 하는 협상으로 접근한다면, 양측은 거래할 만한 아이템을 찾아야 한다.

일부 주민은 자신들의 재산가치에 대해 걱정이 매우 많다고 지적함으로써 시작할 것이다. 다른 주민들은 경관문제, 대기오염 가능성, 또는 교통혼잡 등이 우려된다고 지적할 것이다.

건설업자는 상업시설이 건설되어 재산가치가 실질적으로 하락한 인근 주민에게는 보상하겠다는 제안으로 대응할 수 있다. 또한 건설업자는 적절한 조경으로 건축물을 차단하고, 대기오염과 교통소음을 최소화할 수 있도록 교통노선을 조정하겠다고 제안할 수 있다.

그러다 다른 일단의 주민들은 엄격한 주택지역이 상업시설로 인해 주민지역사회의 특징이 변화하는 것을 더 우려할 수도 있다. 건설업자는 계획된 상업시설용지 일부에 주택용지를 포함시킬 것을 제안할 수 있다. 또한 건설업자는 주민들과 공동으로 새로운 주거시설을 설계하고 건설할 것을 제안함으로써 가족과 친구들을 위한 주택을 제공할 수 있다. 그러나 불행히도 대부분의 개발관련 분쟁은 쉽사리 제로섬 문제로 규정된다. 이러한 경우, 이해당사자들은 결코 통합적 가능성을 탐색할 수 있는 기회를 갖지 못한다.

통합적 거래의 핵심은 분쟁이 '승—패' 또는 '찬—반'으로 흐르는 것을 피하는 데 있다. 협상자들은 관련된 모든 이해당사자들의 관심 문제에 대응할 수 있는 대안을 고안하도록 노력해야 한다. 이해당사자들은 주고받을 수 있는 아이템을 찾아야 한다. 이는 타협책을 모색하는 것과 다르다는 점을 명시해야 한다. 만일 이해당사자들이 서로 다른 가치를 갖고 있는 것을 찾아 거래할 수 있음을 인식하게 되면, 실질적인 이익—단순한 양보가 아닌—이 가능하다. 예를 들어, 건설업자는 사설경비업체의 비용이 주민들에게 상당한 부담이기 때문에 저렴한 비용으로 상업시설의 경비순찰에 일부 주택가를 포함시키는 방법을 모색할 수 있을 것이다.

공공분쟁에서 전원 승리 패키지를 찾는 것은 매우 복잡할 수 있다. 가끔은 전혀 새로운 설계를 하거나 해로운 영향을 줄이도록 하는 복잡한 이행약속 등이 합의를 도출하기 위해 필요하다. 또 다른 경우, 손실에 대한 현금 보상 또는 여러 '현물' 거래도 필요하다. 이해당사자의 수가 많고 복잡한 이슈로 인해, 가능한 조합이나 패키지의 수는 거의 끝이 없다.

우리는 통합적 거래에 내재해 있는 어려움을 최소화하려는 것은 아니다. 일부 이해당사자들은 공동으로 문제를 해결하기로 합의하기도 전에 어쩔 수 없이 제로섬 거래를 시도해야 할 필요성을 느낄 수 있다. 만일 이러한 경우, 통합적 거래는 차후에 시도되어야 한다. 갈등당사자들이 통합적 해결을 추구할 충분한 동기를 느끼기 전에는, 당사자들은 처음에는 '크게 승리'할 좋은 기회를 포기하지 않겠다고 확신한다.

일부 당사자 그룹은 자신들이 얻을 수 있는 것보다 낮은 최종 합의로 '귀결'될 것을 염려하여, 특히 협상 초기에 자신들이 수용할 것과 수용하지 않을 것을 드러내 보이기를 꺼린다.[5] 따라서 (공개와 협력이 상대방에게 이용될 수 있는) 제로섬 협상으로 상황을 다룰 것인지 아니면 (공동이익을 위한 탐색에 공개와 협력이 필수적인) 통합적 거래로 상황을 다룰 것인지 하는 양자 사이에 본질적인 긴장이 (특히 초기에) 존재한다.

많은 협상 상황에서 제로섬 입장을 견지할 수밖에 없는 것처럼 보인다. 바쁜 시장에서 구매자와 판매자가 가격을 흥정하는 경우, 두 사람이 지속적으로 관계를 유지하려 하지 않을 때에는 특히 협상을 제로섬 상호 작용으로 다룰 수밖에 없다. 그러나 공공갈등의 당사자들은 제로섬 협상을 자신들의 유일 선택권으로 생각하는 경우가 대부분이다.

한 갈등 이슈의 결과를 다른 이슈의 결과와 연계시킴으로써 제로섬 상황을 통합적 거래의 기회로 전환할 수도 있다. 좀 더 긴 안목으로 보면, 현재의 작은 손실을 미래의 커다란 이익으로 바꿀 수도 있다. 최초 입장의 근거로 삼았던 가정을 재점검함으로써, 특히 상징적 제스처가 한쪽에는 매우 적은 비용을 초래하지만 다른 쪽에는 커다란 이익을 의미하는 경우에, '손실'을 승리로 바꿀 수도 있다.

공공분쟁을 해결하는 전통적인 수단의 구조로 인해, 공동이익을 위한 탐색기회를 갖지 못한다. 현재의 시스템 하에서 협력적인 갈등해소 전략을 제안하는 모든 이해당사자들은 불리하게 된다. 선출직 또는 임명직 공무원들은 협력을 제안하면 협상에 불리한 입장에 처해 있는 것으로 생각한다. 갈등을 악화시키지 않으려는 진정한 의도에서 소송을 제기하지 않으려는 자세는 자신의 입장에 대한 확신부족으로 생각되기도 한다. 배분적 갈등이 다루어지는 맥락을 바꾸고, 공동문제해결이 보상받는 환경을 만듦으로써만이 제로섬 협상이 통합적 거래로 바뀔 수 있을 것이다.

증폭과 함정
Escalation and Entrapment

사람들이 협력하고 좋은 합의를 이끌어 내는 데 가장 큰 어려움은 심리적인 것이다. 이는 증폭과 함정의 역학으로 가장 잘 설명할 수 있다. 심리적 상태를 이해하지 못하고 극복하지 못하면, 제로섬 거래가 통합적 거래로 나아가는 것은 거의 불가능하다.

갈등당사자들은 감정이 논리를 압도할 수 있음을 인식하는 것이 중요하다. 사람들은 스스로 자신의 최고 이익에 반하여 행동하고 있다는 것을 인식하면서도 그런 함정에 빠지는 경우가 있다. 이러한 경우를 잘 보여 주는 예가 바로 '달러 경매'라는 전형적인 집단심리 실험이다.[6] 이 실험에서, 연구자는 실험집단에게 경매로 최고액 제시자에게 1달러를 준다고 설명한다. 그리고 겉보기에는 악의적이지 않은 기본 규칙을 제시한다. 첫째, 가격제시는 10센트 단위로 올라가야만 한다. 둘째, 최고경매가 제시자는 1달러를 받지만, 그 다음으로 높은 경매가 제시자는 자신이 제시한 액수를 '경매인'에게 지불해야 한다. 셋째, 경매참가자들은 경매기간 동안 서로 이야기를 나누어서는 안 된다. 넷째, 경매는 새로운 가격제시가 없이 1분이 경과하면 종료된다.

이 경매의 과정은 쉽사리 예측가능하다. 대부분의 사람들은 경매 초기에는 기꺼이 참여하려고 하는데, 자신들이 10센트나 20센트로 1달러를 획득할 확률이 있다고 생각하기 때문이다. 경매가 30센트나 40센트로 빠르게 올라가면 참여의지가 낮아지기 시작한다. 그러나 사람들은 여전히 1달러를 위해 50센트를 지불하려 하지만, 자신이 두 번째로 높은 경매가 제시자가 되어 헛되이 40센트를 포기하려고는 하지 않는다. 더욱 중요한 것은, 사람들이 이 경매가 어떻게 전개되리라는 것을 알아채기 시작한다는 점이다.

이때, 경매진행자는 두 번째 최고액 제시자에게 "40센트로 1달러를 저분이 가져가게 하고 저에게 30센트를 지불하시겠습니까?"라고 물어봄으로써 경매분위기를 고조시킨다. 대부분의 경우, 답은 "아니요."이다. 경매는 다시 재개되고, 경매가 진행됨에 따라 미묘한 변화가 생기게 된다. 이제, 경매참가자들은 이기기 위한 투자를 함과 동시에 손실에도 주의를 기울이게 된다. 1달러 지폐 흥정은 이제 더 이상 흥정이 아니다. 경매액이 1달러를 넘어가는 경우—거의 항상 그렇게 된다—예상되는 '승자'는 존재하지 않게 된다. 이 게임의 핵심은 손실의 최소화이다. 결국, 경매참가자가 패배를 회피하기를 얼마나 강하게 원하느냐에 따라 1달러는 6달러에까지도 팔린다.

경매진행자는 경매를 두 참가자 사이의 심리적 투쟁으로 성공적으로 변질시켰다. (물론, 경매가 1달러가 넘어가는 순간, 경매진행자 자신은 아무런 손실이 없고, 경매되는 1달러에 붙는 보장된 이득은 경매를 과열시킬 뿐이다.) 공공분쟁 분야에서 우리는 이와 동일한 실험을 회사 고위간부진 그룹에 대해 실시해 보았다. 비교적 높은 가격이지만 참가자들에게 익숙한 20달러 지폐를 경매에 부쳤는데, 40달러를 넘어 최종적으로 '낙찰'되었다. 주목할 점은 참가자들은 경매규칙의 하나를 위반하면서 압박감을 표출하였다는 것이다. "이것은 말도 안 돼!"라고 최종 두 참가자 중 한 사람이 크게 소리쳤다. "여기서 멈추고 손실을 나눕시다."

이 사례는 공공분쟁 해소와 어떤 연관성이 있는가? 경매참가자들은 '스스로의 선택에 의해 함정에 빠졌다'는 점이다.[7] 참가자들은 스스로 증폭의 패턴에 빠지게 된 것이다. 공공분쟁의 당사자들에게도 마찬가지의 현상이 나타난다. 공공분쟁 당사자들은 자신의 이익을 개진하려는 이기적인 욕망을 갖고 분쟁에 참여하게 된다. 대화는 부분적이나마 운영규칙에 제약을 받지만 점점 더 경쟁적인 상황전개에 영향을 받게 된다. 아무도 패배를 원하지 않는다. 자신들이 함정에 빠졌음을 인식했을 때에는 이미 빠져나갈 길이 없다.

똑같은 현상을 유명한 공중곡예사 칼 왈렌다의 비극적 이야기에서도 찾을 수 있다. 버뮤다의 새로운 쇼핑몰 홍보의 일환으로 왈렌다는 15층짜리 두 건물 사이를 외줄타기로 건널 것이라고 사람들에게 알렸다. 행사 예정일 아침, 강한 바람이 불었고 왈렌다와 단원들은 행사를 취소해야 하지 않을까 고민하고 있었다. 그러나 대규모의 관중이 몰려들었고, 왈렌다는 자신의 명예를 실추시키지 않으려면 행사를 강행해야 한다고 생각했다. 목격자들에 따르면, 왈렌다는 외줄에 발을 내딛는 순간 머뭇거린 것처럼 보였으나, 자신의 용감함을 보여 줘야 한다고 생각했다. 왈렌다는 유일한 안전대책을 거부하였다. 즉, 외줄에 매달려 두 손으로 줄을 번갈아 잡고 다시 출발점으로 돌아오는 것을 거부하였다. 이 대안을 거부하고 외줄 위를 걸어 중간 지점을 지나자, 되돌아가는 것보다 앞으로 전진하는 것이 어렵지 않았다. 그러나 약 3분의 2 지점에 다다랐을 때 강한 바람이 불어와 왈렌다는 그만 떨어져 사망하였다.

많은 협상가들처럼 왈렌다도 포기하기에는 너무나도 많은 투자를 했던 것이다. 모든 중요한 의사결정 시점에서, 그는 자신의 최대 이익이 무엇인지를 생각하며 행동했다. 그럼에도 불구하고, 일련의 의사결정은 비극으로 귀결되었다. 불행히도 이러한 심리적 패턴은 자주 목격되고 있다.

증폭과 함정에는 여러 형태가 존재한다.[8] 그 하나는 '자기충족예시(self-fulfilling prophecies)'이다. 이 함정에서는 개개 당사자가 상대방을 평가함으로써 시작한다. 당사자 1은 "저쪽의 당사자 2는 문제가 있어 보여. 사실 나는 저 사람에 대해 들은 바가 있어. 나보다 저 사람이 더 많이 갖도록 결코 내버려 두지 않을 거야. 나는 저 사람만큼 고약하게 행동할 거야." 물론 이러한 악의적 감정에 부딪히면 (이 사람의 최초 의도는 가능하면 수용하는 것이었지만) 당사자 2도 유사하게 반응하게 된다. 당사자 2는 당사자 1이 제공하는 단서에 따라 행동하게 된다. 이러한 과정에서 당사자 2는 마치 당사자 1이 예상한 대로 행동하는 것처럼 보이지만, 이는 당사자 1의 행동이 자기충족적이기 때문이었을 뿐이다.

또 다른 함정은 '선택적 지각(selective perception)'과 '속성 왜곡(attributional distortion)'이다. 일단 갈등당사자 1은 갈등당사자 2에 대한 부정적인 시각이 고착되면, 이 최초의 시각과 반대되는 증거에 주목하지 않는다. 이 두 가지 함정은 여러 형태로 나타날 수 있다.

예를 들면, 누군가가 갈등당사자 1에게 호의적이거나 책임 있는 태도로 긍정적으로 보이게 하는 행동을 한 경우, 갈등당사자 1은 자신에게 "나는 저 사람을 신뢰할 만하다고 생각하고 있었어."라고 말한다. 그러나 (갈등당사자 1이 사전에 신뢰하지 않기로 결정한) 갈등당사자 2가 똑같은 행동을 하는 경우, 갈등당사자 1은 이를 인지하지 않거나(선택적 지각), 또는 "저 사람에게 무슨 일이 있나? 분명 속임수일 거야(속성 왜곡). 그러나 그녀는 나를 속일 수 없어!"라고 말한다. 따라서 갈등당사자 2는 자신에 대한 갈등당사자 1의 시각을 결코 바꾸지 못한다.

이런 식으로, 선택적 지각(최초의 생각을 뒷받침하는 것만 인식하려는 태도)과 속성 왜곡(어떤 사람이 어떤 행동을 했을 때 긍정적으로 바라보지만, 다른 사람이 같은 행동을 했을 때에는 의심의 눈초리로 바라보는 것)은 협상을 빠져나오기 어려운 파괴적인 국면으로 빠져들게 한다. 가장 나쁜 인상을 뒷받침하는 것만을 인식함으로써, 가장 나쁜 반응을 촉발시키는 방식으로만 행동함으로써, 그리고 최초의 인상을 뒷받침하는 질문만을 함으로써,

사태를 더욱 악화시키게 된다.

배분적 갈등은 매우 감정적으로 될 수 있는데, 그럴 만도 하다. 엄청난 거래가 걸려 있기 때문이다. 공공정책이나 자원배분의 변화는 우리 삶의 질을 위협할 수도 있다. 예상되는 정책변화에 대한 대응은 분명한 위협('재산가치의 급격한 하락')에 대한 합리적인 반응 또는 감정적 반응 ('거대 기업이 내 목을 조이려고 하고 있어') 또는 둘 다일 수 있다. 공공분쟁 해소에 있어 감정적 차원은 우리를 인간으로 만드는 심리적 구조에 의해 형성된다.

반복적으로 나타나는 심리적이고 감정적인 패턴의 하나는 증폭의 동태성(dynamic of escalation)이다. 일단 갈등이 시작되면, 갈등당사자들의 감정적 수준이 올라가고, 상황은 점점 더 해소하기 어렵게 된다. 우리 인간은 대결을 증폭시키는 데 뛰어나지만, 상황을 가라앉히는 데는 서투른 존재이다.

공공갈등 이해당사자들은 갈등이 너무 오랫동안 계속되면 점점 더 위협을 느끼게 된다. 사태가 자신들의 통제범위를 벗어나게 되면, 갈등당사자들은 점점 더 가식적으로 행동하고 '주목을 받으려고' 한다. 갈등이 증폭됨에 따라, 갈등당사자들은 신중하게 경청하고 분명하게 사고하지 않게 된다. 불행히도 한쪽 당사자의 이러한 행동은 다른 쪽 당사자에게도 유사한 행태를 초래하게 한다. 격랑 속의 작은 쪽배처럼 갈등당사자들은 쉽사리 상황통제력을 상실하게 된다. 배분적 갈등 상황에서 갈등당사자들에게 증폭의 동태성에 주목하라는 것은 상식 그 이하도 이상도 아니다. 그러나 감정적인 갈등의 열기 속에서 가장 먼저 생각되는 것이 바로 상식이다.

합의형성의 3단계

Three Phases of Consensus-building Negotiation

갈등을 성공적으로 관리하기는 어렵다. 두 그룹 이상의 당사자들이 관련되면, 특히나 복잡하다. 배분적 갈등은 통상적으로 함께 일한 경험이 없는 여러 당사자 그룹(각 그룹은 다수의 회원들로 구성된다)들이 참여하기 때문에, 대면적인 협상을 통해 해소하기는 매우 어렵다.

공공갈등해소 분야의 경험에 입각해 볼 때, 그리고 앞서 언급된 어려운 장애물을 고려해 볼 때, 우리는 대부분의 배분적 갈등—그리고 매우 복잡한 갈등—이 협상과정의 중요한 단계에서 중립적인 지원을

〈표 4-1〉 합의형성과정

사전협상단계
시작
대표자 구성
운영규칙 마련과 의제선정
공동사실조사

협상단계
공동이익을 위한 대안 개발
합의안 패키지 개발
합의문서 작성
당사자의 합의안 이행 약속
이해관계자 전체로부터의 인준

집행 또는 사후협상 단계
비공식합의를 공식의사결정과 연계
합의이행 모니터링
재협상을 위한 상황 설계

제공하는 전문적인 조정자의 도움으로 해소될 수 있다고 본다. 이 조정자의 역할은 제5장에서 상세하게 설명할 것이다. 그러나 일부 사례에서, 갈등당사자가 스스로, 즉 전문가의 도움 없이 자신들의 견해 차이를 성공적으로 해소하는 협상을 할 수 있다. 이러한 당사자 협상이 거치는 단계는 지원받는 협상의 단계와 같다. 〈표 4-1〉은 합의형성의 3단계, 즉 사전협상 → 협상 → 집행(또는 사후협상)의 단계를 보여 주고 있다.

사전협상단계
Prenegotiation

시작

간단히 말해, 협상을 시작하는 것은 어렵다. 모든 사람의 상호 작용과 마찬가지로 협상에서도 누군가가 먼저 움직여야 한다. 갈등이 아직 심각한 상태로 진행되지 않은 상황이지만 특정 정책이나 자원배분 결정에 의해 초래될 결과에 대해 일부 그룹이 우려하는 경우, 이해당사자들이 갈등을 피하기 위한 노력으로 자리를 함께하는 것은 가능하다. 그러나 불행히도 갈등이 겉으로 표출되기 전까지는 이해당사자들이 협상에 나서지 않을 것이다. 또한 갈등이 심화되기 전까지는, 일부 그룹들은 자신들이 갈등에 연관이 있다는 것을 인식하지 못하는 경우도 있다.

갈등을 피하기 위한 일환으로 갈등당사자들이 초기에 모이거나 또는 갈등이 증폭되거나 파국으로 치달은 후일지라도 협상의 시작은 여전히 어려운 문제이다. 누군가가 이해관계자들과 접촉하여 함께 모여

의논할 것을 제안해야 한다. 대부분의 배분적 갈등에서, 관련 이해당사자들은 먼저 움직이지 말아야 한다는 상당한 압박을 받는다. 왜 그럴까? 사람들은 만나자고 먼저 제안하는 것이 약하다는 표시이거나 결과에 대해 지나치게 걱정하고 있는 것이라고 오해를 받을까 염려하기 때문이다.

만일 한쪽 당사자가 전통적인 의사결정 절차를 따르는 것이 유리하다고 생각하면, 이 당사자가 모임을 개최하는 역할을 할 동기는 없는 것이다. 반면, 전통적인 절차로는 패배할 것이라고 생각하는 당사자는 대면협상을 고려하는 데 관심이 있는 다른 이해관계자들을 설득하는 데 어려움을 겪을 것이다.

종종 갈등의 결과에 직접적인 이해관계가 전혀 없는 외부자가 이해당사자들을 소집하는 데 최적인 위치에 있다. 예를 들어, 함께 해결책을 모색할 수 있는지 파악하기 위해 시장이 개발관련 갈등 이해당사자들을 시청으로 초대할 수 있다. 이러한 경우, 이 시장은 조정자 역할을 하고 있는 것이다. (이 주제는 다음 장에서 다루도록 한다.)

협상 시작의 가능성을 높이는 하나의 방법은 첫 회의참석에 따른 위험을 낮추는 것이다. 누가 회의를 제안하더라도 모든 당사자들이 참석하기로 합의하기 전까지 또는 회의가 개최되기 전까지 협상 가능성을 비밀로 할 것을 분명히 하도록 한다. 첫 번째 회의참석 요청에서 회의참석에 어떠한 의무나 조건이 없음을 분명히 해야 한다. 즉, 협상의 자발적 성격을 강조해야 한다. 이러한 상호 작용이 유용한 방식으로 진전되지 않는다면, 어느 누구도 회의참석을 거부할 권리가 있다.

우리가 여기에서 소개하는 '조던 레인(Jordan Lane)' 갈등사례의 경우, 임시거주시설 계획에 화가 난 주택소유자들이 정확하게 이러한 문제에 직면하고 있었다. 주택가의 한 교회가 정신지체장애인을 위한 임시거주시설을 지원하기로 결정하였다. 인근 주민들은 바로 교회의 계획을 저지하기 위해 법정에 갈 의지가 있음을 공표하였다. 주민들의 입장에서는, 그리고 교회 지도자들의 입장에서도 마찬가지로, 비용이 덜 들고 시간도 덜 소비되는 대안을 찾는 것이 합리적이었다. 그럼에도 불구하고, 주택소유자들이 먼저 첫 대응을 하기까지에는 얼마간의 용기가 필요했다. 마찬가지로 목사의 입장에서도 '적대적인 분위기' 속에서 회의개최를 합의하는 데 상당한 용기를 내었다. 목사는 자신이 '지원부대'를 데려올 수 있는 경우에만 회의에 참석하기로 합의하였다. 당연하게 목사는 수적인 열세에 빠지고 싶지 않았다.

이 책에서 지원 없는 협상(unassisted negotiation) 과정의 각 단계를 설명하기 위해 조던 레인 사례를 활용할 것이다. 조던 레인 사례는 외부의 도움 없이 합의적인 갈등해소로 전개된 전형적인 배분적 갈등이다.

조던 레인 갈등사례

벡슬리(Bexley)시 북쪽에 위치한 조던 레인 주민들은 자신들이 공공갈등을 겪으리라고는 예상하지 못했다.[9] 조던 레인은 깔끔하게 관리되고 있는 10여 채의 주택이 늘어서 있는 막다른 거리로서, 거리 끝쪽은 번잡한 호머 가(Homer Street)를 등지고 있었다. 주민들은 공동체의식을 갖고 있었고 서로를 매우 조심스러워했다. 그 결과 각 가정들은 조던 레인을 아이들 키우기 좋은 곳으로, 그리고 노인층도 거주할 수 있는 곳으로 생각하고 있고, 후일 자기 자손들도 그들의 가정을 꾸릴 수 있는 곳이라고 생각하였다.

그러나 1984년 여름, 조던 레인과 호머 가 모퉁이에 있는 세인트 마크 감독파 교회(St. Mark's Episcopal Church)가 새로운 용도의 교회시설 계획을 발표하면서부터 조던 레인의 생활은 혼란에 빠졌다. 이 교회는 지난 수십 년간 교회 신자 수가 감소하고 있었다. 신도의 성금으로는 더 이상 재정을 충당할 수 없게 되었다. 이 교회의 장로들은 지적 장애를 갖고 있는 십대와 젊은이들을 수용하고 있는 단체인 네이버후드케어사(Neighborhood Care, Inc.)에 교회의 공간을 빌려주기로 결정하였다. 벡슬리 시 토지이용심의위원회가 필요한 허가를 승인해 주었다면서, 네이버후드케어사는 일주일에 6일 동안 오전 9시부터 밤 9시까지 수십 명의 '고객'들에게 보호와 레크레이션 서비스를 제공한다는 것이었다.

이는 조던 레인 주민들에게는 전혀 환영받지 못할 소식이었다. 이미 주택가에서 주거침입 사례가 간간이 발생하고 있었다. 이젠 낯선 사람들도 들어올 것이다.

게다가 교회가 주택가에 수용할 사람들은 보통의 사람들이 아니었다. 이들은 정신질환자들이었고, 일부는 주립 요양원에서 퇴원하였고 대부분은 지속적인 보호대상자였다. 부모들은 길거리에서 노는 아이들의 안전을 크게 우려하였고, 노인주민들은 앞으로는 집 밖으로 나갈 수 없을지도 모른다고 염려하였다. 의심의 여지 없이, 이 교회의 계획이 실현되면 교회의 주방이 지속적으로 가동되어야 하므로 원치 않는 소음, 교통, 그리고 쓰레기가 발생할 것이었다. 대부분의 주민들은 재산가치가 급격히 하락할 것이라는 데 동의하였다.

일부 조던 레인 주민들은 계획의 세부 내용을 반대하였다. 하루 12시간, 1주일에 6일 가동은 주거지역에 매우 적합하지 않다고 생각했다. 더욱 큰 문제는, 네이버후드케어사는 교회 마당을 배회할 수도 있는 자신들의 '고객'들을 감독할 직원들이 없는 것으로 보였다. 조던 레인 주민들에게 특히 걱정되는 점은 세인트 마크 교회가 보여 준 태도였다. 교회 장로들은 자신들의 계획을 주민들과 협의하기보다는 법적 허가를 얻기 위해 먼저 토지이용심의위원회에 신청을 하였다. 주민들에 따르면, 이러한 행태는 불행하게도 교회의 전형적인 태도였다. 예를 들면, 이전에도 주민들과 상의 없이 유아주간보호와 주말학교 프로그램을 추가한 적이 있었다. 교회 신도들은 조심성 없이 잔디밭과 보도에 주차를 했고, 교회에서 나온 쓰레기가 길거리에 쌓여 방치되기도 하였다. 조던 레인 주민들은 교회에서 다음에 무슨 일을 벌일까 하고 우려하였다. 앞으로 교회가 돈을 벌려고 또 무슨 일을 저지를까?

세인트 마크 교회의 존 마틴(John Martin) 목사는 주민들의 태도가 공격적이라고 느꼈다. 재정위기를 겪고 있는 교회는 대응책이 필요했고, 마틴 목사는 네이버후드케어사와의 사업관계가 돌파구가 될 것으로 생각했다. 이 계획은 돌파구 이상이었다. 이 동네와 지역은 레크레이션 서비스를 받을 법적 권리를 갖고 있는 정신지체 시민들을 위한 시설이 필요했다. 네이버후드케어사는 비영리단체로 널리 인지도를 갖고 있었고, 인근 세 개의 마을에서 유사한 시설을 성공적으로 운영하고 있는 중이었다. 벡슬리 시에서 다른 적당한 공간을 찾지 못한 네이버후드케어사는 교회와 접촉하여 장소대여에 좋은 조건을 제안하였다.

마틴 목사는 계획의 세부 내용에 대한 주민들의 반대는 연막작전일 뿐이라고 의심했다. 마틴 목사는 분명한 두 가지 진짜 이유가 있다고 생각했다. 첫째, 주민 대부분은 유대인들이어서, 그들은 마음속으로 마틴의 교회에 대해 항상 못마땅하게 생각하고 있을 것이다. 그들은 지난 수년간 교회가 시도한 크고 작은 모든 노력을 비난해 왔고 앞으로도 그럴 것이었다. 현재의 긴장은 이러한 커다란 상황 맥락의 일부이다. 둘째, 이 주민사회도 유사한 정신건강시설 건설에 직면한 대부분의 지역사회가 보이는 특징인 무지와 이기심을 보이고 있는 것이다. 마틴 목사는 자문해 보았다. 교회의 책무는 어디에 있어야 하는가? 세속적인 생각에 사로잡혀 있는 주민들인가? 아니면 스스로를 부양할 수 없는 사회적 약자들인가?

토지이용심의위원회가 개최되기 2주 전, 마틴 목사는 조앤 싱어(Joan Singer)—조던 레인 주민회의 임시 대표이자 대변인—로부터 전화를 받았다. 이는 논란이 발생한 이후 교회와 주민사회 간의 첫 공식적 접촉이었다. 조앤 싱어는 마틴 목사에게 교회의 계획에 대해 주민단체와 이야기를 나눌 용의가 있는지 물었다.

마틴 목사는 교회의 다른 두 대표자와 네이버후드케어사의 국장도 참석한다는 조건 하에 다음 날 저녁 회의를 수락하였다. 싱어도 시의회의 주민대표자도 초청할 것을 제안했다. 이에 마틴 목사도 동의하였다. 주민들은 이미 교회의 계획을 저지하기 위해 법정 소송도 제기할 뜻을 표명한 바 있다. 회의에서 어떤 결과가 나오더라도 법정 소송보다는 바람직할 것이었다. 아직은 합리적인 논의를 하지 못할 만큼 늦지는 않았다.

그러나 다음 날 저녁 조앤 싱어의 집에 들어섰을 때, 마틴 목사는 아차 하는 생각이 들었다. 거의 모든 주민들이 이 날 회의에 나왔고, 감정은 매우 고조되어 있어 보였다. 음료수가 나오는 동안 교회의 계획에 대해서 아무도 말을 꺼내지 않았다. 그러나 이 고의적인 침묵은 긴장된 분위기를 고조시킬 뿐이었다.

드디어 회의 시작 시간 30분이 흘러, 마틴 목사는 조심스럽게 목청을 가다듬었다. 주민들로 꽉 찬 작은 방에서, 이 소리조차 모두를 조용하게 만들기에 충분했다. "자 여러분!" 마틴 목사는 주민들을 향해 말했다. "시작하실까요?"

조던 레인 주민들은 첫 번째의 커다란 장애를 극복하였다. 이와 유사한 모든 경우에, 누군가가 먼저 움직여야 한다. 그렇지 않고 협상은 시작될 수 없다. 이 첫 번째 움직임—논의를 위한 전화 한 통—은 합의형성과정에 대해 분명한 비전을 갖고 있고 다른 잠재적인 참가자들에게 이 과정을 설명할 수 있는 역량을 갖고 있는 누군가에게 달려 있다. 첫 번째 회의에서 틀림없이 합의형성과정에 대한 질문이 나올 것이다. 그런데 만일 이런저런 질문에 누군가가 임시적인 대답이라도 하지 못한다면, 첫 번째 협상회의는 가능하지 않을 것이다. 여러 질문 중의 하나는 분명히 "회의 장소는 어디입니까?" 하는 것일 것이다. 비록 중립적인 장소가 최적의 선택이지만, 조던 레인의 경우에서처럼 한쪽이 선택한 장소를 다른 한쪽이 수락하는 것도 가능하다. 때때로, 이런 양보를 먼저 한 쪽은 향후에 제기되는 절차적 문제에 있어 상대방에게 양보를 요구할 수 있을 것이다.

요약하면, 조정자 없이 협상을 시작하는 것은 매우 어렵다. 노련미, 설득력, 용기, 융통성, 그리고 행운 등이 필요할 수도 있다. 조던 레인 주민들은 이러한 자질을 갖고 있었고, 제3자의 지원 없이 진행된 협상의 차후 단계에서 좋은 효과를 발휘하였다.

대표자 선발

사전협상단계의 두 번째 절차는 모든 이해관계자 그룹이 적당한 대표자를 파악하고 선발하는 것이다.[10] 생산적인 협상은 다음 두 문제가 풀려야 시작될 수 있다. 즉, 어떤 그룹이 협상에 반드시 참여해야 할지를 파악하는 것, 그리고 그 그룹을 위해 대변할 권한을 갖는 대표자를 선발하는 것이다.

먼저, 우리의 경험을 통해 보면, 특히 처음에는 너무 적은 수보다는 가능하면 많은 사람이나 단체를 포함시키는 것이 더 좋다. 물론 합의 형성 논의에 직접 참여하는 목소리의 수를 제한하는 것이 관리상 유리한 점이 있다. 그러나 이러한 관리상 이득은 누군가가 불공평하게 자신이 배제되었다고 문제를 제기하는 것보다는 크지 않다.

처음에 많은 수의 잠재적인 이해관계자로 시작한 후, 선발된 대표자들 중에서 선출이나 지명을 통해 그룹의 규모를 줄일 수 있다. 이러한 규모조정은 이해당사자의 수에서 참여를 원하는 (그리고 반드시 참여해야 하는) 이해당사자의 유형으로 초점을 변경함으로써 가능하다.

예를 들면, 제3장에서 제시한 사회복지서비스 포괄보조금 협상에서, 네 개의 참여자 유형 집단 각각으로부터 25명의 대표자를 선발하였다. 사회복지사연합회(Association of Social Service Providers)는 주 전역의 지부별로 총 25명의 대표자를 선발할 것을 회원들에게 요청하였다. 민간부문의 기부자들은 25명의 참여자를 선발하기 위해 주 전역에 걸쳐 홍보하고 회의를 개최하여 민간기업 대표, 재단대표자, 그리고 유나이티드 웨이스(United Ways) 대표자 등을 포함시키고자 하였다. '시민/고객 팀'도 유형별로 대표자를 선발하였는데 문화와 언어별 소수자 집단, 지역별 시민단체, 그리고 고객별 다양한 조직 등을 포함시켰다.

(각자가 선호하는 어떠한 방식으로든) 각각의 대변인을 선발하기 위한 각 유형별 연합체의 간부모임을 만듦으로써, 신뢰할 수 있는 대표자들이 구성되었다. 각각의 연합체는 또한 '팀 리더'를 선발하였다. 100명의 사람들이 얼굴을 맞대는 협상은 매우 힘들지만, 이보다 10배의 사람들이 참여하는 과정보다는 수월하였다. 참여자 100명으로 인한 외견상 불편함은 사실상 필요악이다. 임시방편적 절차들이 전통적 절차보다 대표자 수가 적다는 비난을 극복하기 위해서는 가끔씩 정교한 선

발과정을 거쳐야 한다.

분산되어 있거나 불명확한 이해관계와 관련된 여러 다른 대표성 문제도 고려되어야 한다. 앞으로 내려질 결정에 대해 자신들의 이해관계를 인식하지 못하는 사람들에 대해서는 어떻게 해야 할 것인가? 예를 들어, 외딴 해안 주거지역에 정유소를 세우려는 계획은 해당지역 주민들의 강력한 반대를 야기할 것이 확실하다. 그러나 타지역의 휘발유와 주택난방용 석유 소비자들은 이 입지결정에 이해관계가 있다는 것을 인식하지 못한다. 이들 타지역 주민들은 해안지역 주민들과 같이 조직적으로 반대할 동기가 없다. 만일 그 지역에 정유소가 입지함으로써 타지역 소비자들이 주유소에서 갤런당 1페니를 절약할 수 있다는 사실만으로는 시위를 위한 자금 모금이나 자원봉사자 동원이 가능하지 않다. 잠재적인 이득이 너무나 작아서 굳은 의지를 가진 열성적인 회원들을 만들어 내지 못하기 때문이다.

이러한 상황에서는 당사자 그룹의 사람들을 제시간에 모으는 것이 불가능하다. 일부 그룹은 대표자 선발에 시간이 필요할 수도 있다. 다른 그룹들(저소득층, 정치적 연계가 없는 사람들, 법적 자격이 없는 불법체류자 그룹 등)은 재정지원도 필요하다. 이들은 자신들이 타당한 이해관계 그룹이라는 것을 인식하는 경우에도 자신들의 생각을 효과적으로 제시하지 못하는 경우가 있다. 이러한 소외계층 그룹들의 공평한 대표성을 보장하기 위해 조직적인 지원도 필요하다.

이러한 대표성의 문제를 해결할 수 있는 쉽고 일반적인 방법은 없다. 그럼에도 불구하고, 공공갈등 당사자들은 어떠한 협상이 계획되었든 모든 정당한 이해관계자 그룹이 참여할 필요성이 있음을 합의해야 한다. 만일 이들이 핵심 그룹을 빠뜨리는 경우, 비록 무심코 그랬다 하더라도 임의적인 합의형성과정에 대한 신뢰성은 회복이 불가능할 정도로 훼손될 수 있다.

　최종적으로 소집된 그룹들은 중요한 이해당사자를 빠뜨리지 않았는지를 확인하는 수단으로 상세한 '갈등영향분석(conflict assessment)'을 준비해야 한다.[11] 원론적으로, 갈등영향분석은 관련된 개인과 집단을 네 개 유형으로 분류할 수 있다. 법적 보호의 필요성을 주장하는 집단, 갈등에 선출직 및 임명직 공무원을 끌어들일 수 있는 정치적 영향력을 갖고 있는 집단, 협상된 합의안의 집행을 저지할 수 있는 힘을 갖고 있는 집단, 대중의 동정심을 충분히 유발할 수 있는 도덕적 주장을 하는 집단 등이다. 만일 첫 번째 당사자 회의 소집에 응하는 최초의 참가자들이 갈등상황을 면밀하게 살핀다면, 이러한 당사자 유형 목록을 만들 수 있다. 또한 첫 번째 회의 참가자들이 이해관계와 연관된 단체와 개인들을 접촉하는 책임을 받아들이고, 이들을 통해 더 포함되어야 할 사람들을 찾는다면, 최종 참여자 수는 늘어나고 신뢰성은 최대로 높아지게 될 것이다.

　그러나 어느 개인 또는 단체가 특정 이해관계를 대표하는지 분명하지 않은 경우가 많다. 따라서 가능하면 많은 그룹들을 접촉해야 한다. 사전접촉을 통해 누가 특정 이익을 가장 잘 대표하는지 잘 알고 있는 사람들을 찾아낼 수 있다. 최초의 그룹들이 폭넓게 접촉할수록 적합한 이해관계자들을 찾아낼 수 있는 확률은 높아진다. 사실 이 단계가 매우 중요하기 때문에 최초의 참가자들은 '갈등영향분석'을 수행하는 데 외부전문가의 도움을 받을 수 있다. 이 외부전문가는 잠재적 참가자들의 반발이나 편견에 영향을 받지 않아야 한다. 전술적으로도 이런 외부전문가가 있으면, 누락된 당사자들이 있을 경우 나중에 이들을 추가로 포함시키기가 쉽다. 즉, 협의체 참가자들은 '외부자'가 누락시켰다고 주장할 수 있다.

일부의 경우, 충분하게 조직화되지 못한 그룹을 위해 대리인을 세울 필요도 있다. 또 다른 맥락에서는, 새로운 그룹을 만들도록 하는 것도 바람직할 수 있다. 이를 통해 특별한 이해당사자 그룹의 조직화를 유도하여 앞으로의 협상에 참여하도록 한다. 모든 이해당사자를 대표해야 한다는 책임은 매우 어렵다. (어딘가에 대표성이 없는 그룹이 존재하지 않는다고 어떻게 확신할 수 있겠는가?) 그러나 실제적으로는, 모든 이해당사자의 적절한 노력으로 이 문제를 해결할 수 있다. 마찬가지로 그룹 규모의 문제도 실무적으로 해결할 수 있다. 아무리 많은 사람들을 접촉하더라도, 똑같은 이름이 쉽사리 거명되기도 한다. 협의체 구성의 문제처럼 협의체의 규모도 결국에는 자연스럽게 정해지게 된다.

지금까지 제시된 지침들을 앞으로의 협상자들이 준수하려면 반드시 협상단계에 앞서서 대표성의 문제가 적절하게 해결되어야 한다. 만일 누락된 이해관계자가 있음이 분명해지면 바로 협상과정에 참가시키도록 요청할 것을 모든 참여자들이 동의한 후에 협상은 시작될 수 있다.

대표자들이 협상테이블에 도착하면, 효과적인 협상을 위한 또 다른 문제가 기다리고 있다. 협상자들은 협상테이블에 앉아 있는 대표자들이 자신이 대표하기로 한 소속집단을 위해 최선을 다한다고 어떻게 확신할 수 있을까? 이는 가장 중요한 문제이다. 대표자로 지정된 사람이 자신의 소속집단을 대표할 권한이 없다는 사실을 협상 막바지에서야 알게 되면 매우 절망스럽다.

이러한 허탈한 상황을 방지할 하나의 방법은 처음부터 대표자의 의미를 분명하게 하는 것이다. 법적 권위를 갖고 있는 선출직 공무원과는 달리, 비공식적인 대표자들은 소속구성원들에게 헌신해야 한다는 의무를 갖는 경우는 없다. 그러나 비공식적인 대표자들은 협상대표자단과 소속집단 구성원 간을 오가며 연결하는 데 적임자여야 한다. 이들의 임무는 소속집단을 대변하기보다는 이들과 함께 이야기하는 것이다. 우리가 주장하는 유형의 비공식적 협상의 대표자들은 소속집단의 관심사를 자세히 전달하고, 소속구성원들에게 메시지와 정보를 전달하고, 어떤 합의가 나오든 실천할 것이라는 소속집단의 의지를 전달하는 등의 역할을 하여야 한다.

우리는 이러한 대표자 유형의 성공가능성을 높일 수 있는 유용한 전략들을 개발하여 왔다. 첫 번째 전략은 특별한 선거를 통해 대표자를 선택할 수 있도록 기존 단체들의 네트워크를 이용하는 것이다. 예를 들면, 조던 레인의 사례에서처럼 주민들이 이웃 주민들에게 이야기하고, 이웃 주민들이 다시 다른 주민들에게 이야기하는 방식으로 주민들의 교차접촉을 통해 충분한 확신을 가질 수 있다. 그 다음 이들 그룹은 협상전략을 논의하고 대변자를 선정하는 모임을 가졌다.

기존단체에 선출직 공무원이 포함되어 있는 경우, 이 공무원이 가장 적절한 대표자일 수 있다. 그러나 이런 공무원이 포함되어 있는 일부 단체일지라도 논의의 이슈에 따라 임시 대표자 선정을 선호하는 경우도 있다. 전체 그룹의 규모가 매우 작은 경우, 복수의 리더들이 참여를 결정할 수 있다. 어떠한 경우에도, 이들 리더들은 소속구성원들에게 헌신해야 한다는 책임을 질 필요는 없다. 그러나 이 대표들은 지금까지 서술한 대표자 임무에 대한 책임을 기꺼이 수용하여야 한다.

또 다른 상황에서는, 대표자를 돌아가면서 맡는 것도 바람직할 수 있다. 단체 또는 연합체에서 단일 대표자를 선정하는 데 어려움이 있는 경우, 대표자 책임을 공유하는 집행위원회를 구성하는 것도 한 방법이다. 이러한 방법은 자신들의 의사가 적절하게 대변되지 못하고 있다고 느끼는 소수파들이 다수파와 분리되지 않고 나중에 협상합의안의 집행을 방해하지 않도록 하는 유일한 방법이다.

합의형성을 위한 대표자 선정 과정에서 개방성과 유연성은 매우 중요한 단어이다. 하나 또는 그 이상의 단체들이 자신들의 대표자를 바꾸거나 교체할 필요도 있다. 특별한 협상단계에서는 특정 그룹의 이해를 대표할 수 있도록 대표자와는 다른 위임자를 임명할 수도 있다 (이러한 경우는 갈등이 기술적이거나 과학적 이슈인 경우에 종종 발생한다). 이러한 '회전식 대표자단(revolving membership)'은 불편해 보이지만, 갈등의 주제를 알지 못하거나 관심이 없는 대표자, 즉 '명목상'의 대표자보다는 매우 바람직하다. 모든 그룹은 내부적인 대표자 문제를 해결할 수 있는 자율권을 갖고 있어야 한다.

누가 참여자격이 있고, 몇 명의 대표자를 할당해야 하고, 누가 특정 그룹을 대표해야 하는가 등에 관해서도 갈등은 발생할 수 있다. 가끔 대표자 문제는 매우 어려운 경우가 있는데, 한 그룹은 자신의 참여를 주장하지만 다른 그룹은 이 그룹의 배제를 요구하는 경우도 있다. 이런 종류의 의견 불일치는 협상을 통해서 해결될 수 있지만, 과정설계자가 충분한 시간과 자원을 투자해야 한다. 많은 경우에 이러한 갈등을 장애로 인식하는 실수를 하는데, 사실은 앞으로 다가올 더 어려운 문제를 함께 얼마나 잘 해결할 수 있는지를 탐색할 수 있는 기회이기도 하다. 이러한 갈등이 아무리 지나치더라도 대표자에 관한 초기의 논란을 숨기거나 무시해서는 안 된다.

조던 레인 갈등의 경우, 대표자 문제는 특별히 어렵지 않았다. 대다수의 경우, 리더십 구조를 갖고 있는 기존 그룹들은 가장 쉽게 대표할 수 있다. 그러므로 첫 번째 미팅에 참석한 사람들은 바로 교회, 네이버후드케어사 책임자와 고위직원, 그리고 조던 레인을 지역구로 하는 시의회 의원이었다. (벡슬리 시에서 시의회는 토지이용심의위원회도 겸하고 있어서, 네이버후드케어사가 필요로 하는 토지이용허가를 승인할 수도 또는 기각할 수도 있는 기구이다.) 교회는 공식적인 리더십 구조를 갖고 있어서 아무도 교회를 대표하는 목사와 장로들의 권위에 의문을 제기하지 않았다. 또한 등록된 비영리단체인 네이버후드케어사도 정당하게 임명된 책임자를 가지고 있었다. 마찬가지로, 조던 레인 지역구 시의원의 자격에도 문제가 없었다. 비록 나중에 시정부의 건축감독관과 공중보건위원회 대표 등 다른 공무원들도 초청하는 게 바람직할 수도 있었다고 일부 주민들이 피력했지만 말이다.

반면, 주민 측은 공식적인 조직을 갖고 있지 않아서 대표자를 정하는 데 상대적으로 어려움이 있었다. 그러나 입소문을 타고 미팅 날짜가 주민들에게 알려졌고, 참석자의 수는 예상보다 상당히 많았다. 교회를 둘러싸고 있는 주택단지의 가구 중 약 20%가 참석하였다.

직접적으로 대표자가 참석하지 못한 그룹은 건립계획 중인 센터의 잠재 고객들이었다. 하지만 교회와 네이버후드케어사 책임자는 모두 이들 그룹의 이해관계를 여러 차례 언급을 했었다. 이 고객들은 권한을 위임받을 사람도 없었고 조직화되어 있지도 못해 대표자를 정하기가 어려운 전형적인 이해관계자 집단이다.

대표성에 관해 마지막으로 한마디를 하자면, 대부분의 경우, 모든 참여자가 갈등해소과정에 동등하게 또는 똑같은 시간을 할애받고 있는 것은 아니다. 간접적으로 영향받는 사람들보다 직접적으로 영향받는 사람들이 더 빨리, 더 강력하게, 그리고 더 오랫동안 참여한다. 더욱이 갈등해소과정이 지속되면서, 참여자의 구성이 변화할 수 있다. 자신들의 관심이 충족된 집단, 또는 자신들의 이해가 직접적이지 않다는 것을 알게 된 집단 등은 협상과정 중에 떠날 수도 있다. 반면, 자신들의 이해가 분명해져 감에 따라 새롭게 참여하는 집단도 있다. 어떤 경우이든, 계속하여 참여하는 사람들은 이 새로운 대표자들을 이

끄는 임무를 수행해야만 한다. 이 임무 중 중요한 하나는 의사록을 보관하고, 또는 이런저런 유형의 '집단기억'을 제공하여 지금까지 이루어져 왔던 사항들에 대해 분명하게 전달하는 것이다.

조던 레인 사례에서, 조앤 싱어와 네 명의 이웃 주민들은 첫 번째 회의 이후에 주민 측을 위한 협상위원회에 참여하는 데 동의하였다. 마틴 목사, 네이버후드케어사 책임자, 부수석 장로도 교회 측의 협상위원으로 참여하기로 하였다.

협상운영규칙 초안 마련과 의제설정

이해당사자 집단이 파악되고 대변인들이 선정된 후 그러나 실질적인 협상이 시작되기 전에, 이해당사자 집단들은 두 가지 핵심사항에 합의하여야만 한다. 첫째, 어떻게 함께 논의를 할까? 둘째, 정확히 무엇을 논의할까?

일반적으로 프로토콜(또는 운영규칙)은 협상의제에 관한 안건들이 논의되기 전에 정해 놓을 필요가 있다. 협상회의는 어디에서 개최할 것인가? 참석자의 좌석배치는 어떻게 할 것인가? 의사록은 보관할 것인가? 누가 보관할 것인가? 개인들의 발언순서는 어떻게 정할 것인가? (로버트의 회의규칙Robert's *Rules of Order*이나 표준의회절차는 절차를 지나치게 형식화하고 있어 협상이라는 맥락에서는 크게 도움이 되지 않는다.) 회의개최 통보는 어느 시점에 이루어져야 하는가? 언론매체를 회의장에 초대할 것인가? 참관인을 허용할 것인가? 참관인의 발언을 허용할 것인가? 협상회의는 언제 종료되어야 하는가? 새로운 규칙은 어떻게 채택할 것인가?

위와 같은 질문들은 구체적인 협상의제가 논의되기 전에 해결되도록 한다. 통상적으로 운영규칙은 서면으로 작성하는 것이 가장 바람직하다. 분쟁이 너무 복잡하고 많은 당사자들이 관련되는 경우에는 각 이해집단에서 적어도 1명씩으로 소위원회를 만들어 운영규칙의 초안을 만들도록 하고, 이후 전체회의에서 확정하도록 한다. 명심할 점은 운영규칙의 '모범안'이란 없다는 것이다. 다만, 각 협상 상황에 적합한 프로토콜이 만들어져야 한다.

조던 레인 사례에서는, 최초 회의 전에 프로토콜의 문제가 당사자들 사이에서 논의되지 않았다. 대신, 관련자들은 편안히 회의 장소에 도착하였다. 이 대규모의 모임은 단지 1회만 개최될 예정이었다. 이후의 협상은 협상위원회와 전화를 통해 진행할 계획이었다. 아마도 이러한 2단계 과정으로 인해, 프로토콜이 공식적으로 정해지지 못하였다. 대규모의 집단이 단 한 번 소집되어 해산되었고, 이후 소규모의 집단이 회의마다 절차적인 문제를 해결하였다. 조던 레인 사례의 경우, 프로토콜에 대해 관심을 두지 못한 것은 결과적으로 치명적인 실수는 아니었는데, 협상위원회가 절차적인 문제가 발생할 때마나 해소해 나갔기 때문이다. 이러한 접근법은 매우 복잡한 상황에서는 거의 성공하기 어렵다.

반면, 사회복지 포괄보조금 협상에서는 네 개 팀 모두에서 한 사람씩 참여하여 프로토콜 초안 준비를 위한 위원회를 만들었다. 이 초안 위원회는 모두 8개의 주제에 대해 간단한 문장으로 작성된 2쪽 분량의 문서를 만들었다.

언론매체 상대 원칙

협상참여자들은 언론매체를 통하여 협상하지 않기로 합의한다. 진행 중인 협상에 관련된 보도자료는 참여자들의 동의 없이는 배포하지 않는다. 협상이 진행되는 동안 공동기자회견을 제외하고는 협상내용에 대해 언론매체와 직접 인터뷰하지 않는다. 기자회견에서는 (협상)팀의 대표자만 질문에 대답한다.

위와 같은 문서가 협상팀과 이후 전체회의에서 검토되고 보완되었다. 초안의 수정은 모든 참여자가 최종안을 '용인할 수 있을' 때까지 계속되었다. 주목할 점은, 어떠한 투표도 행해지지 않았다는 점이다.(공식적인 '투표'는 가끔 과도한 압박, 압력을 초래할 수 있기 때문이다.)

프로토콜(회의운영규칙)이 합의되면, 협상의제를 도출할 수 있다. 이 단계는, 다시 지적하지만, 매우 중요한 시점이다. 만일 협상에서 다루어지는 최초 이슈들의 수가 너무 많거나 광범위하면, 구체적인 사항에 대한 논의가 피상적이 되어 생산적이지 못하게 될 수 있다. 더욱이 협상의제가 너무 과도하면 부담을 느끼게 되고 아무리 헌신적인 이해당사자일지라도 사기를 떨어뜨리게 한다. 반면, 논의 이슈의 범위가 너무나 협소한 경우, 일부 협상참여자는 자신이 가장 관심을 갖고 있는 의제가 빠져 있다고 생각할 수 있다. 따라서 이러한 이슈가 추가되지 않는다면 협상을 계속할 이유가 없다고 생각하게 될 수 있다. 끝으로, 협상의제가 지나치게 협소한 경우에는 거래할 수 있는 충분한 이슈들이 없을 수 있다—즉, 협상참여자들이 서로 다르게 가치를 두고 있는 이슈들이 나타나지 않음으로 인해서, 창조적이고 통합적인 조정이 가능하지 않게 될 수 있다.

어떠한 경우에는 갈등당사자들이 특정 사업이나 정책에 대해 왜 찬성하고 반대하는지를 명확하게 말할 수 없는 상황도 있음을 이해할 필요가 있다. 특히 협상 초기단계에서는 자신들의 입장이나 관심사항에 대해 매우 일반적으로만 이야기한다. 예를 들어, 댐 건설계획은 항상 강한 지지와 강한 반대를 야기하는데, 논의 초기에는 무엇이 정확한 갈등의 핵심 이슈인지 파악하기 어려운 경우가 있다. 홍수와 멸종위기종의 서식지 상실, '자연 그대로의' 강의 파괴, 용수가 다른 용도로 사용될 가능성 등 반대 측은 정확히 무엇을 우려하고 있는가?

마찬가지로 찬성 측은 매우 폭넓은 기회를 예상할 수 있다. 전기생산, 부동산투기, 영농활동, 낚시 등등. 이렇듯 관심사항이 매우 광범위하기 때문에, 협상의제에 어떤 이슈가 올라올 것인지 처음에는 알기 어렵다.

심지어 찬성이나 반대 집단 내에서조차도 의견차이가 클 수 있다. 이러한 의견차이를 사소한 차이로 오해한다면, 이는 나중에 더 심각한 문제를 야기할 수 있다. 일례로, 대기를 심각하게 오염시키는 공장은 지역사회를 반환경오염 집단이 되도록 자극할 수 있다. 그러나 갑자기 결성된 이 단체 내에서도 태도에 커다란 차이를 보이는 그룹이 있을 수 있다. 예를 들어, 한 그룹은 공기오염으로 사람이 죽을 수 있다고 매우 강하게 주장하고 다른 그룹은 가벼운 건강이나 미용상 문제를 야기할 뿐이라고 주장하는 경우, 협상의제로 무엇이 채택되어야 하는지에 대해서 서로 의견차이가 발생할 것이 확실하다.

그러므로 협상이 본격적으로 시작되기 전에 가능한 한 모든 관심사항을 잠재적인 협상의제로 포함시키는 것이 중요하다. 그러나 이는 매우 주의가 요구된다. 단순히 모든 사람의 관심사를 나열하는 것은 너무 긴 의제를 만들기 때문에 시작부터 참가자들의 기운을 빠지게 한다. 요점은 많은 주제에 대해 잠재적인 협상의제를 유형화하고, 우선순위를 매기는 것이다. 이러한 작업은 사전 협상단계에 속하지만, 상대방과 얼굴을 맞대고 하는 협상인 점을 명심해야 한다. 대표성과 프로토콜과 같은 이슈처럼 협상의제 설정은 협상이 본격적으로 시작되기 전에 해결되어야 한다.

조던 레인의 정신장애인을 위한 임시거주시설에 반대하는 사전 모임에서 주민들은 요구사항 목록을 도출했다. 이 목록은 협상의제에 무엇이 포함되어야 할지에 대한 중요한 단서를 제공하고 있다.

1. 교회는 이웃 주민을 방해하는 어떠한 용도로도 교회의 공간을 임대하는 것이 허용되어서는 안 된다. 우리 주민들 대부분은 25년 이상 이곳에 거주해 오고 있다. 우리는 세금을 납부하여 왔고, 우리의 가정을 유지하고 있다. 우리는 평화롭고 조용한 주거지역을 가질 수 있는 자격이 있다.

2. 정신지체인이나 정신장애인이 대규모로 우리 지역에 유입된다면, 많은 문제점을 야기할 것이다. 주민들 중 일부는 노인들이어서 자신들을 방어할 능력을 갖고 있지 않다. 정신장애인시설로 인해 일부 주민들은 문을 꼭꼭 걸어 잠그고 살 수밖에 없을 것이다.

3. 최근 들어 이 지역에서 강도사건이 발생하였다. 정신장애인시설은 유사한 범죄율을 증가시킬 것이다.

4. 우리는 주차난과 교통체증, 소음증가, 집값하락을 야기하는 우리 주변지역의 어떠한 행위도 반대한다.

5. 과거에 교회는 우리 주민들과 상의 없이 (주말학교와 주간탁아소 등과 같은) 활동을 해 왔다. 그 결과, 주민들의 집 앞마당에 차를 주차시키거나, 낯선 사람들이 항상 왔다 갔다 하는, 우리로서는 절대로 받아들일 수 없는 결과를 초래했다. 우리는 더 이상의 새로운 활동을 허용할 수 없음을 경고한다.

6. 우리는 교회가 임대해 주려는 네이버후드케어사가 정신지체장애인들을 24시간 관리감독할 수 없다고 들었다. 우리는 교회가 건강서비스를 제공하는 데 적합한 환경을 갖추고 있지 않다고 생각한다. 더욱이 우리는 피난처가 있다는 사실을 알고 정신장애인시설을 벗어나 거리를 배회하는 정신지체장애인들을 교회도 네이버후드케어사도 감당할 수 없는 상황을 우려하는 바이다.

7. 만일 토지이용심의위원회가 우리 주민지역으로 들어오는 이러한 행위를 막을 수 없다면, 우리는 다음과 같은 강력한 조건을 들어 줄 것을 요구한다. (a) 시설의 운영시간은 주 4일 오전 10시~오후 2시까지로 제한하고, 금요일과 주말에는 운영하지 말아야 한다. (b) 언제라도 교회에는 체류하는 정신장애인이 10명을 넘어서는 안 된다. (c) 주차는 교회 주차장에만 해야 한다. (d) 교회는 주택가에서 이방인에 의해 발생하는 어떤 훼손에 대해서든 모두 책임을 인정해야 한다. (e) 소음과 쓰레기는 불허한다.

8. 우리 주민들은 필요하다면 법정 소송도 불사할 계획이다. 우리는 우리 지역 시의회 의원과 접촉하여 네이버후드케어사가 정신장애인시설을 운영할 자격이 있는지를 시의회가 조사해 줄 것을 요구하였다.

위의 8개 사항에 기초하여, 주민들의 시각을 네 가지의 의제—운영(실제 제안된 내용이 무엇이며, 어떻게 운영될 것인가?), 영향(장애인시설이 지역사회에 어떤 영향을 미칠 것인가?), 책임(누가 어떤 것에 대해 책임을 질 것이며 누가 핵심 결정을 내리는가?), 대안(장애인시설에 대한 대안은 어떠한 것이 있는가?)—로 요약할 수 있다. 교회와 네이버후드케어사도 유사한 목록을 준비했다면 다음과 같은 몇 개의 사항을 추가할 수 있을 것이다. 주민사회와 지역사회의 욕구(네이버후드케어사가 제공하려는 서비스의 유형에 대해 어떤 욕구가 있는가?), 재산권(교회는 자신의 희망대로 교회건물을 사용할 수 있는가?), 규제(주민지역의 정신건강시설에 대해 주와 지방정부의 어떤 규제가 적용되는가?) 등.

이러한 과정이 이전 단계에서 언급한 '클러스터링' 과정이다. 좋은 의제설정은 매우 힘든 과정이지만, 의제를 관리가능한 단위로 분류하여 순차적으로 논의될 수 있게 하는 것이 가장 좋다. 그러나 순차적인 방식이 어려운 경우, 하위 의제들은 소위원회를 만들어 동시에 논의하는 것도 가능하다. 무엇보다, 의제는 언젠가 재협상이 가능해야 한다. 앞선 의제를 처리하는 데 예상보다 오래 걸리는 경우, 나머지 의제들의 순서를 재조정할 필요가 있거나, 일부 의제는 제외될 수도 있다. 같은 맥락에서, 협상 중에 새로운 이슈가 부각될 수도 있으므로, 의제설정은 새로운 의제의 추가나 기존 의제의 제외 등이 가능하도록 유연해야 한다.

공동사실조사

비록 당사자 간의 첫 번째 전화통화를 협상의 시작으로 생각할 수도 있지만, 우리는 이제 사전협상단계의 마지막 단계에 와 있다. 의제를 설정하고 나면, 당사자들은 공동사실조사 과정을 진행하도록 한다. 이해당사자들은 우리가 겪고 있는 분쟁과 관련된 이슈, 맥락, 경험에 관해 우리가 무엇을 알고 있고, 무엇을 모르고 있는가 하는 핵심 질문에 서로 묻고 답하도록 한다.

이 조던 레인 사례에서, 주민들은 장애인임시거주시설 찬성 측과 합의에 도달하기 전에 매우 다양한 결론에 도달했다. 마틴 목사는 전체회의에서 다음과 같이 발언하였다.

우리는 심사숙고 끝에 네이버후드케어사에 교회건물의 공간을 임대하기로 결정했습니다. 네이버후드케어사는 널리 알려져 있는 비영리 정신건강단체로 벡슬리 및 여러 도시의 주민들에게 레이크레이션과 카운슬링 서비스를 제공하고 있습니다. 이 단체는 인근 도시에 3개 시설을 운영하고 있습니다. 우리는 이들 지역사회 공무원들과의 면담을 통해 이 단체에 대해서 좋은 평판만을 들었습니다.

네이버후드케어사는 오전 9시부터 오후 9시까지 일주일에 6일 동안 관련 프로그램을 운영할 예정입니다만, 그러기 위해서는 1년 또는 2년의 시간이 소요될 예정입니다. 이 단체는 하루에 10~12명의 고객에게 카운슬링 서비스를 제공하고 이들을 차량으로 모시고 와서 모시고 갈 예정입니다. 또한 매일 오후 3시에서 오후 9시까지 20~30명의 고객에게 레크레이션 활동을 제공할 것입니다.

우리 교회는 그동안 시설을 이용하지 못했던 정신지체 청소년이나 어른들도 안락한 환경 속에서 서로 만나고 놀이를 즐겨야 한다는 생각을 강하게 가지고 있습니다. 더욱이 네이버후드케어사는 바로 우리 지역사회의 정신지체인들을 보살피게 될 것입니다.

우리 교회는 지난 10~15년 동안 교회성도들이 많이 떠났습니다. 성도들이 뿔뿔이 흩어져 버렸습니다. 교회건물을 유지하기 위해서라도 새로운 수입원이 필요합니다. 마침 이러한 상황에서 네이버후드케어사의 요청이 들어왔던 것입니다. 우리가 들은 바에 의하면, 우리가 제시했던 가격으로는 다른 곳에서 장소를 얻을 수 없었다고 합니다. 앞으로 네이버후드케어사는 교회 1층의 개조 비용까지 지불할 의사가 있다고 합니다.

네이버후드케어사는 항상 전문 카운슬러를 현장에 배치할 것이고, 또한 전문 간호사를 전화로 연결할 수 있도록 하겠다고 확약해 주었습니다.

거의 모든 지역사회의 주민들은 지적 장애인을 위한 임시거주시설 및 다른 시설들을 반대하고 있습니다. 우리도 주민의 반대를 예상하고 있지만, 단지 그런 예상 때문에 좋은 계획을 포기할 이유는 없다고 봅니다. 그래서 이러한 중요한 서비스가 지역사회에 제공되어야 한다고 생각합니다.

개인적으로 말한다면, 저는 주민 여러분들이 우리 교회가 시도하려는 거의 모든 혁신적인 계획에 불만을 제기해 왔다고 생각됩니다. 혹시 제가 잘못 생각하는 것일 수 있겠지만, 저는 그 이유가 부분적으로 우리가 서로 다른 신앙을 갖고 있어서가 아닌가 생각합니다.

목사가 이런 주장을 했다고 해서 그 주장들이 반드시 사실은 아니다. 그러나 주민들의 요구사항이 의제설정에 도움이 되었듯이, 목사의 연설이 생산적인 공동사실조사가 될 수 있도록 이슈의 범위를 정하는 데 참고가 되었다. 중요한 점은 가정(假定), 의견, 심지어는 가치까지도 믿을 수 있는 정보 앞에서는 변화될 수 있다는 점이다. 이러한 중요한 목적을 달성하기 위해서는 그러한 가정들을 반드시 확인하고 조사해야 한다.

예를 들어, 만일 한 집단의 가정이 부정확하거나 잘못 해석된 자료에 입각해 있다면 그 집단의 구성원들은 그 오류를 교정할 수 있는 도움을 받도록 설득해야 한다. 이 집단의 최초의 오류가 최초의 입장을 고수하게 하는 사실만을 수용하려는 경향(우리가 앞서 '선택적 지각'이라고 명명한 접근방법)에 의해 더욱 강화될 수 있음을 알아야 한다. 사람들은 이슈에 대한 입장을 바꾼다. 그러므로 생각을 바꾸기 위한 타당한 기반으로서 한 집단이 수용하는 정보와 정보출처를 명확히 하는 것이 중요하다.

협상과정 초기에, 아주 일반적인 표현일지라도 양측은 자신들의 최초 입장을 포기하도록 설득할 수 있는 증거의 종류를 설명해야 한다. 이후의 노력들은 공동으로 관련되는 자료를 수집하는 데 중점을 두어야 하고, 종종 '자료전쟁'이라 불리는 기술적이거나 과학적인 논란은 피해야 한다. 우리편 전문가와 상대편 전문가 간의 옹호과학(advocacy science)이 이 지점에서 개입하여 최악의 상황을 초래할 수 있다. 제2장에서 언급했듯이, 편향적 과학으로 인해 모든 기술증거들의 신뢰성을 침해하는 경향이 있다. 반면, 공동사실조사의 핵심은 공유 지식기반을 구축하는 데 있다. 물론 이 지식도 갈등당사자 간의 기본적인 차이로 인해 서로 다르게 해석될 수 있고 서로 다른 가치를 부여받을 수 있다. 그러나 이러한 서로 다른 이해는 생산적인 협상과정에서 정확하게 다루어져야 한다. 여기에서의 기본적인 지침은 상충되는 이해에 대한 집중을 막거나 방해하는 논란이 되는 사실이나 선례에 집중하기보다는 "우리의 싸움을 기본적인 해석의 차이에 집중하도록 합시다."라고 하는 것이다.

예를 들어, 앞서 인용했던 댐 건설계획 사례에서, 수력발전소 찬성론자들은 만일 댐의 건설과 가동으로 인해 더 많은 전기요금을 내야 한다면 이 계획이 철회되는 것을 인정할 것이다. 또한 자연하천옹호자 입장에서는 댐 건설계획을 지지하게 하는 강제조치들의 조합〔어제(魚梯: 물고기가 폭포나 댐 등을 거슬러 올라갈 수 있도록 계단 모양으로 만든 장치) 설치, 유속(流速) 보장, 개발로부터 영구히 보존하기 위한 강 주변 토지 매입 등〕을 예상할 수 있을 것이다. 댐 건설을 가장 강경하게 반대하는 사람들을 포함하여, 모든 그룹들은 훌륭하게 작동하는 댐의 설계를 희망할 것이다. 모든 그룹들은 댐 설계에 있어서 가능한 최고의 기술적 조언을 받는다고 하는 (비록 이 점을 인정하지 않더라도) 공통된 관심을 가지고 있는 것이다. 비록 전략적인 이유로 자신들이 용인할 수 있는 (또는 감내할 수 있는) 댐 설계에 대해서는 말을 아끼는 것을 바랄지 모르지만, 결국 건설될 것이라면 아주 잘 지어진 댐을 선호할 것이 분명하다.

댐 건설계획 사례에서 공동사실조사는 몇 개의 개별적인 과정으로 구성될 수 있을 것이다. 조사에 참여한 사람들은 댐 건설로 인해 장래 전기요금에 미칠 수 있는 영향에 대한 독립적인 추정을 의뢰할 수 있을 것이다. 또한 댐 건설이 환경에 미치는 잠재적인 부정적 영향을 파악하기 위한 환경영향평가를 담당할 전문가를 공동으로 선정할 수 있을 것이다. 그리고 댐 건설에 따른 부정적 영향을 줄이기 위한 노력이 시도되었던 유사한 선례를 조사하기 위한 전문가를 합의에 의해 고용할 수도 있다.

공동사실조사 활동은 허구로부터 사실을 분리해 내는 것과 더불어, 합의형성과정에서 다음의 가장 창의적인 단계, 즉 협상단계를 위한 긍정적인 심리적 분위기를 조성하는 데 기여한다.

협상단계
Negotiation

상호 이익을 위한 대안창출

사실조사가 성공적으로 마무리되었거나 마무리되어 가고 있다고 가정하고, 그러면 어떻게 해야 사전협상단계에서 협상단계로 진전될 수 있을까? 이때 필요한 것이 광범위한 대안탐색 노력이다. 함께하거나 또는 개별적으로, 모든 참가자들은 자신들이 만족스러운 적어도 하나의 완전한 대안이든 부분적인 대안을 상정하고 구체화해 나가기 시작한다. 분명한 것은 어느 한쪽이라도 이상적인 대안― '어떤 댐의 건설도 반대' 또는 '우리 방식의 댐 건설 즉각 실시'―에만 매몰되는 경우, 협상은 심각한 상황에 빠지게 된다. 그러나 이러한 강경입장은 통상 실무적인 자세라기보다는 사전의 전략적 자세인 경우이다. 논란이 계속되고 갈등상황이 고조되어 감에 따라, 대부분의 그룹들은 극단적 대안을 고수하기보다는 자신들의 배트나(BATNA)를 고려하게 된다.

댐 건설계획 사례에서, 댐 건설 반대론자들은 대안 논의를 무기한 거부하면서 완전한 승리를 고집하지 않을 것이다. 일단 반대론자들이 댐 건설계획의 저지를 확신할 수 없다고 인식하게 된다면, 이들은 비록 불만스럽더라도 가장 가능한 대안을 고려하고 자신들에게 미칠 득실을 판단할 것이다. 만일 반대론자들이 계획을 저지할 수 있다고 확신하는 경우라면, 그러한 확신에 의심을 들게 하거나 핵심 상황을 변경시킴으로써 (그리하여 배트나를 다시 계산하도록 하여) 반대파의 확신을 무너뜨리는 것은 상대편에 달려 있다.

대부분의 경우, 협상자들은 (궁극적으로는 타협이 필요할 것이라는 점을 상정하고) 처음에는 과장된 입장을 보이거나 협상불가능한 요구를 제시하면서 시작한다.[12] 그러나 두 전략 중 어느 것도 효과적이지 못하다. 대개는 양측 모두 상대방의 요구가 과장되어 있음을 인식하고 충분히 기다리면 좀 더 합리적인 요구가 나오리라고 생각한다. 이는 매우 비효율적인 협상방식으로 시간뿐만 아니라 창조적인 에너지까지도 소모시킨다. 대신, 비효율적인 협상에 투입하는 창조성을 모든 이해당사자의 이익에 도움이 되는 방식을 모색하는 데 투입하는 것이 더 바람직하다.

여기서 가장 중요한 점은 '입장이 아닌, 이해관계에 초점'을 두는 것이다.[13] 즉, 각 이해당사자들이 자신들의 관심사나 우려사항을 최대한 진솔하게 설명하는 데 시간을 할애하는 것을 의미한다. 댐 건설을 걱정하는 시민단체인 경우, '댐 건설계획 즉각 철회'와 같은 협상불가능한 요구사항으로 시작하기보다는 자신들이 우려하는 잠재적인 영향을 상세히 설명하도록 한다. "우리는 소음, 교통체증, 그리고 재산 가치 하락을 우려합니다." 계획 찬성론자들이라면, "모든 사람은 자신이 원하는 대로 자신의 땅을 사용할 권리를 갖고 있다."라고 주장하는 대신에 자신들의 관심사항을 나열하도록 한다. 예를 들면, 투자자와 채권에 대한 의무 준수, 투자에 대한 정당한 이윤 실현, 자부심을 가질 수 있는 댐 건설, 건설업계에서의 명성 획득 등이다. 모든 갈등당사자들이 자신들의 관심사항 전부를 분명하게 제시하기 전까지는, 각 그룹의 배트나보다 더 좋은 결과를 얻을 수 있는 통합적인 해결책 도출을 위한 협력은 불가능하다.

위와 같은 각 당사자 그룹의 이해사항을 열거한 후에는 '자유스러운 의견개진'의 기간이 필요하다.[14] 모든 이해관계그룹이 브레인스토밍 과정에 참여할 수만 있다면, 상호 만족스러운 대안을 찾아낼 가능성은 매우 높아질 수 있다. 그러나 불행히도 대부분의 갈등당사자들은 상대방의 관심사항에 대한 대안 제시를 꺼려하는데 혹시 그러한 제안을 할 경우 자신들이 양보하거나 약점이 있는 것으로 인식될 것을 염려하기 때문이다. 대신 이들은 비현실적이고 전투적인 요구를 반복하여 결국에는 교착상태에 이르게 된다.

이러한 현상을 극복하기 위해서 협상참여자들은 '자유스러운 의견개진' 기간을 공식적으로 선포할 수 있다. 그럼으로써 모두가 의제의 안건들을 해결하는 데 도움이 되는 좋은 아이디어 목록을 도출하는 데 힘쓰게 되고, 무슨 말을 하든 책임감을 느낄 필요가 없다는 점을 모두가 확신하게 된다. 이러한 브레인스토밍 과정이 성공적이기 위해서는 책임유예가 반드시 필요하다. 즉, '신뢰'가 전제될 필요가 없다. 이러한 협력은 책임유예가 유지되는 동안 신뢰와는 무관하게 계속될 수 있다.

조던 레인 사례에서, 필요한 브레인스토밍 과정은 전체 협상회의에서가 아닌 소위원회의 활동으로 이루어졌다. 소위원회 위원 모두는 참석자 어느 누구도 소속집단 구성원과의 협의 없이 어떤 약속도 할 수 없음을 이해하고 있었으므로, 무심코 한 약속에 발목 잡힐 염려는 없었다. 이런 간단한 사실은 각 그룹을 자유롭게 했고 더욱 창의적일 수 있게 했다. 소위원회 위원들은 자신들에게 유리할 것 같지 않은 어떠한 대안도 거부할 수 있음을 계속하여 주지시켰다.

브레인스토밍의 주요 운영적인 면의 특징을 알아둘 필요가 있다. 이 과정에 참여하는 일부 회원이 계속 제시되는 제안들을 기록하는 것이 중요하다. 만일 브레인스토밍 소위원회에서 유용한 대안 모색이 어려운 경우, 다양한 문제해결 상황에 성공적으로 활용되어 온 '시넥틱스(Synectics)' 등과 같은 저작등록된 브레인스토밍 기법도 적용할 수 있다.[15]

논쟁이 심할수록 각 의제에 대해 연구를 하고 모든 갈등당사자들의 관심사항을 다루기 위한 여러 대안 개발에 최대한 노력할 수 있도록 (때로는 외부전문가의 도움을 받아 가면서) 소위원회를 둘 필요가 있다. 소위원회에 관련되는 각 집단에서 적어도 한 명 이상씩 참여를 한다면, 제시되는 대안들이 전체 그룹에서 채택될 가능성이 더 높아질 것이다. 이러한 소위원회는 단일 대안에 대해서 상세하게 논의하기보다는 풍부하고 좋은 아이디어들을 가능한 한 많이 생산할 수 있도록 시간을 할애하는 것이 중요하다. 사실 소위원회가 특정 아이디어에 집중할수록 일부 참여자들에게 유리하게 편향될 위험이 커지게 된다. 따라서 앞서 제안했듯이 이는 매우 생산적이지 못하고, 브레인스토밍의 목적을 달성하지 못하게 된다.

조던 레인 협상위원회는 다행히도 각각의 의제에 대한 좋은 아이디

어를 매우 손쉽게 찾아낼 수 있었다. 이 브레인스토밍 과정이 다음의
협상단계에 매우 도움이 되었음을 알 수 있었다.

일괄합의

아이디어 모색 과정이 충분히 창조적이고 생산적인 경우에는 다음
단계도 매우 쉬워진다. 협상당사자들은 이제 각 의제사항에 대한 대
응책 중 어느 것을 최종합의문에 포함시켜야 하는지를 고민해야 한
다. 바로 이 단계에서 의견충돌이 발생한다. 이때 거래 또는 '일괄처
리'가 효과적으로 의견차이를 해결할 수 있는 방법이 된다.

의견차이 해소를 위해 거래(방식) 활용을 생각해 내는 한 방법으로
두 유명 프로스포츠 구단 사례를 생각해 보자. 두 구단은 모두 수익창
출을 목표로 하고 있다. 앞으로 두 구단은 치열한 경쟁을 벌일 예정이
기 때문에 양 팀 모두 상대편 팀에게 확실한 우위를 줄 수 있는 선수의
거래를 원하지 않는다. 면밀한 분석을 통해, 각 팀은 상대 팀의 선수
중 '누가 거래될 수 없으며', 일괄거래를 위해 어떤 선수들을 활용할
지를 결정한다. 대다수의 이러한 경우에서, 각 구단들은 수용가능한
비용수준에서 자기 구단의 선수단을 향상시킬 수 있는 또 다른 방법
을 모색하기 때문에 협상은 동력을 얻게 된다. 전체 거래 패키지가 충
분히 매력적인 경우, 두 구단은 기꺼이 합의하려 한다.

이러한 일괄거래의 열쇠는 상대편 팀이 '같은 것에 상이한 가치'를
두는 데 있다. 예를 들어, A 야구팀에 세 명의 유격수가 있는데, 세 번
째 유격수가 다른 두 선수보다 약간 못할 수 있다. 그런데 만일 B팀이
부상으로 인해 유격수 포지션에 심각한 문제가 발생한 경우, A팀의
세 번째 선수의 가치는 매우 높아질 수 있다. 각 팀마다 서로 다른 상
황 속에서 협상테이블에 나오기 때문에 같은 선수에 대해서도 서로

다른 가치로 평가할 수 있다. 요컨대, 두 팀 모두 자신들에게는 가치가 떨어지는 선수이지만 상대편 팀에게는 가치가 있는 선수를 가지고 있다면, 두 팀은 상호 이익을 얻을 수 있는 거래를 할 수 있는 것이다.

조던 레인 사례에서, 세 협상당사자들은 거래할 만한 여러 이슈들을 찾아내었다. 주민 그룹은 다섯 가지 사항에 동의하였다.

① 선의의 정신에 입각해 네이버후드케어사의 정신의료센터를 수용하며, 단계적인 운영에 협조한다.

② 문제나 우려사항이 발생하면 센터에 알린다.

③ 시설의 운영을 잘 이해하고 센터의 고객을 만날 수 있도록 센터의 개방행사에 참석한다.

④ 주민의 안전과 시설에 대한 선의를 구축하기 위해 공동심의위원회에 참석한다.

⑤ 센터가 프로그램을 확대할 때마다 사전에 공동위원회와 만나 이에 대한 이해를 한 다음에 센터의 지구용도변경 승인신청을 지지한다.

합의문 중 가장 중요한 사항은 그동안 발생한 문제에 대해서 최선의 해결 노력이 기울여진 후에야 차후에 있을 프로그램 확대가 가능하게 되었다는 점이다. 만일 문제가 해결되지 못한다면 공정한 조정자의 도움을 받기로 하였다. 그러나 이로 인해 단계별 계획의 실시가 지연되지는 않을 것이다.

교회의 입장에서는 다음 세 가지를 약속했다.

① 교회가 추가적으로 건물이나 운동장을 장기간 또는 재임대할 계획이 있다면 주민들에게 알린다.

② 모든 쓰레기는 지정된 쓰레기통에 넣고 정해진 쓰레기 수거일

아침에만 외부에 내놓는다.

③ 필요한 경우, 주민들의 관심사항을 주민들과 만나서 논의할 수 있는 대표자를 임명한다.

센터운영을 담당하는 네이버후드케어사는 14개의 구체적인 사항에 대해 약속을 했다.

① 조던 레인의 도로 위 주차를 삼간다.

② 호머 가의 교회 입구만을 사용한다.

③ 주민회와 공동심의위원회를 구성한다.

④ 공동으로 합의한 스케줄에 따른 운영시간을 단계적으로 시행한다(즉, 두 달간은 1주일에 3일, 두 달간은 일주일에 4일, 한 달간은 일주일에 5일, 그리고 6개월마다 일주일에 6일 등). 그리고 각 단계를 시행하기 전에 합동위원회를 개최한다. 만일 주민들이 문제점을 보고하는 경우, 센터는 운영시간을 늘리기 전에 해당 문제를 해소하는 데 성의를 다할 것을 합의한다.

⑤ 센터의 행사 및 활동을 주민들에게 알리는 월간 달력을 보낸다.

⑥ 항상 현장에 대기하는 전문직원들을 충분히 (1:8 비율로) 배치한다.

⑦ 환자는 언제나 35명으로 제한하고, (직원을 포함한) 최대 상주 인원을 55명으로 한다.

⑧ 입원기록카드를 보관하여 환자의 출소·퇴소를 모니터한다.

⑨ 낮과 밤 프로그램에 참여하는 환자의 집과 센터 간의 이송을 위한 차량을 운행한다.

⑩ 교회를 떠나 길을 잃은 환자를 보면 주민들은 전화로 신고하도록 한다.

⑪ 센터나 환자에 의한 주민재산의 훼손을 보상하도록 충분한 보험에 가입한다.

⑫ 조던 레인과 교회 마당에서의 활동을 자제한다.

⑬ 주민들에게 소음으로 인한 피해가 발생하지 않도록 한다.

⑭ 프로그램을 마친 후에도 환자가 안전하게 센터를 떠날 때까지 직원을 센터에 상주시킨다.

이러한 약속들은 모든 이해당사자들의 승리를 보여 준다. 주민 측은 앞으로는 예상치 못한 일을 벌이지 않겠다는 교회의 약속과 시설에서 발생할 수 있는 위험에 대한 모든 조치를 다할 것이라는 네이버후드케어사의 약속을 포함하여, 자신들이 원하는 모든 것을 얻었다. 교회는 토지용도변경에 대한 주민들의 지지를 획득했고 앞으로 교회의 필요에 따라 다른 용도로 사용할 수 있음을 주민들에게 주지시켰다. 네이버후드케어사는 주민들로부터 장기간의 긍정적인 관계 구축을 위한 선의의 약속을 얻어 내었다.

합의문 작성

합의형성과정의 다음 단계는 합의문 작성이다. 이 단계가 중요한 이유는 두 가지이다. 첫째, 합의문은 모든 당사자들이 서로의 주장을 들었고 이해했음을 확인해 주는 것이다. 합의문이 없는 경우, 합의에 참여한 사람들이 약속한 사실을 약간이라도 달리 해석하여 합의를 파기하는 경우가 흔히 발생한다. 이러한 상황은 차후에 이행의 문제로 이어지게 된다. 합의문의 둘째 기능은 협상참여자가 소속구성원들에게 구체적인 것을 가져가 검토하고 승인을 받는 데 있다. 협상참여자들은 협상테이블을 떠날 때 자신들의 소속구성원들에게 동일한 문서를 보여 줄 수 있어야 한다.

공공협상에서는 무엇보다 분명한 것이 매우 중요하다. (스포츠에서의 거래와는 달리, 대부분의 공공갈등 해결에서는 "선수 이름은 나중에"라는 격언이 통하지 않는다.) 비공식합의를 도출하는 임시 협상일지라도, 비공식합의를 구속력 있는 공식적인 계약으로 전환하기 위해 합의문이 필요하다. (다음 절에서 이 점을 상세히 논의하도록 한다.) 대부분의 공공분쟁에는 참여자의 수가 많고 이슈도 매우 복잡하기 때문에, 갈등해소 대책에 대해 누구도 자신의 기억이나 구술보고에 의지해서는 안 된다.

말로 도출한 이해를 합의문으로 전환하는 데 좋은 방법과 나쁜 방법이 있다. 바람직하지 않은 방법은 합의내용에 대해 참여자 각자의 버전으로 합의문을 준비하는 것이다. 이 경우, 통상적으로 자신들에게 유리한 내용의 합의문을 제출하게 된다. 이러한 의도적인 초안을 교환하다 보면 결국 바람직하지 않은 상황, 즉 이미 결정한 것을 공식화하기 위한 또 다른 협상을 해야 할 수밖에 없게 된다.

좀 더 낳은 방법은 '단일문안절차(single-text procedure)'이다.[16] 한 사람(또는 소규모의 참여자)을 지정하여 합의내용을 담은 초안을 만들도록 하고, 이 초안에 대해 합의에 도달할 때까지 참여자들이 여러 번 회독한다. 모두가 분명하게 이해해야 할 것은 이 문안은 초안이지 최종 합의문이 아니라는 점이다. 모든 참여자들은 초안의 단점에 대한 코멘트가 아니라 모든 사람들이 수용할 수 있을 만한 말을 첨가하여 '초안을 개선'하도록 한다.

여기서 설명하고 있는 임시 또는 비공식 분쟁해소과정의 긍정적인 한 측면은 어려운 '법률용어'로 합의문을 작성하려고 걱정할 필요가 없다는 점이다. 사실 지금까지 설명한 전 과정은 (최종서명 전 최종초안의 검토를 위해서 변호사를 필요로 할 수도 있지만) 갈등당사자 자신들에 의해 주도되어 왔다.

협상합의문을 작성하는 데 창의성을 발휘하는 한 방법은 여러 다른 환경 하에서 어떤 일이든 발생할 수 있다는 조항, 즉 '만일의 상황'을 강조하는 것이다. '만일 ~하면' 형식은 미래에 관한 여러 가정을 기록하는 매우 좋은 장치이다. 이러한 예로, 조던 레인 협상자들은 만일 주민들이 센터의 운영시간 확대에 불만이 있는 경우에는 어떻게 할 것인지를 합의문에 담았다.

매우 많은 사람들이 이혼할 경우에 대한 조항을 담은 결혼계약서를 작성하는 데 어려움을 겪듯이 배분적 갈등의 협상자들은 최악의 상황이 발생할 경우에 대비한 논의를 피하고 싶어 한다. 그러나 최악의 상황에 대한 분명한 언급은 협상에 참여한 비관론자들을 만족시키기 위해 필요하다. 더욱이 합의문에 그러한 모든 가능성을 포함시킴으로써만이 협상자들은 소속구성원들에게 가장 중요한 이슈들이 논의되었음을 확신시킬 수 있게 된다.

당사자의 합의이행 약속

아직 비공식적인 상태에 있는 합의를 여러 당사자들이 이행하게 하는 수단 마련이 매우 중요하다. 참여자들은 자신들이 이루어 낸 협상이 존중받을 것이라고 확신을 가질 것이다. 그러나 사실 협상당사자들은 서로가 자신들의 약속이행을 구속할 수 있는 적절한 메커니즘을 만들어야 한다. 일부 합의사항은 자기 스스로 규제하도록 규정할 수 있지만, 다른 사항들은 법적 수단으로 강제할 수 있다. 어떤 경우이든, 합의문에는 적절한 약속이행 메커니즘에 대한 설명이 포함될 수 있도록 약속이행에 관한 결정이 반드시 필요하다.

갈등당사자들을 구속하는 가장 기본적인 방법은 '성과지표 (performance

measures)' — 즉 성공에 대한 객관적인 측정지표를 구체화하는 것이다. 예를 들면, 어떤 합의문에는 구체적인 성과를 정해진 기간마다 측정 및 평가하도록 하고 있으며, 또한 이를 위한 소요재원의 조달도 규정하고 있다. 이전 단계의 공동사실조사 활동이 합의이행 구속방안 마련에 영향을 미칠 수 있다. 만일 갈등당사자들이 자료출처의 수용 여부와 성과측정방법에 대해 이미 합의를 했다면, 합의에 이르는 과정이 매우 순탄할 수 있다.

갈등당사자 자신들을 규제하는 합의는 어느 한 당사자가 자신의 예정된 임무를 완수하기 전까지 다른 당사자 누구에게도 약속이행의 준수를 요구하지 못한다는 서로의 행위를 세심하게 연계시킬 장치를 마련하는 것이 필요하다. 조던 레인 주민들이 네이버후드케어사와 세인트 마크 교회가 주민과 함께 공동심사위원회를 구성하기 전까지 시의회 청문회에서 교회가 제안한 토지용도변경에 대해 찬성하는 진술을 하지 않도록 한 것이 한 사례이다.

자율이행합의를 위한 또 다른 접근법은 전통적인 내기걸기 절차이다. 개념은 간단하다. 만일 양 당사자가 내기를 걸면, 이들은 제3자에게 돈을 갖고 있도록 한다. 그리고 내기의 결과가 분명해지면 승자에게 내깃돈을 지불하게 한다.

워싱턴 DC 지역에서 발생한 개발관련 갈등사례에서 이와 유사한 절차가 매우 효과적이었다.[17] 쇼핑센터 개발업자는 필요한 토지용도변경에 주민들의 지원을 얻고자 하였다. 주민들은 새로운 개발로 인해 자신들의 재산가치에 미칠 영향을 우려하였다. 이에 대해 개발업자는 수십억 달러의 담보금을 주민과 합의하여 선정한 제3자에게 맡겨 놓을 것을 제안하였다. 이 합의에 따라, 인근의 주민이 쇼핑센터 건축 후 5년 이내에 주택을 판매하는 경우, 실제 주택매매가격과 쇼핑센터가 건립되지 않았다면 받았을 가격 간의 차액을 제3자에게 맡겨 놓은 담보금을 통해 보전받도록 하였다. (이 가상주택가격은 최초 주택감정가와 인플레이션 상승을 반영하였다.)

개발업자가 제공한 돈이 갈등당사자 모두가 신뢰하는 제3자에게 맡겨져 있었기 때문에, 개발업자와 주민 간 합의가 준수될 것인가에 대한 문제는 없었다. 어떠한 법률적 술책도 불가능했으며, 보전비용 지불 요구와 관련하여 법정에 갈 필요도 없었다. 결과적으로 아무도 손실을 보지 않았으며, 어떠한 소송도 제기되지 않았고, 설정된 시간이 경과한 후에 이 기금은 개발업자에게 귀속되었다.

경우에 따라서는, 앞으로 새로운 구성원이나 신임 공직자들이 합의 이행 약속을 준수하도록 법적으로 구속력을 갖는 계약서를 작성할 필요도 있다. 만일 이러한 경우가 필요하다면, 모두가 신뢰하는 변호사에게 계약서 초안을 마련하도록 하는 것이 좋다. 물론 이 계약서의 주체들은 자신들의 변호사에게 계약서 초안을 검토시킬 수 있다.

인준

최초의 대표 이슈를 어떻게 처리했는지에 따라, 협상에 참여한 여러 개인들은 다수의 사람과 조직을 대변하게 된다. 그러나 이제 이 대표자들은 자신들의 소속구성원들에게 돌아가, "이것이 최종합의문 초안입니다. 여러분은 이 초안을 지지합니까? 여러분을 대신하여 제가 이 합의문에 서명해도 좋습니까?"라고 물어야 하는 시점이다. 또는 "여러분 각자가 이 합의문에 서명하시겠습니까?"라고 물어야 한다.

이 단계는 많은 협상사례에서 매우 중요한 시점이다. 만일 대표 이슈가 효과적으로 처리되지 못했다면, 해당 그룹은 합의문뿐만 아니라 자신들의 대표자까지도 부인할 수 있기 때문이다. 협상대표자가 적절한 지원을 받으며 협상에 임했다고 해도, 협상이 소속 그룹의 기대와 매우 다른 조정안을 도출할 수 있다. 우리가 앞서 언급했듯이, 이러한 경우에 협상대표자는 협상 전 과정을 통해 자신의 소속구성원들을 교육시켜야 하는 중요한 책임을 수행해야 한다. 협상대표자는 초기에 자신의 소속 그룹으로 하여금 협상과정에서 나타나는 정보에 따라 자신들의 기대치를 변경하도록 유도해야 한다. 나중에 협상대표자는 비록 조정안이 모든 기대를 충족하고 있지 못하지만 어떻게 조정안이 합리적으로 자신들의 이해를 반영하고 있는지 설명해야 한다.

합의이행 약속과 인준 단계는 분파그룹이 생기는 경우에 매우 복잡해질 수가 있다. 예를 들어, 환경단체의 대표자들이 논란이 있는 대중교통시설 건설과 관련된 협상에 참여하고 있는 상황을 상정해 보자. 이 대표자들은 협상을 통해 임시합의안을 도출했고 이 합의안을 자신의 소속단체 회원들의 투표에 부쳐야 한다. 투표가 시행되어 합의안이 인준되면, 이 단체는 이제부터 이 합의조건을 준수해야 한다. 바로 그때 예기치도 못하게 이 단체의 한 회원이 자신은 합의안에 만족할 수 없으며, 합의안 이행을 저지하기 위해 소송을 제기하겠다고 선언한다.

일부 단체나 조직들은 충분히 위계적이어서 이런 회원들에게 합의 조건을 수용하라고 강요할 수 있지만, 많은 단체들은 그렇지 못하다. 이런 곤란한 상황을 알고 있는 공공관료와 민간기업 관계자들은 가끔 시민이나 소비자단체, 환경단체 및 유사한 적들과 비공식적인 협상을 꺼려한다. 그들은 "왜 우리가 그들과 협상해야 합니까?"라고 질문한다. "약속을 이행하지 않을 사람들과 이야기하는 것은 시간낭비일 뿐입니다." 물론 소비자나 시민단체의 입장에서 보면, 이는 "1~2년 안에 공직에서 물러날 정부와 왜 협상을 해야 하나요?"라고 묻는 것과 같은 문제이다. 또는 "이사회가 곧 새로운 최고책임자를 임명할 텐데 왜 지금의 경영진과 협상해야 합니까?"와 같은 질문이다. 이러한 문제에 대한 손쉬운 해답은 없다. 이 문제는 제6장에서 합의안 이행을 위한 일련의 접근법을 논의하면서 좀 더 언급하도록 한다.

여기에서는 매우 조심스럽게 분파그룹 문제에 대해서만 언급한다. 협상에 참여하는 개개의 당사자는 협상테이블에 참여하는 다른 당사자들의 정당성과 권위를 평가하는 책임을 져야 한다. 협상에 불만을 갖는 일부 회원들이 누구인지 알 수 없는 경우도 있지만 그렇지 않을 수도 있다. 만일 A그룹의 대표자가 B그룹의 한 분파가 협상과정에 불만을 갖고 있다는 생각이 들면, 두 그룹의 대표자들이 이 문제를 논의하기 위해 만나야 한다. 만나는 시기가 빠를수록 나중에 분파그룹이 생길 가능성은 줄어든다.

개개 협상참여자들이 소속 지지자들로부터 인준을 받는 과정은 프로토콜에 정확하게 규정되어 있어야 한다. 비록 각각의 조직들이 서로 다른 구조와 기능을 갖고 있기 때문에 개별 그룹이 요구하는 사항을 결정함에 있어 유연성을 발휘해야 하지만, 모든 참여자들은 현실적인 인준절차를 거친다면 만족할 것이다. 일부의 경우, 한 그룹의 공무원들 또는 단 한 개인이 자신의 조직 전체를 대표하여 인준을 한다. 또한 구성원 전체의 투표가 필요한 경우도 있다. 그러나 많은 경우, 최선의 결과는 협상합의안의 이행에 최선을 다할 것이라는 조직 대표의 구속력 없는 개인적인 선언이다.

일부 공공갈등해소 노력에서, 선출직 또는 임명직 공무원들은 자신들을 대신해서 협상에 참여할 부하직원을 임명하는 경우가 있다. 이러한 경우는 선출직 또는 임명직 공무원과 피규제자 간의 은밀한 (또는 법률용어로 'ex parte') 의사소통을 금지하는 규정에 해당하는 경우의 법적 필요사항이다. 협상에 참여하는 이 직원이 합의문에 명시된 이행준수에 개인적으로 '최선'을 다하겠다고 하는 약속에는 한계가 있다. 아마도 이 직원이 자신의 소속기관 또는 상관과의 접촉을 유지하고 있는 경우라면, 최선의 노력을 경주한다는 이 대리인들의 약속은 비공식적인 기관의 이행약속으로 이해될 수 있을 것이다. 이는 분명 공개적인 기관의 지지와는 상당한 거리가 있는 것이다. 그러나 이는 합의안 이행의 서막으로 충분하다.

종종 협상자들은 전체 협상회의에 돌아와 협상초안에 일부 추가적인 변경이 있어야만 최종 인준이 가능하다고 보고하는 경우가 있다. 그러나 다른 대표자들은 이를 단호히 거부한다. 이러한 경우는 개개의 협상자들이 최종 합의문의 수정 버전을 가지고 자신의 소속집단으로 다시 한 번 가야 함을 의미한다. 따라서 이들은 왜 일찍 문제제기를 하지 않았느냐고 질문한다.

그러나 이러한 상황은 매우 흔하게 발생하며, 이런 상황이 반드시 형편없는 협상을 했다는 의미는 아니다. 많은 요인들이 비준 시점에 작용할 수 있다. 예를 들어, 일부 그룹은 투표할 때까지 합의안 초안에 진지한 관심을 두지 않았을 수도 있다.

인준은 때로는 조건적인 이행약속의 형태를 갖기도 한다. 예를 들면, "우리는 다음과 같은 수정이 가능해야만 합의안을 지지하기로 했다." 또는 "우리는 원칙적으로 합의안을 지지하지만, [이런 또는 저런 문제점이] 해소되어야만 한다." 등의 형태이다. 원칙적 합의도 가치가 있는데, 중요하지 않은 사항에 대한 수정은 소속그룹과의 추가적인 의논 없이 협상참여자들끼리 가능할 수도 있어 전면적인 재검토를 피할 수 있기 때문이다.

사후협상단계
Implementation or Postnegotiation

비공식적 합의를 정부의 공식적 의사결정과정으로 연결하기

합의안이 인준되고 나면, 협상당사자들은 자신들이 만든 비공식적인 임시합의안을 정부의 공식적 의사결정과정과 연결할 방법을 찾아야 한다. 일반적으로 이 순간까지 협상과정은 '비공식적'이었다.(즉, 협상과정이 임시적인 성격을 가졌기 때문에, 일부 핵심 이해관계자가 참여하도록 설득할 수 있었다.) 비공식적인 과정을 통해 비공식적인 결과를 얻었으며, 이는 다른 방법으로는 도출할 수 없었기 때문이다. 따라서 지금 단계의 과제는 이 비공식적 결과를 공식화하는 것이다. 이는 일면 모순적으로 보인다. 어떻게 비공식적인 합의를 공식화할 수 있을까?

이 질문에 대한 답은 개별 상황에 따라 매우 다양하다. 어떤 경우에는 합의안이 의회의 투표를 통해 법규정이나 조례로 전환될 수도 있을 것이다. 다른 경우에는 시정부-주정부-연방정부 간의 법적으로 강제할 수 있는 계약으로 전환될 수도 있을 것이다. 또 다른 경우에는 행정명령 또는 행정행위를 통해 정부기관을 합의안의 이행자로 명시할 수 있을 것이다. 이상의 세 접근법은 각기 장점과 단점이 있다(예를 들어, 법규는 의회와 사법기관의 허용이 있어야만 가능하다). 그럼에도 불구하고, 협상당사자들은 공식적 의사결정과 비공식적 의사결정을 연결하기 위해 가장 효과적인 수단을 추구하고 이용해야 한다.

조던 레인 사례의 참여자들은 매우 현명하였다. 협상참여자들은 자신들의 서면합의안의 조건을 시의회에서 허가하는 토지용도변경의 조건에 포함시키기 위해 시의회 의원을 처음부터 회의에 참석시켰다. 물론 토지용도변경 허용 여부 결정권은 여전히 시의회가 갖고 있었다. 그러나 시의회 의원이 협상에 참여하여 비공식 협상의 과정과 결과를 알고 있었기 때문에, 시의회 전체회의가 토지용도변경 허가증에 협상에서 도출한 조건을 신속하게 추가할 수 있었다. 향후 임시거주 시설과 관련된 새로운 법의 도입 없이 그리고 공식적인 선례를 참조하지 않고도 비공식적인 협상에서 도출된 합의안의 집행은 기존의 정부규제 절차를 통해서 이행되었다.

선출직 및 임명직 공무원들은 종종 비공식적인 협상합의안의 이행으로 생기는 선례의 문제를 제기하기도 한다. 배분적 갈등해소를 위해 협상접근법을 활용하는 가장 큰 이유 중의 하나는 협상의 절차 및 해소 모두가 개별의 특정 상황에 맞아 떨어질 수 있기 때문이다. 따라서 좀 더 전통적인 갈등해소 방식이 사용될 때처럼 선례가 영향력을 발휘하지 못한다. 물론 모든 이해당사자들이 선례가 되지 않도록 극도로 주의하지 않는 한 비공식적인 협상합의안이 공식적인 정책으로 전환되는 경우 일종의 선례가 생겨나는 것은 인정해야 한다. 갈등당사자들 간의 합의안이 다른 배분적 갈등에도 적용되어야 하는 선례로 인식되지 않아야 함을 협상합의안에 밝혀 놓아야 한다. 합의안을 이행하는 정부기관의 공식적인 행위도 이 점을 강조해야 한다. 즉, 합의에 의한 결정이 갖는 선례의 성격을 분명하게 거부함으로써, 공무원들은 다른 그룹을 만족시킬 수 있는 차별성 있는 방식을 모색하도록 하는 유인책을 찾아내는 동시에, 자신들은 향후 합의안에 대해 암묵적으로 요구되는 이행약속으로부터 자유로울 수 있다.

이행 모니터링

합의안의 이행 모니터링 단계는 이미 앞서 당사자들의 이행약속과 함께 논의를 했다. 약속이행을 체크하고 일정한 과학적 기준에 입각해 합의안의 성공적인 집행을 측정함과 동시에, 이 단계에서는 상황 변화를 고려해야 한다. 협상에 참여했던 인사들이 새롭게 바뀌는 경우, 집행이행기구는 이들에게 합의안의 이행조건을 설명하는 것이 중요하다. 바로 이러한 점들 때문에 모니터링이 필요하다.

일부 공공갈등사례에서, 모니터링 과정의 설계는 매우 어렵고 복잡한 과업이다. 제5장에서 자세히 설명하게 될 자원회수/다이옥신 갈등사례에 대해 여기서 간략히 언급하자면, 이 사례의 최종합의문을 통해 과학적으로 수용가능한 모니터링 계획의 설계를 엿볼 수 있다. 이 사례의 갈등당사자들은 자원회수시설이 준수해야 할 배출가스 기준에 합의할 수 있었다. 이들은 배출가스 측정기술 비용이 매우 비싸다는 사실도 고려하였다(실제로 배출가스 정밀검사 비용이 수개월마다 50만 달러 이상이나 소요가 되었다). 또한 검사결과를 알기까지 수개월이 걸리며, 배출가스 표본을 추출하는 시기, 장소, 방법에 따라 수치가 달라지기도 한다는 점도 중요시하였다. 따라서 모니터링 계획은 측정결과의 신뢰성과 의미에 대한 갈등을 사전에 예방하기 위하여 매우 자세하게 규정되었다.

결론적으로, 모니터링 과정의 설계는 매우 어려운 일일 수 있다. 특히 복잡한 과학적이고 기술적인 이슈와 관련된 갈등에서는 어렵고 정교한 노력이 필요하다.

재협상 조건 만들기

합의안에 도달하기까지 상당한 시간과 에너지가 투입된다. 따라서 지금까지 투자된 시간과 에너지를 보호하기 위해서는 상황이 잘못되는 경우 협상당사자들의 재소집이라는 조건이 중요하다. 이 재소집은 어느 한쪽의 분명한 합의조건 위반이나 합의조정안 도출 실패 등과 같이 사전에 분명하게 정의된 상황으로만 한정되어야 한다. 어느 한 이해당사자 측의 이해관계가 위협받는다고 인식하는 경우에 재협상이라는 조건이 작용할 수 있다. 그러나 어떠한 경우에도, 모든 관련 이해당사자들은 "사태가 잘못되는 경우, 우리 모두가 함께 이 합의안을 정지시키기 위해 무엇을 해야 하는가?"라는 태도를 견지해야 할 것이다.

조던 레인 사례에서 이해당사자들은 잘못된 사태가 발생하는 경우 합동 모니터링 위원회가 협상참여자 전원을 재소집하기로 하였다. 이들은 비교적 좋은 상호 관계가 합의형성과정의 결과로 구축되어, 필요한 경우 재협상은 최초의 협상보다 더 쉬울 것으로 생각하였다.

많은 협상합의안은 협상자들을 재소집하는 경우를 구체적으로 명시하게 된다. 또한 재소집 절차도 정확하게 명시하고 있어서, 근거없는 주장이나 잘못된 정보로 인한 성급한 행동은 발생하지 않는다.

지원 없는 협상의 성공을 위한 전제조건
Preconditions for the Success of Unassisted Negotiation

지원 없는 협상의 성공을 위한 세 가지 전제조건은 다음과 같다.

① 갈등 이슈와 이해당사자들의 수가 비교적 적고 쉽게 파악되어야 할 것

② 이해당사자들이 공동문제해결을 위한 충분한 의사소통 채널을 확보할 수 있을 것

③ 일방적인 행동을 통해 얻을 수 있는 결과가 이해당사자들 모두에게 매우 불확실할 것

이런 조건들이 충족되지 않는 경우에는, 일방적인 입장에서만 문제를 해결하려는 가능성이 높아 문제해결이 더욱 어렵게 된다.

여기서 강조하고 싶은 것은 '지원 없는 협상'이라고 해서 이해당사자들이 기술적인 또는 과학적인 도움을 받을 수 없는 것은 아니라는 점이다. (사실, 당사자들이 공동사실조사를 통해 활용할 수 있는 전문가가 있다면 당연히 활용해야 한다.) 다만, '지원 없는 협상'은 협상과정을 관리하기 위한 도움을 요청하지 않는다는 것이다. 당사자 자신들이 스스로 모여서―상호 합의하고―문제를 해결하는 것이다.

조던 레인 사례에서 협상은 성공적이었지만, 많은 경우 전문가의 지원 없이 효과적으로 배분적 갈등을 성공적으로 해소하지는 못한다. 지원 없는 협상이 시작조차 못하거나 만족할 만한 결과를 도출하지 못하는 가장 일반적인 이유는 이해당사자 간의 권력이 불균형하기 때문이다. (즉, 힘의 불균형은 위에 제시한 세 번째 전제조건을 충족하지 못한다. 강한 힘을 갖고 있는 측은 일방적인 행동을 취하려는 유혹을 느끼게 된다.) 협상에서 모든 당사자는 자신의 이익을 지켜 내려고 한다. 그러나 지원이 없는 힘이 약한 당사자들은 합의형성의 모든 과정에서 자신의 이익을 보호하는 데 어려움을 겪는다.

예를 들어, 조직화되어 있지 않거나 문제제기를 두려워하는 집단은 지원 없는 협상에서 무시를 당한다. 충분한 기술적 전문성(또는 필요한 지원을 구입할 만한 재원)이 부족한 집단은 자신들의 이익을 협상안에 담아내지 못한다. 협상이라는 과정에 익숙하지 못한 집단은 유리한 방식으로 자신들의 이익을 실현시킬 수 있는 기회를 잡지 못한다. 결과적으로, 힘이 없는 집단은 지원 없는 협상과정 중에 자신들의 관심사항이 하찮게 여겨지거나 무시되고 있다고 느끼게 된다.

물론 이런 대접을 받는 경우 힘이 없는 집단은 언제라도 협상에서 탈퇴할 수 있다. 그러나 우리는 힘이 없는 집단이라도 협상과정에 계속 참여하여 적절한 도움을 받아 상호 이익을 최대화시킴으로써 이들의 이익도 챙길 수 있다고 생각한다. 협상에서의 탈퇴는 대부분의 경우 위험하다. 힘이 없는 집단은 협상에 참여했다가 탈퇴하는 경우에 더 손해를 보는 경우가 있기 때문이다. 다른 집단들은 탈퇴한 집단이 이미 자신들의 이익을 주장할 충분한 기회를 가졌다고 생각할 수 있기 때문에 더 이상 이들의 이익을 고려하지 않는다.

협상은 불균형에 대한 해소책은 아니다. 어떤 집단들은 숫자에 밀리거나 책략에 당할 수도 있다. 정치적으로 힘이 없는 집단은 그래서 협상에서의 성공가능성에 회의적이다. 이에 따라 불도저 앞에 드러눕거나 직접행동이 더 효과적이라고 결론짓는 경향이 있다. 아주 드물게 이런 접근법이 옳을 수도 있다. 그러나 협상에서 힘의 역학은 매우 동태적이기 때문에 협상테이블에서 발휘할 수 있는 정치적인 힘이 없다고 해서 협상의 결과가 반드시 나쁠 것이라고 단언할 수는 없다. 협상에서 연대를 통해 예상치 못하게 힘의 불균형을 개선할 수도 있다. 공동의 이익을 최대화하는 협상패키지를 창조적으로 만들어 내어 힘이 없는 집단도 상당한 영향력을 발휘할 수 있다. 공동사실조사를 통한 정보접근 또는 공동문제해결을 통해 구축한 신뢰관계를 통해 힘의 불균형을 바로잡을 수도 있다.

협상연구자들은 힘이 없는 집단들이 협상을 효과적으로 이용하여 이익을 얻을 수 있는 다양한 방법을 제시하고 있다.[18] 그러나 대부분의 경우 핵심 조건은 회의촉진자나 조정자가 있어야 한다는 점이다. 스포츠 경기에서 선수의 역량에 관계없이 시합규정 위반을 판정하는 심판이 있는 것처럼, 협상참여자들은 협상과정을 공정하고 효과적으로 관리하는 중립적인 개입자가 있을 때 그의 도움을 받을 수 있다.

다음 장에서는 협상당사자들의 노력을 중대시키고 강화시키는 중립적인 개입자의 다양한 역할을 소개한다.

조정 및 다른 유형의
지원기반 협상

Mediation and Other Forms of Assisted Negotiation

제 5 장
조정 및 다른 유형의 지원기반 협상

조던 레인 갈등사례와 같이 배분적 갈등은 이해당사자 스스로에 의해 해소되는 것이 이상적이다. 그러나 이해당사자가 다수이고 이슈가 복잡한 갈등인 경우 통상적으로 스스로 차이를 해소하는 것이 어렵기 때문에, 전문가의 도움을 받는 협상이 필요한 경우가 있다.

지원기반 협상은 지원 없는 협상을 보완할 수 있다. 사실 지금까지 우리가 언급해 온 절대다수의 배분적 갈등인 대다수의 공공갈등은 앞 장에서 개괄한 성공적인 당사자 간 협상을 위한 전제조건을 충족하고 있지 않다. 예를 들어, 대부분의 공공갈등은 매우 복잡하고 직접적 이해관계자들을 파악하기도 어렵고 대표자도 찾기 어렵다. 또한 갈등당사자 본인이 대화를 시작하고 이끌어 가는 것이 상당히 힘들다. 감정적이고 심리적인 대립과 금전적인 이해관계가 첨예하여 갈등당사자들이 당사자 간 협상이 갖는 협력적 측면을 이끌어 내기가 어렵다. 더욱이 힘의 불균형으로 인해 이해당사자 본인들이 직접 아무런 도움 없이 협상을 진행하기 어렵다.

예를 들어, 협상 이전 단계의 첫 번째 순서를 '시작하기'로 한 것처럼 대화의 시작(제기, 요청)이라는 비교적 간단한 문제를 생각해 보자.

우리는 이미 갈등당사자들이 협상을 할 것인지 말 것인지를 고민하면서 겪게 되는 심리적인 함정을 논의하였다. 부부싸움의 경우처럼, 남편과 아내 모두 자기가 먼저 화해의 표시를 하는 것을 거부한다. 두 사람 모두 "당신이 먼저 시작했으니, 당신이 먼저 사과하세요."라고 말한다. 다시 말해, 공식적인 입장만으로는 당사자 간 협상을 시작할 수 없다. 만일 당사자 간 협상을 할 수 없다면, 갈등당사자들에게는 오직 두 가지 대안만이 존재한다. 전통적인 입법·행정·사법적 수단을 통해 배분적 갈등을 해소하거나 아니면 중립적인 제3자—회의촉진자, 조정자, 중재자—의 도움을 받아 협상을 진행하는 것이다.

'시작하기'는 다음 협상 단계와 비교해서 비교적 쉽다. 그러나 복잡성이 증가하면, 중립적인 제3자의 활용이 유일한 대안이라고 말할 수 있다.

시작하기
Entry

제3자가 갈등상황에 등장할 수 있는 방식은 매우 다양하다. 앞에서 말했듯이, 당사자 간 협상은 쉽사리 좌초한다. 그리하여 좌절감이 높아짐에 따라 갈등당사자 중 하나가 중립자의 필요성을 제기할 수 있다. 또는 중립자 자신이 여러 이해당사자들을 만나 도움을 주겠다는 의사를 피력할 수도 있다. 그리고 아무런 이해관계 없는 사람이 갈등당사자들에게 외부의 도움을 받아 보라고 조언할 수도 있다.

이 마지막 방법은 갈등당사자들 사이에 공식적으로 대화가 단절된 상태일 때 매우 유용하다. 이 경우, 모두가 협상을 시작하고 싶어 하지만, 혹시 약자로 보일까 봐 염려하게 된다. (만일 내가 적극적으로 협상을 원하는 것처럼 보이면, 상대방은 더욱 강경하게 나올 수도 있지 않을까?) 이러한 경우도 사실 있다. 그러나 갈등당사자들이 분명히 직시해야 할 현실은 자신들의 문제를 도움 없이는 해결할 수 없다는 점이다. 따라서 이해관계가 없는 사람을 통해 중립자를 소개하여 갈등에 개입시키는 것이 필요하다.

조정자 등장의 두 번째 문제로는 통제권에 대한 인식이다. 많은 경우, 갈등당사자 중에는 제3자를 등장시키는 것이 결과에 대한 자신들의 통제권을 포기하는 것으로 생각하는 경우가 있다. 이는 잘못된 인식이며, 중재자가 양측의 주장을 듣고 내린 판단을 양측이 수용해야만 하는 '강제중재'와 혼돈하여 발생하는 것이다. 반면, 결과에 구속되지 않고 협상당사자들의 동의에 의해서만 진행하는 다양한 유형의 지원기반 협상이 있다. 다시 말해, 모든 당사자들이 합의형성과정에 의해 도출한 조정안에 만족해야 하고, 그렇지 않다면 조정되지 않는다. 따라서 이해관계자는 최종 결과물에 대한 거부권을 유지하고 있으며, 이해당사자들은 핵심적인 통제권을 갖고 있는 것이다.

정부기관이나 공무원들은 특히 통제권 문제에 민감하다. 공무원들은 "내가 법적 권한을 갖고 있다. 다른 사람들이 정한 조건을 수용하는 것은 나에게는 적절하지 않으며 심지어는 적법하지 않을 수 있다."라고 자주 말한다. 하지만 사실은 이 책이 설명하고 있는 합의형성적 협상 유형에서 아무도 조건을 강요하지 않으며, 공무원들은 어떤 조건에도 구속되지 않는다. 정부기관은 노동협약과 같은 법적 구속력이 있는 합의를 생산하는 협상에 지속적으로 참여하고 있다. 이런 점에서, '정보공개법' 및 다른 적법 절차 규정과 비교한다면 정부 공무원들이 비구속적 협상에 참여하는 것을 방해하는 것은 아무것도 없다.

제3자 등장의 또 다른 두 이슈는 제3자의 중립성과 전문성이다. 모든 이해당사자들이 제3자의 중립성을 확신할 수 있고, 모두에게 도움이 될 수 있는지를 어떻게 확신할 수 있을까? 겉보기에 사심 없어 보이는 조력자가 자신은 중립적이라고 속이고 다른 한쪽 편을 드는 것은 쉬운 일이 아닐까? 모든 이해당사자들이 제3자가 중립적이라고 확신하는 경우에도 제3자의 전문성을 확신할 수 있을까? 만일 중립자가 일을 그르쳐, 제3자를 활용하지 않은 경우보다 모두에게 더 많은 시간과 비용을 야기한다면 어떻게 할 것인가?

중립성의 문제는 해소하기 어려운 문제는 아니다. 또 다시 여기에서 '거부권'이 핵심이 된다. 즉, 갈등당사자 중 한쪽이 제3자 후보를 중립적인 것 같지 않다고 거부할 수 있다. 제3자의 배경이나 소속에 대해 신중하게 고려해야 한다. 즉, 제3자가 특정 이해관계자와 직접적인 관련이 없다면 모두에게 쉽게 인정받을 수 있을 것이다. 또한 모든 당사자들은 제3자 후보의 과거 경력 및 평판을 검토하여 수용 여부를 결정할 필요가 있다. 제3자가 예상되는 모든 참여자가 협상에 참가하기 전에 일을 시작한 경우, 아무리 늦게 참여한 사람이라도 이 제3자에 대해 문제제기를 하면 제3자는 자격을 상실할 수 있음을 분명히 인식하고 있어야 한다.

제3자에 대한 이런 네 가지 기준—배경, 소속, 과거경력, 평판—은 제3자 후보의 역량을 판단하는 데도 유용하다. 조력자를 찾고 고용하는 데 대한 구체적인 정보는 다음 장에서 실제적인 이슈들(누가 비용을 지불할 것인가?)을 포함하여 자세하게 기술한다.

제3자들은 고유한 스타일을 갖고 있게 마련이다. 어떤 제3자는 자신의 역할을 매우 좁게 규정하는 반면, 어떤 제3자는 자신의 역할을 넓게 설정하려고 한다.[1] 일부 제3자는 당사자들이 협상의 세세한 것까지 담당할 것을 기대하는 반면, 어떤 제3자는 자신이 더 많은 역할을 기꺼이 하고자 한다. 따라서 제3자 후보에게 그의 관심사항과 주요 역할에 대해 기술한 계약서를 요청하는 것도 한 방법이다. 갈등당사자들이 최종 제3자를 결정하기 전에 후보들에 대한 서면정보를 수집하고 면접을 하는 것도 일반적이다.

제3자의 역할과 기능
Roles and Functions of an Intermediary

공공갈등에서 조력자인 제3자가 담당하는 역할을 가장 쉽게 이해하는 방법은 제4장에서 설명한 합의형성과정의 3단계를 다시 돌아보는 것이다. 각 단계에서 조력자가 담당하는 임무를 알아보자(〈표 5-1〉참조).

시작하기는 이미 강조했듯이 중립적인 주관자의 지원에 좌우된다. 그러나 조력자도 잠재적인 이해관계들과의 충분한 만남을 통해 협상방법이 효과적일 수 있음을 확신할 수 있도록 노력해야 한다. 많은 공공갈등 당사자들에게 공동문제 해결이라는 개념이 생소하기 때문에, 제3자인 조력자는 전통적인 접근법보다 합의형성과정이 더 나은 결과를 가져올 수 있는 상황을 설명할 필요가 있다. 즉, 제3자는 단지 이론만이 아니라 갈등해소의 실제 상황에 매우 정통할 필요가 있다.

중립자는 모든 당사자들이 강경한 입장을 유지하면서도 통합적인 결과를 모색할 수 있도록 유도해야 한다. 이것이 가능하기 위해서는 이해당사자들이 전체회의에서는 비협조적인 '공식적' 입장을 유지하더라도 조력자인 제3자를 통해 협력의 의사를 서로 소통할 수 있도록

〈표 5-1〉 단계별 조정자의 역할

단계	조정자의 역할
사전협상 단계	
시작하기	이해관계자들을 만나 이들의 이해관계를 평가하고 합의형성과정에 대해서 설명하기. 장소 및 회의준비 등을 처리하고 첫 회의를 소집하기. 각 그룹의 첫 배트나(BATNA) 계산 돕기.
대표자 선정	대변인 또는 대표자 선정을 돕기 위해 이해관계자들과 개별면담 실시. 최초 이해관계자들과 함께 서로 다른 이해관계를 대표하는 새로운 이해관계자 그룹과 전략 파악.
운영규칙 개발과 의제설정	과거의 경험과 당사자들의 관심사항에 근거해 협상운영규칙 초안 준비. 의제설정과정 관리.
공동사실조사	공동사실조사 규칙 초안설정 지원. 기술 컨설턴트나 전문가 파악. 자원공급원에서 재원 조달, 관리. 비밀 및 중요정보 제공 역할.
협상 단계	
대안개발	브레인스토밍 과정 관리. 협상그룹에게 가능한 대안 제안. 대안 초안 작성을 담당하는 소위원회에 협조.
대안묶기	그룹 간 교환 가능한 대안을 파악하고 검증하기 위해 그룹과 비공개 개별면담 실시. 각 그룹에게 고려 가능한 거래 패키지 제안.
합의서 작성	합의문 초안을 작성하는 소위원회와 작업. 단일문안절차 관리. 단일문안 초안 작성.
이행계획 수립	담보채권 관리자 역할 담당. 협상그룹을 대신하여 외부자와 협의. 당사자들의 약속을 이행하기 위한 수단 모색.
인준	협상참여자들이 각자의 소속집단에게 합의문을 설명하는 데 도움 지원. 협상참여 대표자들이 소속구성원과 지속적으로 접촉하고 있도록 유도.
집행 또는 사후협상 단계	
비공식 합의와 공식적 의사결정 간의 연계	당사자들과 연계고리를 찾기 위해 함께 작업하기. 협상그룹을 대신하여 선출직 및 임명직 공무원 만나기. 합의문 집행의 법적 제약 파악하기.
모니터링	집행상황 모니터링 역할 수행. 모니터링 그룹 소집.
재협상	의견 차이가 발생하는 경우 협상대표자 재소집. 재소집된 그룹에게 최초 합의 의도에 대한 재설명.

해야 한다. 제3자는 비타협적 성명서를 발표했지만, 그 성명서가 해당 이해관계자들의 '최종 입장'을 대표하는 것은 아니라는 사실을 사전에 이해당사자에게 알릴 수 있다면, 이 제3자는 대립국면을 피할 수 있을 것이다. 더욱이 첫 회의에서 중립적인 자세를 보여 주고, 회의개최에 필요한 세세한 사항을 다루고, 토론을 시작하기 위해 필요한 여러 조건들을 제안함으로써, 조력자는 갈등당사자들이 성공적인 협상을 할 수 있도록 초기의 많은 장애물들을 극복할 수 있게 한다.

이해당사자들이 먼저 만나 자신들의 회의를 누가 도울지 결정해야 한다는 것은 마치 닭과 계란 문제와 비슷하다. 그러나 실제 이러한 경우는 거의 없다. 통상적으로 갈등당사자 측 어느 한쪽 또는 이해관계가 없는 관찰자가 예비 조력자를 접촉한다. 그리고 나서 이 조력자는 다른 당사자 측을 만나 모두가 참여하여 대화할 수 있는 전체 모임을 할지 또는 이 조력자와 각각 그룹 간의 개별면담을 할지에 대해서 제안하게 된다. 그러나 이 단계에서 조력자는 자신이 활동수당을 받을지, 그리고 협상이 시작될지에 대해 보장받을 수 없다. 이는 건축가가 사업을 수주하기 위해 입찰을 준비하는 투자와 유사하게 예비 조력자가 해야 하는 사전투자이다.

대표자 선정은 조력자인 제3자가 다루어야만 하는 또 다른 사전협상단계의 과제이다. 그러나 전문 조정자나 회의촉진자가 갈등영향평가를 실시하고 대표자 선정을 돕는 데 시간을 활용하기 전에, 제3자는 계약서 작성을 먼저 요청할 것이다. 이 계약서 작성은 협상 초기단계의 일부 과정에 해당할 뿐이다. 아마도 이 계약서 작성은 핵심 이해관계자들 사이에서 먼저 이루어지고, 이후 더 많은 단체들이 나타나거나 이해관계자들이 정식 협상을 하기로 함에 따라 변경될 수도 있다. 이 사전계약을 통해 제3자는 합의형성과정에 대한 이해관계자들의 진정성을 알 수 있을 것이다.

제3자는 잠재적인 이해관계자들에게 그들의 대변인 선정 전략에 대해 조언을 할 수 있다. 또한 제3자는 모든 이해관계자들에게 자신들의 협상대안을 미리 분석해 보도록 도울 수도 있다. 그리고 제3자는 힘의 불균형 문제를 제기하는 이해당사자들에게 모두가 동등한 발언권을 가지며, 모든 정보도 공유될 것임을 분명히 인식시킬 수도 있다.

합의형성과정의 대변인이자 관리자로서 제3자는 게임의 규칙이 준수될 것을 이해당사자에게 약속할 수 있는 유일한 사람이다. 제3자는 또한 언론매체와의 채널 역할을 할 수 있다. 사실 협상이 진행되는 동안 제3자만이 언론과 접촉할 수 있도록 정하는 것이 바람직하다. 이렇게 함으로써, 일부 그룹이 언론을 통해 영향력을 발휘하려는 유혹을 최소화할 수 있다.

중립자는 대화를 거부하는 이해당사자를 협상테이블로 유도해야 하는 중요한 역할을 수행할 수 있어야 한다. 예를 들어, 조력자는 힘이 약한 집단에게 게임의 규칙이 엄정하게 준수될 것을 확신시켜 참여를 이끌어 낼 수 있다. 반대로, 조력자는 힘이 있는 이해당사자들에게 조용히 협상테이블에 앉아 있는 것만으로도 많은 실익을 얻을 수 있다고 설득하는 은근한 압박도 구사할 수 있다. 물론 조력자가 지나치게 개입을 한다면, 이러한 전략은 반발을 불러올 수도 있다. 그러나 이러한 전략이 훌륭히 활용된다면, 합의형성과정에 방해가 되는 많은 장애물을 극복할 수 있을 것이다.

운영규칙 개발과 의제설정은 중립자가 개별 이해당사자와 비공식 논의를 먼저 한 후 전체회의 토론을 거쳐 도출해야 하는 중요한 업무이다. 논의할 의제의 목록을 정하는 것은 기계적인 쉬운 업무처럼 보이지만 사실은 여러 이슈들을 통합하여 모든 이해당사자들이 수용할 수 있도록 의제의 우선순위를 정하는 것은 어려운 작업이다.

경험 많은 조정자라면 예비 운영규칙의 초안을 미리 만들어서 갈등 당사자들의 시간을 절약할 수도 있다. 과거의 갈등상황에서 도출한 요인들을 바탕으로 조력자는 이해당사자 그룹이 출발선으로 사용할 수 있는 초안을 제시할 수 있다. 적어도 다른 갈등사례의 당사자들이 유사한 문제를 해결하는 데 사용했던 방식을 보여 준다면 이해당사자들에게 도움이 될 것이다. 조력자는 자신의 계약조건으로 의제초안과 합의에 의한 운영규칙 작성을 포함시킬 수 있다. 이렇게 함으로써, 이해당사자들이 원하는 절차에 중립자가 성실히 임하게 할 뿐만 아니라 여전히 의심을 하고 있는 이해당사자들에게 운영규칙의 준수를 확신시킬 수 있다.

공동사실조사는 중립자의 여러 지원이 필요하다. 예를 들어, 협상그룹은 모든 이해관계자들이 인정할 수 있는 전문가들의 예비명단을 조력자를 통해 얻을 수 있다. 제3자는 공동조사를 위해 이해당사자들로부터 조성한 자금을 관리하고 배분하는 '금고지기' 역할도 수행해야 한다. 비밀정보 및 독점적 정보가 관련된 상황에서, 조력자는 개인의 사생활을 보호하면서도 유용한 정보를 놓치지 않는 방식으로 데이터를 요약할 필요가 있다. 이와 유사한 역할이 필요한 경우는 협상자들이 기업내부정보를 공유해야만 할 때인데, 이러한 공유는 반독점법 위반일 수 있다. 이러한 상황에서, 중립자는 특정 기업을 언급하지 않고 파악된 사실관계의 요약 자료를 발표하는 정보저장소 역할도 수행해야 한다.

중립자는 자원 공급원(pool)을 구축하여 협상그룹 전체가 활용할 수 있도록 자금을 모으는 데에도 도움을 주어야 한다. 한때 환경청(EPA)은 규제협상에 참여하는 사람들이 활용할 수 있는 기금을 조성한 적도 있다.[2] 이 참여자들은 환경청의 요청에 따라 청정공기법(Clean Air Act)의 집행을 위한 규제 초안을 만들기 위해 모였다. 이 기금은 규제 협상 동안 발생한 여행 및 기타 경비를 보조하기 위해 25명의 참여자 누구나 신청할 수 있었다. 또한 협상그룹 전체의 공동사실조사 연구 수행에도 재원이 활용되었다. 이 기금은 환경청 공무원이 아닌 주관 자가 갖고 있다가 그룹 전원의 결정에 따라 배분되었다.

때로는 조정자가 팀으로 구성될 필요도 있다. 조정자 팀은 과학적 문제가 관련된 복잡한 갈등상황에 특히 유용하다. 이러한 경우, 과정 관리 전문가는 기술관련 전문성을 갖고 있는 전문가 팀을 구성하는 것이 좋다. 물론 참여자들이 아닌 과정 관리자를 돕는 역할을 하는 조 정자 팀의 새로운 멤버도 이해관계자 전원에게 인정되어야만 한다.

경우에 따라서는 좀 더 정교한 팀을 구성할 필요가 있다. 제3장에 서 소개한 하몬 카운티 하수정화 갈등사례에서처럼, 법원이 고용한 다 른 주 출신의 조정자는 해당 주의 정치와 법률 체계에 정통한 지역 출 신의 조정자와, 복수의 조정대안에 따른 비용을 예측하기 위한 컴퓨터 모델의 개발을 담당하는 여러 기술전문가와 팀을 구성한 바 있다.

대안개발은 제4장에서 설명했듯이 브레인스토밍과 집중적인 소위 원회 활동과정이 필요하다. 바로 중립자가 '실행가능성에 대한 고려 없이 다양한 대안을 제안'할 수 있는 시간을 선포할 수 있다. 중립자 는 이때 좋은 아이디어를 기록하도록 한다. 더 나아가 조력자는 이해 당사자 자신들이 제안하기 거북하지만 고려하고 싶은 대안들을 제시 할 수도 있다. 즉, 일부 이해당사자 그룹은 조력자와 개별적으로 만나 자신들의 신분을 노출시키지 않고 대안을 대신 제안해 달라고 요청할 수도 있다.

그러나 대안개발에는 위험도 수반된다. 제3자는 특정 대안에 대한 선호를 표출하지 않도록 주의를 기울여야 한다. 이해당사자는 조력자가 특정 대안을 지지한다고 느끼게 되면 그 조력자의 신뢰성 및 중립성을 의심할 수 있기 때문이다. 그러나 제3자가 전혀 대안제안을 할 수 없다는 의미는 아니다. 유능한 중립자라면 차분하고 중립적인 방식으로 아이디어를 제시함으로써 이해당사자가 제3자의 중립성을 의심하지 않도록 해야 한다.

대안묶기는 상당한 기술과 통찰력이 필요한 단계이다. 이 단계에서는 조력자의 역할이 아주 중요하다. 개별 이해당사자들과의 비공식 면담을 통해서, 제3자는 어느 대안이 거래가능한지 파악할 수 있어야 한다. 일반적으로 조력자는 각 집단과 개별면담을 통해, "당신들에게 가장 중요한 것이 무엇입니까?" 또는 "어떤 것을 포기할 수 있습니까?" 등을 물어본다. 이러한 비밀스러운 질의과정을 통해, 효과적인 제3자라면 거래가 가능한 대안묶음을 찾아내어 합의가 가능한 수준까지 이해당사자들을 유도할 수 있어야 한다. (물론 이것이 가능하기 위해서는 중립자가 전문적인 역량을 발휘하여 이해당사자들로부터 충분한 신뢰를 얻고 있어야 한다.)

제3자는 이해당사자들에게 실현성 여부를 떠나 가능한 대안교환을 제안하도록 기회를 주어야 한다. 개별면담에서 조력자는 "당신이 전체회의에서 무슨 말을 했는지 알고 있지만, 만일 상대 쪽이 당신에게 Y와 Z를 제안한다면 X를 교환할 수 있을지 말씀해 주시겠어요?"라고 유도할 수 있다. 이때, 이 당사자가 "공식회의 석상에서 말하지 못했지만, 저쪽에서 Y와 Z를 제안했다면, 나는 X를 교환할 의사가 있어요."라고 제안할 수 있다. 이는 매우 중요한 정보로서, 조력자는 비밀보장의 원칙을 위반하지 않고 상대 쪽과의 거래가능성을 타진할 수 있는 방법을 찾아야 한다.

유능한 제3자라면, 상대 쪽 이해당사자와의 개별면담에서, X와 교환하기 위해 Y와 Z를 포기할 의사가 있는지 파악해야 한다.

"만일 내가 상대 쪽에게 X를 포기하게 한다면, Y와 Z를 교환할 의사가 있으세요?"라고 물어보도록 한다. 물론 중립자는 이러한 교환가능성을 이미 알고 있다. 그러나 중립자는 반드시 사전에 얻은 정보의 비밀을 보호하기 위해 '만일 ~하면' 형식의 질문을 하도록 한다. 만일 대답이 "예"라면, 조력자는 이해당사자 전원을 불러 모아, "만일 회의장 이쪽 편에 앉아 계신 분들이 X를 거래할 의사가 있다면, 저쪽 편에 계신 분들은 Y와 Z를 포기할 수 있다고 생각합니다. 제가 정확합니까?"라고 제안을 할 수 있다.

이런 방식으로 진행해 나감으로써, 제3자는 어떠한 약속도 하지 않고, 누구에게도 이행약속에 대한 부담을 주지 않는다. 이렇게 잘만 진행된다면, 최종 결과는 모두가 받아들일 수 있는 대안묶음(package)이 될 수 있다.

합의문 작성 단계에서는 누군가가 초안을 만들어야 하는데 대부분의 경우 중립자가 주로 이러한 역할을 담당한다. 제3자가 하나의 초안문을 만들어서 각 이해당사자들에게 회람시킨 후, 모두가 똑같이 동의를 하는지 파악하도록 한다. 단일 초안문 접근법은 협상에서 큰 장점을 발휘한다. 장기간에 걸친 국제조약 협상가들은 각자가 자신만의 최종합의문을 만들어 이후에 이들을 통합하는 과정을 거치기보다는 앞서 설명한 '단일 초안문(single-text)' 절차를 사용하여 합의문 도출 가능성을 높인다.

단일 초안문 절차를 통해, 조력자는 제3자가 기안한 초안에 각 당사자들이 문구를 수정하도록 요청한다. 초안은 '극단적'이지 않고 어느 한쪽이 강력하게 문제를 제기하는 경우를 제외하고는 토론이 자제되기 때문에 계속해서 진전될 가능성이 높다.

이행계획 수립은 합의문의 이행방법을 구체화하는 것이다. 이미 앞에서 설명했지만 비용문제는 논외로 한다. 종종 조정자가 모두가 선호하는 합의이행 관리의 적임자가 되는 경우가 있다. 또 다른 경우에는 조력자가 협상에 참여하지 않은 사람에게 갈등당사자들의 합의이행 여부를 모니터하는 역할을 맡아 달라고 요청할 수 있다. 일반적으로 유능한 조력자는 이해당사자들을 도와 각자가 합의문을 이행할 수 있는 새로운 방법을 찾게 한다.

인준은 협상대표자가 소속집단으로 돌아가 합의문 초안에 대한 동의를 구하는 절차이다. 일부 협상참여자들은 이 과정에서 어려움을 겪게 되는데, 그것은 주로 해당 그룹이 매우 비현실적인 기대를 갖고 협상에 임하기 때문에 발생한다. 조정자는 이러한 협상참여자들을 돕기 위해 소속원들에게 합의문 초안을 도출하기까지 모든 이해관계자들이 얼마나 노력을 했는지 알려 줌으로써 합의문을 홍보할 수 있을 것이다. 조정자는 또한 이들의 대표자가 협상에서 얼마나 노력했는지를 진정성을 담아 설명할 수도 있을 것이다. "여러분께서 여러분의 대표자가 얼마나 끈질기게 다른 그룹을 물고 늘어졌는지 보셨어야 하는데요. 여러분의 대표자가 여러분의 이해관계를 아주 성공적으로 합의문에 담아 내셨거든요." 물론 이 그룹의 대표자는 자화자찬으로 들릴 수 있는 이러한 주장을 할 수 없을 것이다. 그러나 그러한 노력이 사실이고 이 대표자의 협상이 성공적이었다면, 소속 구성원들에게 언급할 필요가 있다.

비공식 합의를 공식적 의사결정과 연계시키는 과정에서는 협상에 직접 참여하지 않은 선출직 또는 임명직 공무원과의 상호 작용이 필요하다(비록 이들 공무원들이 참관자를 통해서 협상과정에 대해 알고 있다 하더라도). 중립자는 주로 합의형성과정에 대한 전문가이지 특정 결과를 주장하는 사람이 아니기 때문에, 관련 공무원들은 협상과정의 정당성에 대해 갈등당사자들의 주장보다는 제3자의 주장을 쉽게 인정하는 것이 보통이다.

협상참여자들은 조정자가 합의이행에 대한 모니터링 역할을 맡아 주기를 원할 수 있다. 비록 이러한 경우는 많지 않지만(현장과 가까운 사람이 모니터링을 담당하는 것이 바람직하다), 가능한 일이다. 조정자는 협상참여자들로부터 협상에는 참여하지 않았지만 모니터링을 맡아 줄 외부 인사를 찾아 달라는 요청을 받을 수 있다. 많은 경우, 이러한 접촉 역할은 갈등당사자 중 누군가가 하는 것보다 협상과정에 대한 정당성을 설명해 줄 수 있는 조정자가 담당하는 것이 좋다.

협상참여자들은 만일 재협상(또는 재조정)이 필요한 경우에 대비하여 조력자의 역할에 대해 합의문에 구체화할 것을 원할 수도 있다. 누가 이해당사자들을 다시 소집하고 이들의 이행약속을 환기시키는 것이 좋을까? 그리고 협상참여자들은 앞으로 합의이행상에 문제가 발생하면 조력자가 당초 합의에 대한 공정한 심판자 역할을 해야 한다고 생각할 수도 있다. 그러나 분명하게 말해 둘 것은 조력자들이 합의문 작성을 도왔다 하더라도 이들이 재협상을 맡는 일은 거의 없다는 것이다. 이들은 통상적으로 새로운 분쟁사례를 선호하기 때문이다.

배분적 갈등에서 제3자의 역할과 기능을 설명하면, 사람들이 공공분쟁 조력자는 노동분쟁이나 국제분쟁에서 제3자가 담당하는 역할을 하는 것으로 잘못 생각하는 경우가 있다. 그러나 그러한 분쟁에서 개입자(또는 노동협상에서는 통상적으로 두 갈등당사자만 있으므로, 이때 개입자는 제3자로 불린다)는 위의 설명을 통해서 배분적 갈등의 지원기반 협상과 다른 유형의 지원기반 협상 간의 커다란 차이점을 알 수 있을 것이다.

요컨대, 배분적 갈등에서 중립자는 좀 더 적극적인 활동가일 필요가 있다. 이들 중립자들은 많은 책임을 부여받는데, 이들이 활동하는 갈등환경이 매우 비구조적이기 때문이다. 이들 배분적 갈등의 중립자들은 노동관계나 국제관계 분야의 중립자들과는 상당히 다른 배경, 기술, 기질이 필요하다. 배분적 갈등의 개입자들은 공공부문의 운영방식에 대해 상당히 정통할 필요가 있는데, 이들이 합의형성과정을 관리하는 데 들이는 시간보다 협상이 시작될 수 있도록 하는 환경을 조성하는 데 더 많은 시간을 들여야 하기 때문이다. 또한 이들은 갈등당사자와 더 나아가서는 지역사회에 대해 '합의형성과정을 마케팅'하는 데 상당한 공을 들여야 하기 때문에 매우 정교한 의사소통기술이 필요하다.

배분적 갈등에서 제3자의 개입범위를 고려한다면, 제3자가 협상결과의 공정성, 효과성, 슬기로움, 안정성에 대한 책임을 기꺼이 지는 것이 중요하다. 이러한 것이 중립성의 개념과 배치되는 것은 아니다. 협상이 끝났을 때, 협상에 직접 참여한 당사자들은 합의문을 '소유'하지만, 중립자는 직접 참여한 사람들의 관심사항뿐만 아니라 직접 참여하지 않은 사람들의 관심사항까지 만족시키기 위해 가능한 모든 일을 다했음을 스스로 확신할 수 있어야 한다. 합의에 대한 장기적인 자발적 순응을 확보하기 위해서는 이러한 자기 검증이 필요하다. 그렇지 못하다면, 합의형성 노력에 대한 신뢰성은 상실될 것이다. 더욱이 합의를 통한 분쟁해소과정이 전통적인 사법적·행정적·입법적인 갈등해소보다 효과적이라고 인식되고 있기까지 하므로, 지원기반 협상은 전통적인 갈등해소 방식에 대한 성과 검증과 동일한 수준의 검증을 충족해야 한다.

지원기반 협상의 세 가지 유형
Three Forms of Assisted Negotiation

지원을 통한 협상의 영역 내에서는 다양한 접근법이 취해질 수 있다. 이 책에서는 '회의촉진(facilitation)', '조정(mediation)', 그리고 '비구속적 중재(nonbinding arbitration)'의 세 가지 유형을 논의하고자 한다. 이 세 기법들은 서로 구분이 가능하기는 하지만 상호 배타적이지는 않다. 사실 조력자는 협상이 진행됨에 따라 이 세 가지 기법 사이를 넘나들며 유용한 점을 취할 수 있다. 다만 아래에서는 각각의 기법이 갖고 있는 특징들을 명확하게 설명하기 위해 개별적으로 논의하도록 한다.

일반적으로, 적절한 능력을 가진 중립자를 선택하는 것이 도움이 될 수만 있다면, 갈등당사자들은 자신들이 어떤 형식의 도움을 원하는지 미리 결정을 해 두어야 한다. 갈등당사자들이 해야 할 첫 번째 질문은 "상대방과 함께 효과적으로 갈등을 해소하기 위해서는 어느 정도의 도움이 필요할까?" 하는 것이다. 다시 말하면, "우리가 만족할 만한 결론을 도출하기 위해서 협상과정 관리에 어느 정도의 도움이 필요할까?"라는 것이다. 여기에서 과정(process)이라는 단어가 핵심이다. 회의촉진, 조정, 비구속적 중재가 조력자에게 부여하는 과정관리 책임은 정도에 차이가 있다. 모든 협상에서, 과정관리 책임문제는 매우 중요하다. 이상적으로는 갈등당사자들이 갈등해소과정에 대한 통제를 가능하면 많이 갖는 것이다. 그렇게만 된다면, 갈등당사자들은 자신들이 지지하는 합의를 도출할 가능성이 높아질 것이다.

바로 이 점이 우리가 지원 없는 협상을 첫 번째로 강조한 이유이다. 갈등당사자들이 갈등해소 노력의 과정과 내용 모두에 대한 완전한 통제권을 갖는 것이 최선이라고 생각한다. 그러나 지원 없는 협상이 실패하거나, 문제가 도움이 없이는 해소하기에 너무 복잡한 경우, 갈등당사자들은 이용가능한 여러 유형의 도움을 고려해야 한다.

이미 언급한 것처럼, 여기에서는 회의촉진, 조정, 그리고 비구속적 중재에만 한정하여 논의와 소개를 하기로 한다. 즉, 네 번째 기법인 구속적 중재(binding arbitration)는 논의에 포함하지 않기로 한다. 배분적 갈등에 구속적 중재를 사용하지 말자는 강력한 주장은 법률적인 이유 때문이다. 많은 경우, 공무원들은 중재자들에게 자신들의 공식적 권한을 위임하도록 허용되지 않는다. 따라서 구속적 중재의 적용은 매우 제한적이다. 더 중요하게는 갈등당사자가 자신들의 차이를 다룰 수 있고 또 그래야만 한다는 것이 우리의 신념이기 때문이다. 갈등당사자들 스스로가 그럴 수만 있다면, 자신들의 어려움의 근원을 직접 대면하여 서로 간의 관계를 개선시킬 수 있을 것이다. 의사결정의 책임을 외부자에게 넘겨 근원적인 갈등이 해소되는 일은 좀처럼 없기 때문이다.

회의촉진

회의촉진은 가장 간단한 형태의 지원 있는 협상(assited negotiation)이다. 여기서 회의촉진자는 거의 전적으로 과정에만 집중하며, 회의장소와 시간을 관리하고, 회의장의 배치를 감독하고, 회의록과 의사록을 보관한다. 일반적으로 이해당사자들이 많은 경우 회의촉진자는 가끔 조정자의 역할을 수행한다.

그러나 조정자의 역할일지라도, 회의촉진자는 자신의 생각을 스스럼없이 표출하지는 않는다. 대신, 회의촉진자는 대화의 질을 모니터하고 당사자들의 이해를 높이기 위한 질문을 함으로써 개입할 뿐이다. 회의촉진자는 "서로의 말씀을 듣고 계신가요?"라는 질문을 할 수 있다. "제가 여러분의 말씀을 기록하고 있는데요, 서로에게 무엇이 중요한지 파악하고 계신가요? 당신이 진짜 걱정하는 바를 다시 말씀하시죠. 그래야 다른 분들도 그 문제에 관심을 가질 수 있죠?"

이렇게 말하면 회의촉진자가 논의 이슈의 내용까지 다루는 것 같지만, 회의촉진자가 강조하는 것은 의사소통 측면에 관한 것이다. 회의촉진자는 갈등당사자들이 함께 문제를 풀 수 있는 환경을 조성하고 장려할 수 있는 모든 수단을 활용한다. 또한 회의촉진자는 갈등당사자들의 감정을 쉽게 표현할 수 있는 분위기를 만들도록 노력한다.

회의촉진자는 협상 현장에서 단서를 잡아 회의 때마다 임기응변을 발휘하여야 한다. 우리가 초반부에 논의했던 두 사례를 다시 살펴봄으로써 회의촉진자의 임기응변적 활동뿐만 아니라 일반적이고 통상적 활동들도 잘 알 수 있다. 리버엔드 사례와 다이옥신 갈등사례가 그것이다.

리버엔드 사례에서의 회의촉진

리버엔드 협상은 참여자들이 2주마다 한 번씩 밤에 만나 회의를 14개월간 진행하였다. 회의는 리버엔드 지역에 있는 주정부기관의 현장사무소에서 열렸다. 모든 회의 일정이 지역신문에 공개되었기 때문에 참석자는 25명 이하로 떨어진 적은 거의 없었고, 항상 참관자와 기자들도 참여하였다. 협상참석자들은 시작하면서 공식적인 투표는 하지 않으며, 전통적인 회의진행 방식(Robert's *Rules of Order*)에 따르기보다는 비공식적인 절차를 사용하기로 하였다. 회의촉진자 엘리엇 로렌스는 모든 회의 위원장을 맡기로 하였고, 장소와 토론주제를 정하고, 과정 관리에 필요한 기타 임무를 담당하기로 하였다.

적극적으로 참여하는 그룹에는 엔지니어, 조경사, 환경과학자들이 포함되어 있었다. 이들 모두는 협상그룹을 지원하기 위해 주정부가 구성한 주정부 공무원이나 컨설턴트들과 수준이 같거나 더 좋은 배경과 전문성을 갖고 있었다. 주민대표자들은 홍수패턴, 물의 흐름, 소음수준, 그리고 야생동물 서식지 등에 관해 직접 얻은 폭넓은 정보를 갖고 있었다. 이 때문에, 시민대표자들은 특정 자료나 분석기술이 너무 복잡해 이해하기 힘들 것이라는 주장에 기죽지 않았다. 이들은 컨설턴트들이 작성한 보고서, 참고자료, 서류들을 꼼꼼히 살펴보고 최초의 추정치, 예측치, 그리고 환경영향평가 등의 장단점에 대해 장시간 동안 토론을 벌였다.

이 협상을 통해 최고의 아이디어는 준비된 마음에서 나온다는 교훈을 확인할 수 있었다. 개별 이해관계자들은 제시된 사업의 구체적인 사항을 이해하고 개개 이해관계자 그룹의 우선순위에 대하여 익숙해진 후에야 합의가 도출될 수 있었다. 따라서 사전준비는 매우 중요했으며, 회의촉진자 로렌스는 협상그룹의 이해를 높이기 위해 다음의 다섯 가지 기법을 활용하였다.

① 집중문제해결 워크숍(charettes)
② 여론조사와 비공식적 의사타진
③ 브레인스토밍 회의
④ 역할놀이
⑤ 집단 이미지 형성

집중문제해결 워크숍은 주택가를 통과하는 전차궤도의 노선대안 등과 같은 세부 사항들을 탐색하기 위해 활용되었다. 협상참여자들은 커다란 지도 위에 가장 바람직한 노선과 정류소 위치를 표시하였다. 참여자들은 개별적으로 또는 연대하여 각자의 지도를 제출하면서 자신의 제안에 대한 설명도 덧붙였다. 이후 나머지 참여자들은 자신들의 우려사항을 제기하였고 기술적 제약 등에 대한 문제점들도 지적하였다.

회의가 개최되지 않는 기간에는 회의촉진자 로렌스가 갈등 핵심사항을 분명하게 인식시키기 위한 질문지를 참여자들에게 보내 응답하여 돌려보내 줄 것을 요청하였다. 예를 들어, 여러 주차장 건물규모의 장단점에 대해 상세히 열거한 다지선다형 문항으로 구성된 조사를 통해 토론의 범위를 좁혀 나갔고, 참여자들의 겉으로 드러난 공식적 입장보다 더 넓은 합의영역이 있음을 알아내었다. 이러한 조사결과를 통해 길어질 수 있었던 토론이 필요 없어졌고, 모든 사람들이 만족할 수 있도록 의제를 더욱 정교하게 하였다.

브레인스토밍 회의는 디자인 대안을 추가적으로 도출하고 또한 참여자들이 혼란스워하는 이슈들을 파악하기 위해 사용되었다. 예를 들어, 새로운 차도와 램프의 디자인을 도출하기 위한 초기 시도를 통해 많은 참여자들이 앞서 프레젠테이션을 받았지만 등급, 경사, 그리고 토양 유형 등에 의한 제약사항들을 명확히 이해하지 못하고 있음을 알 수 있었다. 그 결과, 회의촉진자는 전체 그룹이 모두 수용하는 외부 전문가 추가 프레젠테이션 스케줄을 잡았다.

역할극(role-playing exercises)을 통해 갈등당사자들의 입장을 바꾸어 보도록 유도하여 상대방의 관점을 존중하고 이해할 수 있도록 하였다. 예를 들어, 가장 적극적인 개발업자들은 환경론자들과 짝을 지어 차도 디자인 대안에 의한 예상되는 환경영향을 검토하도록 하였다. 마찬가지로 환경론자들에게는 민간투자 수익을 최대화하고 주도(州都)의 세수를 증대시킬 수 있는 방안을 찾도록 하였다.

끝으로, 도로변 빈 공간의 단장에 관해 참가자들의 생각을 구하기 위해, 협상그룹은 전국의 여러 지역으로부터 구한 공원과 도로변 조경, 조명, 그리고 보행자 도로 등에 관한 컬러 슬라이드를 검토하였다. 이러한 검토를 통해 협상그룹은 미관에 대한 자신들의 관심사항을 명확히 파악할 수 있었다. 이 집단 이미지 형성 과정을 통해 얻은 가장 흥미로운 결과는 리버엔드 예정지 위에 건설될 일부 차고지를 포함해 여러 차고지 슬라이드를 검토한 후에 거의 모든 사람들은 주정부가 처음에 제안한 차고지 규모는 매우 부적절하다는 데 동의하였다는 점이다.

여러 회의를 거쳐 우려사항들을 밝혀내고 차이점들을 파악함에 따라, 회의촉진자 로렌스는 협상대표들이 모두 수용할 수 있는 협상패키지를 만들 수 있도록 하는 방법을 모색하였다. 로렌스는 소위원회를 구성하여 광역대중교통시설공단의 제안이 야기할 문제점이나 부정적 영향보다는 기회라는 관점에 대해 생각하도록 하였다. 로렌스의 제안에 따라, 소위원회는 가장 열렬한 환경주의자인 호스트 세이볼트를 위원장으로 임명하고 '리니어 파크 소위원회'로 명명하였다. 이 소위원회는 빈 공간들을 연결하고, 자동차의 영향을 완화시키며, 보행자들에게 쾌적한 분위기를 제공할 수 있도록 도로변을 따라 공원 같은 조경을 할 것을 제안하였다. 다른 환경주의자들도 이 제안이 신설되는 교통시설들이 친인간적 규모여야 한다는 바람을 실현시켜 주고, 지역의 시각적 경관을 좋게 해 줄 것이라고 생각하여 지지해 주었다. 이러한 계획은 연방정부와 주정부의 교통관련 예산을 가져와 추가적으로 레저 공간과 빈 공터를 만들고, 보행자 도로와 자전거 도로를 개선하고, 오래전에 사라진 도로변의 공원 같은 분위기를 회복시킬 수 있는 자금으로 활용할 가능성도 갖고 있었다.

리니어 파크 소위원회는 로렌스가 소개해 준 컨설턴트의 도움을 받아 전체회의에서 상세계획안을 준비하고 발표하였다. 협상대표 중 개발업자들은 선형공원(linear park) 개념이 상업투자와 새로운 고객의 유치에 경쟁력을 발휘할 것이라고 찬성하였다. 조경과 토지매입은 새로운 지하철역과 차고지 건설을 방해하기보다는 보완할 것이라고 예상하였다.

선형공원 개념이 부각된 이유는 환경주의자들이 주정부와 광역행정기관에서 제안한 대부분의 대안들에 불만족스러웠기 때문이다. 주정부의 제안은 새로운 프로젝트의 핵심 목적이 광역교통정류소를 만들어 경제활성화를 도모하는 데 있었다. 즉, 환경의 효과적인 개선은 정부의 중요 목표가 아니었다.

환경주의자들은 처음부터 자신들은 어쩔 수 없이 건설 불가 대안을 선택할 수밖에 없다고 생각하여 반대운동을 전개하였다. 이들은 즉각 사업진행을 방해하고 계획 노력을 방해하며, 주민들의 정당한 경제적 이해를 좌절시키고 있다고 비난받았다. 즉, 환경주의자들은 매우 불편한 입장에 놓이게 되었다. 더욱이 건설 대안이 이들에게 추가적인 협상 여지를 줄 수 있음을 인식하게 되었다. 비록 법원을 통해 전체 프로젝트를 저지할 것이라고 여러 번 위협도 했지만, 환경주의자들은 결국 환경을 개선하기 위해서 지하철 노선연장 계획을 이용하기로 결정하였다. 왜 그랬을까? 환경주의자들은 중요한 깨달음을 얻었기 때문이다. 오랜 법정 소송을 통한 어떠한 결과도 수십 년간의 무관심과 무계획적 개발 때문에 초래된 리버엔드의 침체를 되돌릴 수 없으리라는 점이었다.

리버엔드는 아주 좋은 회의촉진기법의 모델이다. 회의촉진자가 설계하고 관리한 활동들을 통해, 이해관계자들은 교환가능한 항목들을 인식하기 시작하였다. 거의 모든 그룹이 적어도 부분적으로라도 이익을 얻을 수 있는 선형공원 개념의 등장으로 합의형성 접근법의 가능성에 회의적이었던 사람들까지도 설득할 수 있었다. 회의 때마다 효과적으로 의사소통을 할 수 있도록 관리하고 협상참가자들의 시간을 조정할 수 있도록 도와줌으로써, 로렌스는 공동문제의 해결이 가능하도록 분위기를 조성하였다. 중요한 점은 로렌스는 어떠한 제안도 하지 않았다는 것이다. 로렌스는 회의와 회의 사이에 이해당사자들을 비공식적으로 만나지도 않았다. 협상테이블에서 상이한 이해를 가진 집단 중간에서 비밀 메시지를 전달하는 역할도 하지 않았다. 로렌스는 당사자들의 합의문 작성도 돕지 않았으며, 합의이행계획 설계도 돕지 않았다. 로렌스는 기본적으로 협상그룹의 대화를 관리만 했을 뿐이었지만 협상참가자들은 결론에 도달할 즈음 다른 방식보다 자신들이 더 공정하고, 더 안정적이며, 더 효과적이고, 더 현명한 합의안을 도출했다고 생각하게 되었다.

다이옥신 갈등사례에서의 회의촉진

다이옥신 갈등사례의 회의촉진자 진 맥거니(Gene McGerny) 박사가 연방해군공창에 자원회수시설 건설계획안과 관련한 위험에 대해 의견을 달리하는 과학자와 기술자들을 한자리에 모아 줄 것을 요청받은 사실을 기억할 것이다. 시의회 의원 (또는 의원의 대리인)의 대부분은 청중으로 참가하고 있었다. 이들은 회의장에 소집되어 앉아 있는 전문가들을 바라보고 있었다. 브라운스톤 지역의 주민들을 포함하여 약 30명의 주민과 환경단체 그룹들도 참관하고 있었다.

맥거니 박사는 회의가 시작되기 전에 시의회 의원들이 가장 우려하는 사항들을 적어 목록을 만들 수 있도록 하였다. 시의원들로부터 받은 문제점들은 세 개의 주제로 쉽사리 구분되었다. 즉, 다이옥신 위험의 특성, 다이옥신 위험을 줄이거나 제거할 수 있는 가능성, 건강에 미치는 다이옥신 배출가스의 영향 등이다. 첫 번째 문제점들은 환경과학자들에게 배정되었고, 두 번째 문제점들은 기계공학자들이, 세 번째 문제점들은 의사와 공중보건 전문가들이 담당하도록 하였다. 맥거니 박사는 전문가 패널을 균형 있게 구성할 수 있도록 특별히 신중을 기하였다. 아직까지 어떤 참여자들도 시의회가 제기한 문제점들에 대해 공식적인 입장을 내놓기 전이었다.

맥거니 박사는 첫 번째 문제점들을 한 가지씩 과학자 패널들에게 배당함으로써, 자신이 특정 입장을 취하고 있다는 인상을 주지 않으려고 하였다. 개개 전문가 패널들은 각각의 질문에 답을 할 수 있도록 필요한 시간을 충분하게 사용하였다. 전문가 패널들은 서로에게 질문하고 다른 사람의 말에 견해를 밝힐 기회도 가졌다. 시의회 의원들은 맥거니 박사를 통해 추가 질문을 할 수 있는 기회를 주었다. 과학자들 간의 대화가 지나치게 기술적인 표현으로 흘러갈 때마다 맥거니 박사는 대화에 끼어들어 '평이한 표현'을 사용해 줄 것을 환기시켰다.

다이옥신의 특성과 발생원인에 관한 첫 번째 패널이 끝나자, 두 개의 서로 다른 견해가 있음을 알 수 있었다. 한쪽에서는 다이옥신은 플라스틱과 종이를 동시에 소각할 때 발생하는 자연스럽고 불가피한 부산물이라고 강력히 주장하고 있었다(첫 번째 회의에 참가했던 생태학 교수인 래시터에 의해 널리 알려진 이론임). 다른 쪽에서는 그러한 견해에 문제를 제기하고, 다이옥신과 그에 따른 위험은 적절한 소각을 통해 전적으로 제거될 수 있다고 주장하였다.

다이옥신 위험의 통제가능성에 대해 조사한 두 번째 패널이 끝났을 무렵, 역시 상충되는 견해들이 나타났다. 한 기술자 그룹은 충분히 높은 온도에서 쓰레기를 태우고, 동시에 산소용존량을 통제함으로써 다이옥신 배출가스가 모두 제거될 수 있다고 생각하고 있었다. 즉, 아무리 적은 양의 다이옥신이 남아 있어도, 필터에 의해 걸러져 촉매제로 제거될 수 있다는 것이었다. 그러나 다른 기술자들은 다른 지역 자원회수시설에서 얻은 데이터를 기초로 하여, 높은 온도, 산소흐름 통제, 필터와 촉매 등을 동원함에도 불구하고 상당히 많은 양의 다이옥신이 배출될 수 있다고 주장하였다.

공기 중의 다이옥신에 노출된 사람에게 미치는 위험의 특징에 대해서도 보건전문가들 사이에서 의견이 상충되었다. 사람에게 미치는 다이옥신의 영향을 실험실에서 쥐를 통해 얻은 결과를 바탕으로 추론하는 것이 타당한지에 대해서 서로 의견이 엇갈렸다. 양측은 자원회수시설에서 안전하지 않은 다이옥신 가스가 배출될 수 있는 여러 사건 모델들을 설정하였다. 한 모델에서는 여름철에 자원회수시설이 고장나는 사건에 따른 파급현상을 가정하였다. 즉, 다이옥신 배출가스가 열려져 있는 창문을 통해 가정으로 흘러들어가 마루나 창틀에 내려앉는다면, 결과적으로 다이옥신이 사람의 손을 통해 인체 내로 흡수될 수 있다는 가정을 하고 있었다.

전문가 패널들이 대화를 하는 동안, 회의촉진자는 회의장 앞쪽에 설치되어 있는 커다란 종이판에 전문가들의 주장을 일목요연하게 정리하였다. 종이가 다 채워지면, 회의촉진자는 종이판을 떼어내 벽에다 붙였다. 곧 벽면 전체가 전문가들의 주장이 적힌 종이로 가득 채워졌다. 맥거니 박사는 자기가 전문가들이 중요하다고 생각하는 쟁점들을 정확하게 기록하고 있는지 전문가들과 함께 거듭 확인하였다. 이러한 다소 피곤한 과정을 거의 8시간 동안 계속했지만, 어떤 패턴이 나타나기 시작함에 따라 이러한 과정이 매우 유용한 시간임을 알 수 있었다.

예를 들어, 한쪽은 다른 쪽이 부적절한 선례를 사용하고 있다는 주장을 폈는데, 이러한 일부의 의견 상충은 서로 다른 데이터 세트를 기반하고 있음에 따라 발생하였다. 또한 심지어 기술자들은 기존 자원회수시설이 해군공창에 건설하려는 자원회수시설과 비교할 수 있을 만큼 충분히 유사한 설계인지에 대해서조차 의견대립을 보였다.

두 번째 갈등은 전문가들이 자신들의 질문을 서로 다른 방식으로 설정하면서 발생하였다. 예를 들어, 한 건강영향 전문가는 "위험한 정도의 다이옥신의 양이 외부 환경으로 빠져나올 가능성이 있습니까?"라는 질문에 대해서 "예."라고 대답하였다. 그러나 이에 반대하는 전문가는 다른 질문인 "위험한 정도의 다이옥신의 양이 빠져나올 수 있을까요?"라는 질문에 대하여 "아니요."라고 대답하였다. 이에 회의촉진자가 재차 확인하자, 첫 번째 전문가는 다이옥신 누출로 암에 걸릴 가능성은 비흡연자가 흡연자와 살면서 암에 걸릴 확률보다 낮다는 데 동의하였다. 반면, 두 전문가는 다량의 다이옥신이 공기 중으로 누출된다면 도심지역의 암 발병률이 상당히 높아질 것이라는 점에는 모두 동의하였다.

그러나 가장 중요한 논란의 원천은 이러한 과학적이고 기술적이며 역학적인 차이에 기인하고 있지 않았다. 알고 보니, 한쪽은 '최악의 상황' 시나리오를 상정한 반면, 다른 쪽은 '발생가능성이 가장 높은 상황'에 기초하고 있었기 때문에 의견불일치가 발생하였다. 사실(facts), 즉 논란의 기본적인 과학에 대한 근본적인 의견불일치는 실제로 분석방법의 선택에 대한 의견차이에 있었음이 곧 밝혀졌다.(이 사례에서 주정부가 제시한 다이옥신 배출기준이 합리적이라고 모두가 동의하였다는 점에 주목해야 한다.)

토론회의에서 다소 열띤 공방이 있었지만, 토론은 질서정연하게 진행되었다. 전문가들의 발표를 모두 청취한 후, 시의회는 대안들을 고심해야 했다. 그러나 먼저, 이 사업을 반대하고 있는 래시터 교수가 맥거니 박사의 재촉을 받고 표면상으로 대단한 양보를 하였다. 래시터 교수는 ① 세심하고 정기적인 다이옥신 모니터링 절차를 채택하고, ② 민간건설업자는 만일 주정부 기준이 허용하는 것보다 많은 다이옥신이 배출된다면 시설을 영구히 폐쇄할 의사가 있음을 계약서에 명기하며, ③ 시설에 의해 발생하는 모든 사건과 사고에 대한 법적 책임은 시정부 또는 민간건설업자가 부담할 것을 시정부가 약속한다면 예비 자원회수시설 건설을 지지할 것이라고 밝혔다.

래시터 교수는 어떤 민간건설업자도 그렇게 강한 조건 하에서는 시설 건설에 나서지 않을 것으로 생각했던 것으로 보인다. 그러나 위생국(Deparment of Sanitation)이 제시된 조건들을 기꺼이 수용하겠다고 즉각 표명하자, 래시터 교수는 눈에 띌 정도로 놀랐다. 그러나 이러한 적극적인 수용자세는 그렇게 놀랄 만한 것이 아니었다. 시 측의 입장에서는 자원회수시설이 합의된 주정부의 기준을 충족시키지 못한다면 인가해 줄 수 없는 일이었다. 이러한 점에서 경쟁하는 이해관계자들은 위험 가능성에 대해 다각도로 평가를 계속하였기 때문에 합의가 가능하였다. 래시터 교수의 입장에서는 상당한 양의 다이옥신 배출 위험이 높으며, 어떠한 민간업자도 시설폐쇄와 법적 책임이라는 양날의 칼을 수용하지 않을 것이라고 생각했다. 반면, 시 측은 다이옥신 통제기술은 매우 효과적인 것으로 이미 입증되었다고 확신했고, 또한 주정부 기준을 충족시킬 수 있는 시설을 건설할 의지가 있는 건설업자를 찾았으므로 아무런 문제가 없을 것이라고 확신했다. 따라서 시 측은 재정적인 위험은 작다고 보았다. 비록 이해당사자들 사이에서 여전히 다이옥신 위험의 특성에 대해 의견불일치를 보였지만, 이들의 의견차이를 잘 이용함으로써 어떻게 상황을 타개할지에 대해 합의할 수 있었다.

이 갈등사례에서 회의촉진자는 이해당사자들과 개별적으로 만나는데 거의 또는 전혀 시간을 쓰지 않았다. 대신 맥거니는 자신의 에너지 대부분을 회의가 성사될 수 있도록 하는 데 집중하였다. 그는 의견차이의 원인과 본질을 명확하게 부각시킬 수 있었고, 무슨 말이 오가는지를 모두가 확실히 이해할 수 있도록 노력하였다. 끝으로, 회의촉진자는 실질적인 합의사항을 도출하는 데는 거의 아무런 노력을 하지 않았다. 대신, 맥거니 박사는 원칙에 입각해 합의를 도출하는 데 집중하였다.

회의촉진: 요약

회의촉진은 가장 간단한 지원기반 협상의 형태이기 때문에, 그리고 회의촉진자 자신을 절차적 문제에만 제한시키기 때문에, 회의촉진자의 역할은 미미하게 보일 수 있다. 하지만 그렇지 않다. 회의촉진자는 불가능할지도 모르는 협상과정을 가능하게 한다. 갈등당사자들이 자기가 먼저 상대에게 전화를 걸어 대화하려고 하지 않는 상황을 생각해 보라. (우리는 초조하게 보이고 싶지 않아요. 저쪽이 우리에게 전화를 걸어올 때까지 기다립시다.) 분명히, 지원 없는 협상은 이러한 상황에서 성공은커녕 시작되지도 못할 것이다. 다른 사례에서도, 하나 또는 그 이상의 당사자들이 만일 협상테이블에 나설 때 협상내용에 대한 통제권을 일정부분이라도 포기해야 한다면 자신들은 결코 협상테이블에 나서지 않을 것임을 분명히 하였다. 회의촉진자는 이러한 상황에서도 가능하지 않았을 협상을 가능하게 한다.

협상이 시작되어 잘 진행되고 있을 때라도 회의촉진자는 중요한 역할을 할 수 있다. 예를 들어, 갈등당사자 한 사람이 진짜로 또는 상상으로 모욕감을 느껴 대화절차를 박차고 나간다면 어떻게 될까? 회의촉진자가 없다면, 협상은 쉽게 중단될 것이다. 그러나 회의촉진자가 있다면, 상황이 개선되어 다시 협상을 시작할 수 있다. "제가 상대편과 개인적으로 만나 이야기해 보겠습니다."라고 회의촉진자가 문제를 제기하는 쪽에게 이야기할 수 있다. "제가 여러분의 관점에서는 그들이 비합리적이라는 것을 스스로 깨달을 수 있도록 해 보겠습니다."라고 설득할 수도 있다.

요약하면, 회의촉진은 갈등당사자들이 도움을 필요로 하는 경우에, 그러나 그 도움이 당사자들의 논의를 집중시키거나 조정하는 데 국한되기를 원하는 경우에 요청된다. 회의촉진자는 모든 협상당사자들이 원하는 대로만 역할을 한다. 모든 당사자들이 함께 회의촉진자를 선택해야 하지만, 각각의 그룹은 회의촉진자가 편파적이거나 역량이 부족하거나 혹은 어떻든 만족스럽지 못하면 해고할 권리를 갖고 있다. 역량 있는 과정관리자로서의 회의촉진자는 대화가 유용한 방향으로 나가는 데 필요하다면 어떠한 절차적 단계라도 취한다.

조정

조정은 결론도출에 대한 당사자들의 통제권을 제약하지 않으면서 중립자의 실질적인 개입을 강화시킨 것이다. 조정기제에서 조력자는 갈등당사자들과 비밀접촉을 적극적으로 할 수 있다. 어떤 갈등들은 너무 복잡하여 지원 없는 협상이 적당하지 않은 것과 같이, 어떤 갈등들은 너무 엄청나서 회의촉진이 적당하지 않을 수 있다. 그러한 경우에, 갈등당사자들은 자신들이 외부의 중립자로부터 더 많은 도움을 필요로 할 것인가를 미리 결정해야 한다.

갈등당사자들은 회의촉진으로 시작하여 아무런 진전도 이루어 내지 못하거나 진전이 너무 느리다고 생각할 수 있다. 또는 단순히, 갈등당사자들이 같은 방에 함께 앉는 것이 불편할 수도 있다. 당사자들이 공식적으로 취하고 있는 '강경입장'으로 인해 실질적인 주고받기가 어려울 수도 있다. 이러한 경우라면, 갈등당사자들은 대안을 발굴하고 제시해야 할 자신들의 책임을 덜어 줄 누군가를 필요로 한다. 갈등당사자들이 "우리는 도움이 필요하다. 그것은 우리는 의사소통을 촉진하고 회의를 조정하는 것 이상의 역할을 하는 사람이 필요하다는 뜻이다."라고 결론을 내릴 수 있다.

당사자들과의 성공적인 개별면담을 통해, 중립자는 갈등당사자들이 우려하는 이슈들을 충분히 파악할 수 있어야 한다. 갈등당사자들 간의 비밀 메시지 전달도 조정자의 중요한 기능 중 하나이다. 조정자는 갈등당사자들이 제로섬 사고방식에서 통합적 협상틀로 인식을 전환할 수 있도록 돕는 역할을 한다. 협상과정 초기에, 비공개 개별면담은 갈등당사자들이 갖고 있는 실질적 이해관계와 당사자들이 자신들의 배트나(BATNAs)를 계산하는 방식을 이해하는 데 매우 중요하다. 솔직한 교환을 보장하기 위해서, 조정자는 비밀보장 약속을 준수해야 한다.

이러한 개별면담을 통해 얻은 내부 지식에 의해, 조정자는 어떤 것이 교환가능하고 가능하지 않은지 이해할 수 있는 입장에 서게 된다. 조정자는 이해당사자들 사이를 왕래하면서 이들의 의사를 타진해 볼 수 있다. 앞서 언급했듯이, 조정자는 "만일 A그룹이 이것을 제안하고 B그룹이 저것을 제안하면, 여러분은 여러분이 생각하는 것보다 훨씬 서로가 근접해 있음을 알 수 있지 않을까 생각합니다."라는 말로 회의를 시작하도록 한다.

조정자는 당사자들이 도출하는 합의내용에 대한 커다란 책임을 지지만, 그래도 여전히 중립성을 유지해야 한다. 다시 말해, 조정자는 무엇이 '최고'인지에 대한 자신의 생각을 드러내지 않아야 하고, 대신 갈등당사자들이 생각하는 성공의 척도에 주목하여야 한다. 많은 전문 조정자들도 이러한 역할에 어려움을 겪는다. 대다수의 조정자들은 갈등내용에 대한 폭넓은 지식을 갖고 있다. 즉, 조정자들은 이러한 지식을 바탕으로 무엇이 통하고 통하지 않을지에 대해 개인적인 생각을 가질 수 있다는 뜻이다. 또한 이전의 조정경험을 바탕으로 조정자들은 과거에 성공했던 해결 방향으로 협상을 몰아가려는 유혹을 느낄 수 있다.

조정자는 자신이 갖고 있는 지식과 경험에 의한 유혹을 이겨내야만 한다. 조정자가 협상에 의한 합의내용에 관해 자기만의 결론을 말하게 되면, 만일 잘못 표현되는 경우 중립성을 훼손하여 파국적인 상황을 초래할 수 있다. 조정자가 특정 결과 쪽으로 편향되어 있다면 겉으로 보기에는 중립적인 개입자로 보이지만 사실은 한쪽 편을 옹호하는 것이며, 거래가격이라는 직접적인 금전적 이해관계를 갖고 있는 부동산 중개업자와 다를 바가 없다. 동시에, 조정자는 조정안에 대한 열의와 지지를 불러일으켜야 한다. 만일 조정자가 갈등당사자들이 미온적으로 조정안을 지지하는 방향으로 협상을 몰아간다면, 이후 합의안 이행이 어렵게 될 수 있다.

협상을 통한 합의에는 조정자라면 기꺼이 책임을 져야 하는 특질들이 있다. 예를 들어, 도출된 결과가 공정하다는 인식은 당사자들만큼이나 조정자의 책임이기도 하다. 만일 조정자가 결과적으로 절차를 공정하지 못한 것으로 인식되도록 내버려두고, 갈등당사자들에게 다른 더 적절한 절차를 고려하도록 촉구하지도 않는다면, 그 조정자는 신뢰할 만한 일을 이루어 내지 못할 것이다. 그러나 이는 다분히 개입주의적 태도인데, 우려를 제기한다고 해서 갈등당사자 간의 조정이 성공한다는 것을 보장하는 것은 아니기 때문이다. (조정이 실패하면, 당연히 조정자는 협상에 잔류할지의 여부를 결정해야 한다.) 조정자에 대한 장기적인 신뢰성은 모든 갈등당사자들의 이해를 충족하기 위해 가능한 모든 노력을 정말로 다했는지에 달려 있다. 만일 조정안이 편파적이거나 실행가능성이 없다면, 조정자는 그 조정안의 타당성에 대해 문제를 제기해야 할 의무가 있다. 조정자는 이후의 이행가능성 아니면 공정성에 대한 우려를 언급함으로써, 조정안에 '의문을 제기'해야 한다.

책임공유란 조정자가 당사자들의 우려사항을 제기하는 것을 의미한다. 그러나 협상조건들을 좌우하거나, 자신을 효과적으로 표현하는 데 어려움을 겪는 특정 이해당사자들을 대표하거나 하는 것이 조정자의 역할은 아니다. 갈등당사자 간이든 갈등당사자와 '외부' 이해관계자 간이든 충돌이 발생하는 경우, 조정자가 "당신이 무엇을 해야 하는지 알려 드리겠습니다."라고 말하는 일은 좀처럼 없다. 그대신 조정자는 이렇게 말하는 것이 보통이다. "우리가 밟아 온 과정을 되돌아보고 각각의 목적에 모두가 더 가까워지게 되는 것을 찾아볼까요? 지금까지 우리가 찾아낸 것에 대해 외부 사람들이 어떻게 생각할지에 대해 말씀드리겠습니다. 그러나 저의 소임은 여러분들의 것인 합의에 도달할 수 있도록 돕는 것입니다."

제3장에서 소개한 세 개의 사례—어업권 갈등, 하몬 카운티 하수정화 갈등, 그리고 사회복지서비스 포괄보조금 배분 우선순위 갈등—는 조정자의 도움을 받아 해소되었다. 이들 사례의 상황이 서로 달랐고, 그래서 서로 다른 조정접근법이 필요했다. 그럼에도 불구하고, 이들 세 사례를 통해 조정의 장점을 분명하게 알 수 있다.

어업권 갈등사례에서의 조정

이스트먼 판사는 갈등당사자들에게 자신이 파악한 12명의 조정자 후보 중 한 사람을 선정할 것을 요청했다. (판사는 갈등당사자들이 스스로 선정한 사람과 일을 더 잘할 수 있을 것으로 생각했다.) 갈등당사자들은 연방정부와 주정부가 지원하는 기금으로 고용된 레슬리 버마스터를 조정자로 선정하였다. 연방정부와 주정부가 각각 10만 달러씩 지원했고, 이 자금을 법원이 조정자에게 (시간급으로) 지급하였고 또한 기술연구도 수행하였다.

버마스터는 갈등당사자들을 파악하는 데 3개월이 걸렸다. 핵심 참여자는 주정부 자연자원성(Department of Natural Resources)의 장관, 주정부 측 변호사, 연방정부 내무성의 부차관, 원주민 측 변호사 등이었다. 버마스터는 처음 몇 달 동안 기술자문팀을 구성하여 총어획량에 관한 새로운 관리정책의 영향에 대해 갈등당사자들에게 자문하도록 하였다. 자문팀에 속한 여러 학문분야의 전문가들은 상세한 호수 생태계 모델을 구축하였다.

본격적인 전체 협상에 앞서, 버마스터는 원주민 부족 간 어획량 배분계획을 협상하기 위해 여러 원주민 부족들을 한자리에 모으기로 결정하였다. 그녀는 원주민들에게 원주민과 주정부 간의 큰 틀의 합의 여부와 관계없이 부족 간에 효력을 발휘할 수 있는 합의의 협상을 요청하였다. 버마스터의 생각에는 원주민 전체가 총어획량의 얼마를 갖게 되더라도 부족 간의 몫을 나눌 방법에 대해 합의할 필요가 있었다. 버마스터는 성공적인 부족 간의 협상을 주정부가 진지하게 협상에 참여하게 할 유인책으로 생각했다. 끝으로, 부족 간 협상은 상대적으로 협상경험이 적은 원주민 측 협상가의 협상기술을 정교하게 할 수 있을 것이라고 생각했다. 버마스터가 관심 있게 바라보는 가운데 부족들은 5일 동안 만났다.

버마스터는 많은 시간을 들여 갈등당사자들이 서로의 입장을 이해할 수 있도록 도와주었다. 그녀는 갈등당사자들이 서로 간에 이야기할 수 없거나 하지 않으려는 것을 어느 정도 그들에게 이야기해 주었다. 버마스터는 구체적인 방안을 찾아내려고 노력하지는 않았다. 그런 방안은 당사자들로부터 나와야 한다고 생각했다. 비교적 짧은 기간 내에, 원주민들은 각 부족에게 호수의 일정 구역을 할당하고, 각 부족이 할당된 구역에서 고기잡이를 할 수 있는 연도의 구체적인 시기도 명기한다는 합의를 도출할 수 있었다.

부족 간의 의견차이가 해소되자, 원주민들은 화이트피시 어획량의 70%를 요구하였고, 나머지 화이트피시와 블루트라우트는 상업적 어부와 스포츠 낚시꾼들에게 허용하였다. 주정부 공무원은 어획량의 배분에 대한 요구를 거절하였다. 대신 주정부 공무원은 호수의 일정 구역에서 고기잡이할 수 있는 권리의 할당을 선호하였다. 이것은 연방정부가 어장관리 비용을 충당하는 데 예상보다 훨씬 많은 예산을 제안했다는 사실을 제외하고는 매우 어려운 문제였다. 사전 합의를 통해, 주정부도 연방정부의 인상된 예산액만큼의 예산을 배정해야 했다. 원주민들은 어장관리를 위한 총예산액이 증가함에 따라 총어획량이 증가할 것이고, 따라서 엄격한 어획량 배분은 불필요할 것으로 확신했다.

합의 내용을 간단히 말하면 호수를 원주민의 고기잡이 구역, 상업용 고기잡이 구역, 그리고 레저용 고기잡이 구역으로 나누는 것이었다. 여러 개의 블루트라우트 보호구역이 설정되었고, 어느 누구도 접근이 금지되었다. 연방정부와 주정부의 기금은 생태 모니터링 시스템과 새로운 어장관리 프로그램에 배정되었다. 2000년까지 15년간 효력을 갖는 합의사항의 이행방법도 협상되었다. 3개의 합동위원회가 설립되었는데, 하나는 어장을 모니터하고, 또 하나는 자원관리 방안을 결정하고, 나머지 하나는 갈등관리를 담당하도록 하였다

합의문 초안을 작성하는 데 많은 시간이 걸렸지만, 최종 합의문은 이틀간의 회의에서 완성되었다. 밤을 지새며 갈등당사자들은 최종 초안을 거의 완성하였으나 동이 틀 무렵 난항을 겪었다. 협상테이블의 모두가 지쳐 있었고 신경이 예민해져 있었다. 그럼에도 불구하고, 버마스터는 갈등당사자들에게 한두 시간 동안의 휴식을 허락하면 그때까지 도출한 아슬아슬한 합의가 깨질 것을 염려하였다. 그녀는 예측했던 위험을 무릅썼다. 핵심 이해당사자들을 따로 비공개 회의실로 불러, 문을 잠그고 거짓으로 짜증을 내었다. 그녀는 핵심 당사자들에게 빨리 협상을 종결짓지 않으면 합의는 무산될 수도 있다고 퉁명스레 말했다. 실제로 그녀는 그들이 바로 여기에서 합의하기를 정말로 원하는지 결정하라고 촉구했다. 그리고 그녀는 방을 나왔다. 그녀의 계략은 통했다. 갈등당사자들은 서둘러 최종 초안문에 합의하였다.

버마스터가 내린 몇몇 전략적 선택들은 성공적이었다. 그녀는 의제를 형성하고 구체적인 대안을 도출하는 데 지나친 개입을 하지 않기로 결심하였다. 그녀는 갈등당사자들에게 '항구적으로' 지속되는 합의가 아닌 15년간의 합의라는 점에서 생각할 것을 촉구하였다. 만일 협상에서 실수를 할지라도, 재협상의 기회는 있을 것이기 때문에 갈등당사자들은 압박감을 덜 수 있었다. 그녀는 또한 호수를 구역으로 나누기 때문에 승패 상황이 아니라 모두에게 이득이 되는 기회가 될 수 있음을 환기시켰다.

앞에서 말한 것처럼 그녀는 먼저 원주민들을 만나 부족 간 합의를 도출하였고, 그 결과 주정부가 협상테이블에 나올 수 있었다. 버마스

터는 당사자들의 변호사가 아닌 당사자들과 직접 상대하기로 결정하였다. (변호사들은 나중에 갈등당사자들이 서로에게 약속한 사항에 관한 문서작업을 담당하였다.) 결국 그녀는 갈등당사자들 서로에 대해 이해를 높이는데 집중하였다. 그녀의 적극적인 개입을 통해, 갈등당사자들은 이슈들을 재정립하고, 새로운 정보를 생산·공유하고, 신뢰부족에도 불구하고 함께 작업할 수 있도록 하는 절차를 만들어 낼 수 있었다.

무엇보다 버마스터는 원론적인 합의도출에 집중하였고, 이행전략의 수립은 차후에 처리할 수 있을 것으로 생각했다. 그러나 이런 생각이 적중할 수 있었던 이유는 버마스터가 법원의 후원 하에 있는 특별감사로 기능했기 때문이다. 즉, 한 부족이 막바지에 최종 합의조건에 대해 반대하자, 이스트먼 판사는 협상으로 도출된 합의문을 법원이 명령할 것임을 판결하였다. 이에 모든 갈등당사자들이 결국 합의를 하였다.

광역하수처리시설 분쟁사례에서의 조정

론 존스와 그의 현지 조정자들은 팀을 구성하여 모든 당사자들이 수용할 수 있는 비용배분 공식을 찾아달라는 롤렌캠프 판사의 요청을 수행하였다. 처음 몇 달 동안 존스는 39개의 시정부, 하몬 카운티 광역하수처리공단, 랜들사, 주정부, 그리고 카운티 주택건설협회와 같은 여러 이해관계자 등 핵심 이해관계자들을 개인적으로 만나는 일만 하였다. 모든 미팅에서 그는 똑같이 두 개의 질문을 하였다. "공정한 공식이 무엇이라고 생각하십니까? 왜 그렇게 생각하십니까?"

존스는 또한 전기, 가스, 수도 등의 비용배분 분야의 여러 전문가들에게 자문도 구하였다. 그는 새로운 공식에 따라 초래되는 비용부담 결과를 갈등당사자들이 예측하기 위해 컴퓨터 프로그램도 필요했다.

개별적인 미팅이 진행됨에 따라, 조정팀은 갈등당사자들이 표명한 우려사항들을 파악하여 목록을 만들어 나갔다. 하몬 시 측의 가장 중요한 이슈는 비용부담가능성인 반면, 다른 교외지역들과 소규모의 타운들은 공정한 비용배분에 더 관심이 많았다. 하몬 카운티 북부의 지역들은 자기 지역의 하수시스템을 다르게 설계하고 하몬에 있는 중앙하수처리장과는 독립적으로 운영할 수 있기를 원했다. 그렇게 되어야 모두의 돈을 절약할 수 있다고 주장하였다. 끝으로, 많은 지역들이 광역하수처리공단에 대한 강한 불신을 표명하였다.

조정팀은 광역하수처리공단이 제안한 하수시스템의 상세설계를 전문가에게 검토해 줄 것을 요청하였다. 조정팀은 이 하수시스템의 새로운 재정운영 전략에 대해서도 자문을 구하였다. 그러나 조정팀이 이 갈등과 관련되어 있는 기술적 복잡성을 파악하면 할수록 점점 더 수렁에 빠져들게 되었다. 작지만 걱정스러운 문제들을 수많은 사람들이 제기하였다. 예를 들어, 누가 분기별 고지서를 발급할 것인가? 누가 미납 하수고지서에 대해 책임질 것인가?

개발업계에서는 새로운 광역하수시스템이 미래의 지속적인 성장을 충족시키지 못하지 않을까 우려하였다. 카운티 소속 지방정부의 담당 공무원들은 지역의 하수집수시스템과 정화처리장에 대한 과거 투자비에 대한 보상을 받아 내기로 결정하였다. 더욱이 거의 모든 지방공무원들은 광역하수처리공단이 지역의 관심사항을 제대로 반영하지 못하고 있어서 새로운 광역시스템 관리에 더 많은 역할을 할 수 있기를 바라고 있었다.

갈등당사자들 전원이 참여한 전체회의에서 존스는 조정팀이 입안한 사전 아이디어 '패키지'에 대한 반응들을 물어보았다. 이 패키지는 회의 개최 전에 약 100여 명 이상의 핵심 이해관계자들에게 이미 보냈었다. 이 하루 일정의 회의에서 많은 새로운 개선안들이 제기되어 수정안이 만들어졌다. 이 수정안은 롤렌캠프 판사에게 제출하여 심사를 요청하였다. 이후 판사는 공식적인 의견개진을 받기 위해 이 수정안을 갈등당사자들에게 배포하였다.

존스는 부정적인 반응이 판사의 사무실에 빗발치자 당황스러웠다. 존스는 합의안이 갈등당사자들이 제기한 모든 이슈들에 대한 대응책을 담았다고 생각하고 있었다. 그러나 결국에 하몬 시는 좀 더 유리한 비용분담을 요구하기로 결정하였다. 존스의 생각에 이러한 부정적인 반응이 나오는 부분적인 이유는 판사가 잘못된 질문을 했기 때문이었다. "당신은 이 합의문에 전적으로 만족하십니까?" 존스는 판사가 "당신은 이 합의문을 감내할 수 있습니까?"라고 물어봐 주기를 바랐었다.

조정팀의 패키지가 합리적이라고 합의를 했지만, 일부 소규모 지역들은 여전히 자신들은 광역하수시스템에 포함되고 싶지 않다고 요구하였다. 거의 모든 이해관계자 그룹은 합의안의 일부를 수정하기를 희망하였다.

롤렌캠프 판사는 존스에게 감사를 표했고 갈등 이슈들이 좁혀진 점에 만족스러워했다. 또한 판사는 존스의 조정팀이 수집한 관련 자료 및 예상수치 등이 매우 유용하다고 생각했다. 그러나 존스는 만족스럽지 않았다. 존스는 6주간 활동시한을 연장하여, 한 번 더 모든 갈등당사자들이 수용할 수 있는 합의안 도출 기회를 요청했다. 이에 롤렌캠프 판사는 승락하였다.

조정팀은 반대자들도 수용할 수 있는 방안을 찾아내기를 바라면서 개별 미팅을 다시 한 번 시작했다. 조정팀은 곧 세 가지 가능한 방법이 있음을 파악하였다. 첫째, 재설계를 통해 시스템의 총비용을 줄일 것. 둘째, 추가적인 주정부와 연방정부의 기금을 가져와 반대자들의 비용을 낮출 것. 셋째, 이미 확보되어 있는 기금으로 충분히 해결할 수 있도록 하수정화 문제의 범위를 재정립할 것. 존스는 자신들의 대안을 미리 예단하지 않으려 했고, 세 가지 대안 모두를 논의의 대상으로 결정하였다. 첫째로, 존스는 광역하수처리공단에 하나의 대규모 처리장이 아닌 소규모의 여러 정화처리장의 장점에 대해서 고려해 줄 것을 압박하였다. 존스와 조정팀원들은 연방정부와 주정부 담당자를 만나 이들의 재정적 지원액을 증가시킬 수 있는지 알아보았다. 마지막으로, 존스는 연방환경청(EPA)과 주 환경보호성에 적어도 장기간에 걸친 사업비의 분산효과를 가져올 수 있도록 사업을 단계별로 나누어 진행할 수 있는 방안에 대해 고민해 줄 것을 요청하였다.

5주간의 집중적인 협상을 마치고, 존스는 또 다른 협상패키지를 제안했다. 이번에는 하몬 시와 랜들사가 이 협상패키지에 대한 지지를 사전에 표명해 주었다. 이러한 입장변화의 이유는 연간 하수처리 부담금 계산을 위한 기본전제를 변경한 데 있었다. 이전에는 이 부담금은 시정부마다 광역하수시스템으로의 총유입량 중 각 지역의 백분율에 기반한 '몫(shares)'으로 정의되었다. 반면, 새로운 제안에서는 전 카운티 지역의 모든 사람에게 가구별 평균부담금으로 정의되었다. (이로써 하몬 시의 총 부담액은 낮아졌다.) 다른 타운들도 새로운 패키지를 매력적으로 생각했다. 예를 들어, 수정 패키지에는 주정부로부터의 장기 무이자 융자 약속, 고지와 징수의 책임을 지방정부에서 광역정부로 이관, 시정부들의 폐쇄된 정화시설에 대한 보상, (광역시설보다 적은 비용으로 건설되는 경우) 소규모 분산 정화처리소 설치 방안, 지역의 관심사항에 대한 광역정부 차원의 책임성을 높일 수 있도록 지역자문위원회 설치 등이 포함되었다.

이번의 협상패키지는 사실상 만장일치의 지지를 얻었다. 갈등당사자 그룹을 대상으로 한 두 번째 '의견조사'에 대해, 롤렌캠프 판사는 일부 시정부들이 여전히 광역시스템에서 빠지기를 선호하고 있다고 재차 들었다. 그러나 이번에 이들은 만일 판사가 명령한다면 새로운 제안을 수용할 의사가 있음을 표명하였다. 그 밖의 모든 참여자들은 소송제기를 취하하고 새로운 계획의 이행에 함께하기로 동의하였다.

새로운 협상안을 도출하고 갈등당사자들에게 협상안을 수용하도록 열심히 설득하는 등 존스의 조정팀은 협상의 매 단계마다 매우 적극적인 역할을 하였다. 이 조정자들은 매우 다양한 분야의 컨설턴트들로 구성된 팀이었다. 조정팀은 희망하는 합의안들을 계속해서 만들어 냈다. 예를 들어, 조정팀은 처음에는 비용배분 공식의 기본 구성요소에 대한 합의도출에 초점을 맞추었지만, 이들은 또한 각 지방정부 공무원들은 어떤 약속을 하기 전에 새로운 비용배분 공식이 자신의 지역주민들에게 미치는 의미에 대해 정확한 예측을 요구할 것을 미리 알고 있었다.

존스는 비밀리에 주정부의 고위 담당자와 여러 차례 만났다. 제2단계 광역하수처리시스템 재정지원을 위한 주정부의 무이자 장기융자 약속은 모든 지역의 총비용을 낮추는 데 핵심적인 역할을 하였다. 사실, 일부 시정부 공무원들은 새로운 시스템에 대한 평균 연간하수처리부담금이 1년에 가구당 300달러 미만일 것이라고 듣자, 그야말로 일말의 걱정도 사라져 버렸다. 이들은 부담금이 1년에 1,000달러를 초과할 수도 있다고 예상하고 있었기 때문이다. 결국 조정팀의 성공은 부분적으로는 갈등당사자들이 우려했던 예상보다는 재정적으로 덜 부담스러운 패키지를 만들어 낼 수 있었던 조정팀의 역량 덕분이었다.

사회복지서비스 포괄보조금 배분 갈등사례에서의 조정

'관민 파트너십' 사회복지서비스 기금 배분을 위한 우선순위를 논의하기 위해서 100여 명 이상의 참여자들은 주의 한가운데 위치하고 있는 한 대학의 커다란 강당을 꽉 메우고 있었다. 조정자인 데니스 도너번(Denise Donovan)은 첫 전체 협상회의를 시작하기 전에 모든 팀과 각 팀의 리더들을 개별적으로 만났었다.

도너번은 네 갈등당사자팀 모두로부터 추천된 발기위원 중 5명을 포함하고 있는 조정자선정위원회(mediator-selection committee)에서 선임되었다. 그녀는 위원회가 면담한 최종 3인 중 한 명이었다. 그녀는 공식적으로 주정부와 (총 35,000달러에) 계약을 맺었고, 계약조건은 모든 팀으로부터 계약 전에 허락을 받았다.

핵심 의제와 협상구조에 대한 운영원칙을 합의하는 데 6시간이 소요되었다. 이 초기단계 내내 공감대 도출 가능성이 거의 없다고 느낀 일부 팀의 회원들은 협상에 대해 상당히 강력한 회의적인 생각을 갖고 있었다.

사회복지부의 부위원장을 팀장으로 하는 주정부 팀은 부의 여러 지역 사무소에서 온 직원들로 구성되었다. 이 그룹은 저소득계층에게 우선적으로 기금을 지원하도록 하는 주정부의 새로운 지침을 밀어붙이고 있었다. 유나이티드 웨이(United Way)의 한 이사를 팀장으로 하는 민간 기부자 팀은 기부자들에게 좀 더 유연한 매칭 조건을 희망하고 있음을 분명히 하였다. 시민/고객팀은 소수자 단체의 권익을 위해 적극적으로 활동해 온 행정학 교수가 팀장을 맡았다. 사회복지사협회 팀은 주 전역에 소재한 단체들로부터 선출된 회장이 팀장이 되었다. 이 협회팀의 팀장은 자신의 단체들을 대신하여, 민간 사회복지사와 공공 사회복지사 간의 임금격차문제를 강하게 제기할 계획이었다.

도너번은 자신을 도와줄 조정자들을 모아, 각 팀을 정기적으로 만나기 시작하였다. 조정팀은 또한 대응기금의 조건, 소수자와 저소득층 고객 그룹, 계약의 모니터링과 평가, 신규 수혜자 선정을 위한 제안서 제출 요청 시기와 기간, 그리고 전반적인 서비스 우선순위 등 모든 의제에 대한 실행가능성 있는 대응책의 도출을 맡은 (각 팀으로부터 두 명씩 뽑아 구성한) 소위원회를 지원하는 역할도 담당하였다.

이들 팀들은 거의 1년 동안 매달 만났다. 이 협상과정 중에서 두 번의 위기가 있었다. 첫 번째로, 사회복지사팀은 다른 세 팀이 임금격차에 대한 자신들의 입장을 인정하기 전까지 우선순위 결정절차 변경에 관한 어떠한 논의도 거부하였다. 이런 '양자택일'적 태도 때문에 다른 세 팀과 만날 수 없었다. 그러나 도너번의 주도로 성사된 팀 리더들의 미팅에서, 네 그룹은 간신히 서로 간의 양해를 이루어 내었다. 공식적으로, 협상 초안이 도출되기 전까지 서로에게 아무런 요구도 하지 않기로 합의를 보았다. 비공식적으로, 비영리 기관의 사회복지사 임금이 너무 낮다는 데 인식을 같이하기로 하였다.

두 번째 위기는 주정부팀이 반드시 추가지출의 대상이 되어야 하는 고객집단을 구체적으로 지정하는 등 전반적인 지출 우선순위의 변경 계획안을 발표할 때 발생하였다. 사회복지사팀은 이 계획이 이전에는 자격이 있던 수혜자들을 배제한다면 우선수위의 변경은 있을 수 없다고 주장하였다. 도너번이 제안한 해결책은 주지사와 주의회로부터 전체 수혜대상 그룹이 얻을 수 있는 포괄보조금액의 증가분에 대한 최선의 지출방안을 찾는 것이었다. 증가분의 배분 문제에만 집중함으로써 수혜자 그룹은 제로섬 상황에서 벗어날 수 있었다. 즉, 추가적인 재정지원의 필요성에 대하여 일치된 입장을 보임에 따라 네 팀의 개별적 이익과 함께 공동의 이익도 개선시킬 수 있게 되었다.

결국, 합의문 초안이 도출되었다. 최종 서명을 앞두고 주 전역의 2,500개 이상의 단체 및 개인에게 초안 사본이 배포되었다. 또한 조정자는 협상의 전개과정을 알리는 분기별 소식지를 준비하여 1,000부 이상을 발송하였다.

협상이 시작된 지 거의 18개월 만에 합의가 이루어졌다. 네 그룹은 이 합의문에 적절한 사후평가를 보장하도록 사후 모니터링과 이행에 관한 절차를 구체적으로 담았다. 협상과정 중에 도출된 여러 절차적 제안사항들은 도라다(Dorada) 주 사회복지부 위원장에 의해 즉각적으로 집행되었다. 모두가 동의한 다른 개선안들은 실시하는 데 시간이 걸렸다. 지출 우선순위에 대한 일부 실질적인 변화에 대한 동의는 주 정부가 관민 파트너십 프로그램의 총액을 상당히 증가하기로 결정하자 얻을 수 있었다. 사회복지부 위원장에게 우선순위의 변화도 중요했지만 더 중요한 것은 원했던 합의를 이루어 낸 점이었다. 그녀는 협상이 매우 유용했다고 평가했다.

도너번의 성공은 정부재원이 감소하는 시대에 두 가지의 매우 중요한 시사점을 보여 주고 있다. 첫째, 분명히 재원배분의 제로섬 상황에도 불구하고, 합의형성과정을 통해 지출 우선순위를 변경시킬 수 있었다는 점이다. 둘째, 그러한 합의형성과정이 이전에 협상경험이 없었던 매우 많은 참가자들 사이에서도 가능할 수 있다는 점이다.

비구속적 중재

이미 설명한 바 있듯이, 구속적 중재(binding arbitration)를 공공갈등에 적용하는 데 한계가 있는 이유는 대부분의 관료들이 중재자에게 자신들의 권위를 법적으로 위임할 수 없기 때문이다. 관료들은 마찬가지로 비구속적 중재─민간 심판관 또는 심사단이 모든 이해관계자들의 주장을 듣고, 이들이 수용 또는 거절할 수 있는 적절한 해결책을 제안하는 절차 —에도 매우 신중하다.

비구속적 중재가 배분적 분쟁에 대한 비교적 새로운 접근법이기 때문에, 여기서는 가상적인 조건에 입각해 소개하기로 한다. 이 접근법은 복잡한 민간분쟁 해소에 적용되어 왔지만, 극히 일부의 분쟁에만 적합할 뿐이었다. 이러한 적용상의 한계에도 불구하고 비구속적 중재가 회의촉진이나 조정에 못지않게 배분적 갈등 해소에 받아들여질 수 있고 바람직한 수단이 될 수 있다.

공공갈등당사자들이 조정자와 함께 노력했지만 여전히 난관에 처해 있다고 가정해 보자. 당사자들의 배트나(BATNA) 계산도 지속적으로 재조정해 왔지만 이들은 다시금 협상테이블을 벗어나 더 좋은 결과를 얻을 수 있지 않을까 생각하는 상황에 이르렀다.

이들은 해결책이 필요하다. 지금까지 상당한 시간, 비용, 그리고 에너지가 협상에 투입되었지만, 이런저런 유형의 시한마감은 서서히 다가오고 있었다. 이들에게 대안이란 어떤 것이 있을까? 물론 하나의 대안은 협상실패를 인정하고 법정으로 가는 것이다. 그러나 판결의 결과가 불확실하고, 사건이 승자독식 구조로 해결되고, 그리고 어느 누구도 모든 것을 잃고 싶어 하지 않는다고 생각해 보자.

대신, 갈등당사자들은 비구속적 중재를 받아 보기로 결정한다. 비구속적 중재를 통해, 갈등당사자들은 다양한 전략을 갖고 도움을 받을 수 있다. 예를 들어, 갈등당사자들은 공동으로 퇴임한 법률전문가 또는 당사자들이 적절하다고 생각하는 전문경력을 갖고 있는 사람을 민간 심판관으로 선정하여 자신들의 주장을 이야기한다. 이때 갈등당사자들은 다음과 같이 말할 수 있다. "심판관께서 우리의 이야기를 들으신 후에, 우리가 만일 법원으로 사건을 가져간다면 어떤 결과가 나올지 당신의 생각을 말씀해 주시기 바랍니다. 우리는 심판관의 판단에 구속되지는 않지만, 당신의 생각을 듣고 싶습니다." 또는 갈등당사자들이 공동으로 민간심판위원단(panel of private arbitrators)을 선정하여 한자리에 모아 이들에게 다수결로 (역시 구속되지는 않지만) 의견을 물을 수 있다. 마지막으로, 갈등당사자들은 적절한 도움을 받아 협상대표뿐만 아닌 관련되는 모든 그룹과 조직의 대표들이 참관할 수 있도록 모의재판을 진행할 수 있다. 이 마지막 기법은 일부 갈등당사자들이 협상을 계속 진행하는 것이 비현실적이라고 계속 주장하는 경우에 유용하다.

대다수 협상이 난관에 봉착하는 것은 일부 갈등당사자들의 기대가 비현실적이기 때문이다. 법정에서 무엇이 왜 발생할지를 미리 알 수 있다면 이들의 기대는 변화할 수 있다. (즉, 비구속적 중재는 배트나를 덜 매력적으로 보이게 만든다.) 결국, 기대를 낮춤으로써 갈등당사자들은 지원 없는 협상, 회의촉진, 또는 조정 등의 협상테이블로 돌아와 모두가 만족할 수 있는 합의를 도출해 낸다.

앞에서 말했듯이, 현재까지 배분적 갈등을 비구속적 중재로 해소한 경우는 많지 않다. 그러나 민간부문의 갈등을 비구속적 중재로 해소한 경우가 매우 많은 것을 보면 적절한 형태의 비구속적 중재도 공공부문에서 적용가능할 것이다. 따라서 여기서는 특히 약식재판(minitrials)이라는 형태를 통해 민간부문에서 활용되고 있는 비구속적 중재에 대해 간단히 소개하도록 한다.[3]

1980년 이후, 약식재판은 기업 간 분쟁에 대한 저비용의 신속한 해소방식임이 입증되어 왔다. 약식재판은 자율성, 비밀보장, 비구속성을 특징으로 하기 때문에 많은 기업들이 적극적으로 활용하고 있다. 일반적으로 기업의 약식재판은 네 가지 목적을 갖고 있다.

1. 갈등의 범위를 각 당사자의 핵심 이슈에 한정시킨다.
2. 관련된 기업대표들 간의 대면접촉을 촉진시킨다.
3. 좀 더 현실적인 배트나 계산을 유도한다.
4. 갈등사안을 법정에서의 법률적 절차에 관한 쓸데없는 공방을 피함으로써 변호사들 간의 공방으로 비화되지 않도록 한다.

약식재판에는 일반적으로 다음과 같은 요소들이 포함된다.
① 짧은 재판 전 준비기간
② 기업을 대신하여 분쟁을 해소할 수 있는 권한을 갖고 있는 최고 경영자 대표들이 자신들의 '최고 조건'에 대한 비공식적 약식기소를 청취하는 만남
③ '최고 조건'의 핵심사항에 대한 문제제기 및 논박 회의
④ 조정안을 협상할 수 있는 기회

대부분의 경우, 이 마지막 단계에서 조정안 합의에 실패하면 민간 심판관이나 심판위원단이 자신들이 청취한 입장의 장점과 단점에 대한 분석내용을 제시한다.

갈등당사자들이 합의안을 도출할 수 있으려면 절차를 편안하게 생각해야 하듯이, 약식재판의 모든 절차는 협상의 여지가 있다. 일반적으로 약식재판 절차에는 핵심적인 두 가지 요소가 있다. 첫째, 양측이 비밀보장에 대한 확신을 갖고 자신의 사건을 기술할 기회. 둘째, 합의 도출의 권한을 갖고 있는 대표자의 참여. (또한 일반적으로 중립적인 자문위원, 해당 사안에 대한 전문가 또는 절차 전문가가 참여한다.) 가급적 변호사 없이 기업의 최고 담당자 간에 이루어지는 협상이 약식재판 성공의 핵심이다.

지금까지 기업 간 약식재판은 생산물에 대한 책임(product liability),

특허 침해(patent infringement), 직원 불만(employee grievances) 등의 사례에 적절한 것으로 입증되었다. 약식재판은 또한 반독점 사례, 경쟁 관행(competitive practices)에 문제가 있거나, 전문가에 의한 고도의 기술적인 분석이 필요한 상황 등의 경우에 유용하였다. 이러한 민간부문의 활용을 보면 공공부문에서의 활용, 특히 기준(standards)에 관한 갈등(즉, 용인가능한 건강상 위험 등과 같은 주제에 대해 과학계의 의견이 불일치하는 경우처럼) 등에도 활용가능할 것으로 보인다. 배분적 갈등과 관련된 과학적이고 기술적인 이슈들이 전문가 자문단 앞에서 발표되고 이들이 갈등해소를 위해 자신들의 견해를 제공할 수 있다.

요약하면, 비구속적 중재에서 갈등당사자들은 여전히 과정설계에 대한 통제권을 행사하고 최종 결과에 대한 승인권을 갖지만 제3자는 가능한 해결책을 고안하는 책임을 진다. 갈등당사자들은 더 이상 "우리가 스스로 해결할 수 있도록 도와주세요."라고 말하지 않는다. 대신, 그들은 "우리에게 답을 내려 주세요."라고 말한다. 분명한 점은 비구속적 중재에서 제3자는 조정자보다 해당 사례에 대한 지식이 상당한 많아야 한다는 것이다. 이상적으로는 비구속적 중재의 제3자는 복잡한 갈등 이슈뿐만 아니라 모든 노력이 무산되면 직면하게 될 법적 절차도 알고 있어야 한다.

제로섬에서 통합적 협상으로
From Zero-sum to Integrative Bargaining

어떤 유형의 갈등에서건 중립자는 이상적(理想的)이 아닌 만족스러운 합의 도출을 위해 갈등당사자들을 도와야 한다. 이를 위한 과정은 통상적으로 갈등당사자들이 자신의 이해관계와 함께 상대 측이 원하고 필요로 하는 것을 이해하려는 노력으로부터 시작한다. 모든 갈등당사자들이 서로의 이해관계를 이해함에도 불구하고 여전히 갈등 중이라면, 중립자가 취할 다음 단계는 갈등당사자들이 갈등을 재구성할 수 있도록 도와서 숨겨진 공통의 이해관계를 발견해 내는 것이다.

기본적인 이해의 상충(그리고 단순한 의사소통이나 인격상의 문제 그 이상의 상황)이 분명해지고 공통의 이해기반이 거의 없다면, 중립자는 방향을 바꾸어야 한다. 즉, 갈등당사자들이 제로섬 상황(일방의 승리가 상대방의 패배를 의미하는 상황)에 처해 있음이 분명한 경우, 제3자는 갈등당사자 서로가 가지고 있는 가치가 다른 것들의 교환가능성을 열어 줌으로써 '게임의 변화'를 추구해야 한다.

실제 생활 속에서 갈등당사자들이 제안할 수 있는 것에 대한 제약을 포함하여, 거래가 될 수 있는 것에는 분명 한계가 있다. 결국, 모든 당사자들을 만족시킬 수 있는 거래패키지를 찾을 수 없다면, 조력자인 제3자는 개별 갈등당사자들과 만나 자신들의 배트나를 현실적으로 계산했는지 확인해 볼 필요가 있다. 그들의 배트나 계산이 현실적이고, 협상테이블을 떠나는 대안이 일부 또는 모든 당사자들에게 '더 낳은 결과'를 가져다줄 가능성이 높다면, 중립자는 협상노력을 중단해야 할 것이다.

만족스러운 합의의 탐색을 위해서는 이해관계를 명료화하여 공통의 이해기반을 찾고, 공동이익의 창출을 가능하게 하는 차이를 함께 발견할 수 있는 환경을 만들고, 지속적으로 협상 이외의 대안을 평가할 수 있어야 한다. 만일 갈등당사자들이 서로 중첩되는 이해관계를 갖고 있다면, 그 이해관계를 명료하게 하고 공통의 이해기반을 찾아 만족스러운 합의를 이루어 낼 수 있을 것이다. 그러나 만일 서로 상충되는 이해관계가 있다면, 중립자의 임무는 갈등을 제로섬 상황에서 통합적 문제해결 활동으로 전환시키는 것이다. 물론 중립자가 활용할 수 있는 요술봉은 없으며, 화합이나 평화공존이라는 이름으로 갈등당사자들을 구슬려 양보를 얻어 내려는 것도 아니다. 이 전환은 대부분의 갈등상황이 갖는 다면적 특성(multi-dimensionality)을 활용하려는 것이다.

의제에 관한 다양한 이슈가 있고 당사자들이 이슈들의 중요성 순위를 서로 다르게 인식하는 경우에 거래가능성은 높아진다. 당사자들이 확실성에 대해 서로 다른 가치를 갖고 있다면 (또는 위험에 대해 서로 다르게 반응한다면) 작지만 확실한 승리를 크지만 불확실한 승리와 맞바꿀 수 있다. 만일 갈등당사자들이 돈의 시간가치를 다르게 생각하고 있다면, 이는 거래의 가능성이 열려 있는 것이다. 예를 들어, 세금상 이유 때문에 한쪽이 상대편에게 거액의 일시지불보다는 장기간 분할지불을 제안하는 경우가 여기에 해당된다. 만일 상대편이 이를 현금흐름상 압박이 덜한 방안으로 판단한다면 동의할 수도 있다. 더 나아가 개별 이슈들을 더 작게 분리할 수 있다면 이슈를 구성하고 있는 요소들 간에도 교환이 가능할 수 있다. 상징적 약속도 좋은 예인데, 이는 한쪽에 매우 작은 부담을 지우는 것으로 금전이나 다른 유형적인 보상으로 대체할 수 있다.

제로섬을 통합적 협상으로 전환하기 위해서는 거래할 수 있는 항목을 개발하거나 패키지화할 필요가 있다. 그러나 이러한 거래의 위험성은 터무니없는 행태를 야기할 수 있다는 점이다. 한쪽이 더 많은 요구를 하여 이득을 얻을 수 있을 것으로 생각한다면, 이 게임은 거의 협박과 유사한 상황이 된다. 이러한 경우, 중립자의 과제는 과도한 주장 없이 공동이익을 위한 탐색을 추구하는 것이다.

협상전문가들은 모든 분쟁해소 상황에서 '가치창출과 가치주장' 사이의 불가피한 긴장에 관한 증거를 보여 주고 있다.[4] 이들은 '복합적 동기 협상(mixed-motive bargaining)'의 초기 연구결과들이 보여 주고 있다. 제로섬이든 통합적이든 모든 협상에서 이러한 현상은 반복적으로 나타난다.

제로섬 상황에서 이러한 긴장은 더욱 분명해진다. 공동이익을 찾기 위한, 즉 공동의 가치를 창출하려는 노력의 일환으로 한쪽이 제안하는 모든 제안이 보상 가능성이 없다면 다른 쪽은 수용하지 않을 것이다. 만일 갈등당사자들이 오직 제로섬 관점에서만 생각한다면 더욱더 그렇다. 그러나 갈등당사자들이 모두의 이익이라는 결과를 찾으려는 의지가 있는 통합협상의 상황에서조차도, 한쪽이 특정 대가를 얻고자 어떤 것을 포기하겠다는 진정성 있는 의사가 상대 쪽의 누군가에 의해 악용될 가능성은 존재한다.

갈등당사자들이 성공적으로 차이를 이용하여 공동이익을 창출해 왔다고 가정할지라도, 이러한 사실만으로 양측이 창출한 이익이 동등하게 나누어질 수 있거나 그럴 수 있다고 보장되는 것은 아니다. 그래서 예컨대 갈등당사자들은 서로가 가치를 달리하여 교환할 수 있는 어떤 것을 찾을 필요가 있다. 그리하여 한쪽이 약간 유리한 결과를 얻고 다른 한쪽은 더욱 유리한 결과를 얻을 수 있다. 어느 누구도 손해를 보지는 않지만 그렇다고 똑같은 이익을 얻는 것도 아니다.

공공갈등사례의 제3자는 이러한 문제에 대해서 솔직해야 한다. 즉, 제3자가 갈등당사자들 모두의 이익을 찾을 수 있도록 도울 수 있다고 말을 할 때도, 모두가 똑같은 맥락에서 자신들의 배트나(BATNA) 이상을 (또는, 이익 만족을) 약속하는 것은 아님을 분명하게 해야 한다. 지원 기반 협상을 통해 당사자들 자신의 중요한 이익을 충족시킬 수 있는 한 모두가 행복한 상황을 가정할 수 있다. 그럼에도 불구하고, 그 이익이 어느 한쪽에 더 유리한 것이라면, 다른 쪽이 수용하지 않을 수 있다는 것도 인식할 필요가 있다. 따라서 중립자는 갈등당사자들이 공동이익을 탐색할 때 전체적인 '스코어 카드(score card)'에 항상 주목할 필요가 있다. 또한 중립자는 공동으로 이익이 되는 거래를 찾지 못하는 것이 진정한 비용이라는 점을 갈등당사자들에게 주지시켜야 한다. 뿐만 아니라, 과도하거나 터무니없는 주장 때문에 만족할 만한 합의로 이끄는 공동이익 창출 과정 자체가 훼손될 수 있음을 분명히 지적해야 한다.

갈등당사자들이 ('강경'과 반대되는) '온건'한 협상스타일을 선택해야 제로섬 갈등인식을 공동이익 탐색의 의지로 전환할 수 있는 것은 아니다. 많은 연구결과에 의하면, 협상전문가들은 협력적 협상가들이 경쟁적인 협상가보다 만족스러운 합의 도출에 반드시 더 많은 성공을 거두고 있지 않다는 점을 보여 주고 있다. 둘 중에서 어느 스타일의 협상가이든 효과적일 수도 비효과적일 수도 있는데, 이는 맞상대한 협상가들의 스타일에 관계없이 사실이다.[5] 따라서 공동이익 탐색을 위해 반드시 모두가 '점잖해야' 하거나 또는 양보를 해야 하는 것은 아니다. 또한 한쪽이 다른 쪽의 태도를 흉내내야 하는 것도 아니다. 효과적이지만 치열한 협상가는 자기의 이익을 파악하고 있으며, 협력적인 공동이익 창출 과정에 참여함으로써 자신의 이익에 더 충실할 수 있음도 알고 있다. 또한 서로 간의 차이를 패키지로 만들거나 교환을 통해 활용할 수 없다면 주장할 만한 것이 없다는 것도 알고 있다.

앞에서도 말했듯이, 창출(creating)과 주장(claiming)은 분명히 별개의 활동이다. '경쟁적 스타일'의 협상가는 과정의 주장 부분을 강조할 것이고, 각 단계마다 분명한 '승리'를 요구할 것이다. 반면, '협력적 스타일'의 협상가는 창출과 주장의 과정 중 창출 부분에 몰두하는 것을 주저하지 않는다. '협력적 스타일'의 협상가는 또한 최종 점수를 합산하기 위해 끝까지 기꺼이 기다린다.

그러나 주장이 창출을 방해할 수 있어서, 협상참여자들은 이 점을 깨닫는 것이 중요하다. 이러한 문제를 해결하기 위해 일부 협상가들이 시도하는 전략은 자신들의 협상태도를 주장에서 창출로 그리고 다시 주장으로 계속해서 바꾸는 것이다. 그러나 주장 때문에 긴장이나 적대감을 야기하는 경우 두 태도 사이를 왔다 갔다 하는 것이 불가능할 수 있다. 사실 일부 갈등에서는 주장 또는 제로섬 협상의 기간을 거칠 필요가 있는데, 이를 통해 갈등당사자들은 자신들이 이런 방식으로 얻을 수 있는 것이 무엇인지를 알 수 있다. 그러나 일단 창출의 과정이 시작되고 통합적 문제해결 상태가 구축되었다면 이 방향을 유지하는 것이 최선이다.

회의촉진자와 조정자는 거의 갈등당사자들에게 협상스타일을 바꾸라고 설득하려 들지 않는다. 그러나 중립자들은 협상이 진행됨에 따라 나타나는 '집단지성(group mentality)'의 출현을 이용하려 한다.

갈등당사자들은 오랜 시간 동안 '열심히 논쟁'하는 와중에, 격리된 배심원단에서 볼 수 있듯이, 상호 관계가 생겨난다. 협상그룹은 처음에는 전혀 모르는 사람들끼리 시작하지만, 제한된 공간에서 지속적인 상호 작용을 하다 보면 우정은 아니지만 서로에게 적응해 가게 된다. 협상자들은 자신들이 대표하는 그룹의 이익을 달성하기 위해 협상공간에 있지만, 어쩔 수 없이 자신들이 속한 새로운 '그룹'에 동화되어 간다.

이 새로운 협상단은 자신의 태도를 변경하지 않으려는 사람에게 압박으로 작용한다. 특히 협상이 종료시점으로 다가갈수록 마지막까지 입장을 고수하는 집단에게 압박을 가하게 된다. 이러한 상황에서 압박의 힘은 거의 눈에 보일 정도이다. 제3자는 합의문 초안을 결론짓기 전에 협상대표자들에게 자신들의 소속주민들에게 돌아가 협의할 것을 권하지만, 협상단은 그냥 결론짓기를 선호한다. 이러한 '단체정신 (team spirit)'은 갈등대표자들이 함께 작업하면서 시간이 경과함에 따라 생겨난다.[6]

제3자는 입장의 변화를 유도하기 위해 한 당사자 그룹에게, 예를 들어, "당신이 제안된 교환조건을 수용할 의사를 보이지 않는다면, 협상단이 얼마나 더 유지될 수 있을지 모르겠네요."라고 말함으로써 그룹 압박을 효과적으로 사용할 수 있다. 이는 중립자가 특정 그룹에게 자신의 이익을 무시하라고 촉구하는 것은 아니다. 대신 중립자는 협상단의 압박을 활용하여 특정 그룹의 행태를 바꾸고, 좀 더 자신들의 배트나를 현실적으로 계산하여 다른 협상자들이 수용할 수 있을 만한 역제안(counterproposal)을 해 주기를 촉구하는 것이다.

우리는 갈등당사자들이 적절한 도움을 받을 수 있다면 제로섬 갈등으로 보이는 공공부문의 배분적 분쟁도 통합적 협상으로 전환될 수 있다는 생각을 갖고 있다. 이런 공공갈등은 매우 복잡하지만, 창조적인 협상가라면 어떤 분쟁에서도 교환가능한 것을 찾아낼 수 있을 것이다.

그러나 모든 배분적 갈등이 지원기반 협상을 통해 해소될 수 있다는 말은 아니다. 특정 당사자들이 매우 비현실적인 배트나를 갖고 있을 수 있고, 협상 상황에는 관심도 없이 자신들의 배트나의 재조정을 거부할 수 있다. 비록 공동이익 창출을 통해 정당한 이익을 충족할 수 있다 하더라도, 이 당사자들은 현실적으로 도출할 수 있는 것보다 더 많은 이익을 얻으려고 고수할 수도 있다.

아무리 유능한 제3자의 도움을 받더라도, 이러한 당사자들은 과장된 주장을 벗어나 자신들의 진정한 이익을 만족시키는 방향으로 나아가려 들지 않는다. 왜냐하면 이들은 자신들이 공언한 입장에서 물러나는 모습을 보이기 싫거나, 자신들의 최고 이익에 반하여 움직이는 심리적 함정에 빠져 있거나, 또는 갈등해소보다는 갈등의 지속에 더 높은 가치를 두게 하는 내부 압력 때문이기도 하다.

지원기반 협상: 결론
Assisted Negotiation: Concluding Comments

지금까지 공공갈등 해소에 활용될 수 있는 지원기반 협상의 세 가지 기법을 소개했다. 회의촉진, 조정, 그리고 비구속적 중재가 그것이다. 그러나 기법들이 널리 활용되고 있지 못하다는 것이 일반적인 인식이다. 이러한 기법들은 상호 배타적이지 않다. 이들 기법들은 같은 분쟁에서 연속적으로 활용될 수도 있다. 어떤 상황에서, 중립자가 좀더 적극적으로 막후 역할을 한다면 회의촉진과 조정 간의 경계가 모호하기도 하다. 이들 기법들은 서로 교체가능하고 개별 분쟁해소 전문가에 따라 매우 다양한 방식으로 활용될 수 있다. 그러나 어떤 사례에서든 이들 기법들은 제로섬 상황을 통합협상 상황으로 전환하여 모두에게 이익이 되는 결과를 탐색한다는 공통점을 갖고 있다.

회의촉진, 조정, 비구속적 중재로 인해 자신들의 권위가 침해될지 모른다는 공무원들 측의 의구심이 이들 기법의 수용에 가장 커다란 문제점이다. 하지만 그러한 의구심은 잘못된 것으로, 이 세 가지 과정 기법의 결과는 전적으로 공무원을 포함하는 갈등당사자들의 통제 하에 있기 때문이다.

　다음 장에서, 공무원, 시민, 그리고 기업 측 이해관계자들이 배분적 갈등을 해소하기 위해 활용할 수 있는 합의형성 접근법의 실행조건들을 알아보기로 한다.

실 행

Taking action

Breaking the Impasse

제 6 장
실 행

　　앞의 두 장에서는 어떻게 더 잘할 수 있을까, 즉 공공부
문의 배분적 분쟁을 생산적으로 해소하기 위해 어떻게 협상을 할 수
있을까에 초점을 두었다. 지금까지 우리는 효과적인 협상과정의 목
적, 특히 명백한 제로섬 협상을 통합적 협상으로 전환하기, 협상과정
을 촉진 또는 저해하는 심리적 요인, 합의형성의 3단계, 그리고 제3자
의 임무와 역할 등에 대해 논의하였다.

　이 장에서는 위의 논의를 한 단계 더 발전시켜 갈등해소를 위해 합
의형성적 접근법을 누가 어떤 상황 하에서 이행해야 하는지에 대해
좀 더 구체적인 설명을 하고자 한다.

　편의상 이 장에서는 공공갈등의 핵심당사자를 공무원, (영향받는 주
민이나 시민단체의 대표를 포함한) 시민, 그리고 기업이해관계자 등 크게 3
부류로 설정한다. 여기서 공무원이라 함은 선출직과 임명직 공무원으
로서 (기준 설정, 자원 배분, 그리고 공공정책 결정 등과 같은) 임무로 인해 배분
적 갈등에 연관되는 사람들이다. '시민(citizens)'에는 공공결정에 영향
받는 폭넓은 이해관계자들이 포함되는데, 소비자, 공익단체, 장소나
이슈를 근거로 하는 시민단체(advocacy organization) 등이 이에 해당한
다. (조던 레인 주민그룹은 소규모의 장소를 근거로 한 시민단체의 사례이고, 시에라

클럽은 이름과는 관계없이 이슈를 근거로 하는 단체이다). '기업이해관계자'에는 투자에 대한 최대의 보상을 추구하는 이윤동기를 갖는 단체가 포함되는데 회사, 개발업자, 기업가, 상공인단체, 그리고 (병원과 대학 등의) 비영리기관 등이다.

사실 이와 같은 유형화는 단점을 갖고 있다. 공공갈등에 관련 있는 대부분의 사람들은 시민들이다. 기업이해관계자(특히 비영리기관)들은 이익의 최대화보다는 다른 목적을 갖고 있다. 그러나 이 유형화를 통해 서로 다른 세 가지 관점을 제시하고자 한다. 따라서 독자 여러분들도 자신을 공무원, 시민, 또는 기업이해관계자 등의 한 집단에 속하는 것으로 상정한다면 자신들에게 필요한 자료들을 발견할 수 있을 것이다.

여기서 합의형성의 3단계에서 세 그룹이 갖는 기회와 책임을 설명하고자 한다. 또한 독자들에게 갈등분석을 통해 합의형성 노력에 참여하는 시점을 결정하는 데 도움을 줄 것이다. 그리고 가장 적합한 협상 전략도 소개할 예정이다. 끝으로 주의가 요구되는 실제적인 그리고 가상의 고려사항들도 소개할 예정이다.

갈등분석 사항들 중 일부에는 세 그룹 모두에게 공통되는 사항도 있다. 이 공통사항들은 공무원, 시민, 기업가 측의 구체적인 관심사항에 앞서 개별적으로 소개하기로 한다. 앞의 장들에서 설명했듯이, 성공적인 협상의 핵심은 상대 측의 이익과 관심사항을 가능하면 많이 이해하는 것이다. 모든 갈등당사자들은 자기 자신들의 현실적인 배트나뿐만 아니라 상대방들의 배트나도 잘 평가하고 있어야 한다.

여기서 논의하고 있는 많은 사항들은 전적으로 임기응변에 (가상적인 상황에) 기반하고 있다. 또한 앞으로 발생할 수 있는 사례일 수 있다. 반면 일부 제도화 관련 노력, 즉 정기적인 합의형성 접근법의 활용을 촉구하는 법률의 도입 등은 시도된 적도 있었다. 이들에 대해서는 이 장의 끝부분에서 검토하기로 한다.

협상의 전제조건
Prerequisites for Negotiation

당신이 배분적 갈등에 직면해 있는 공무원, 시민, 또는 기업관계자라고 상상해 보라. 이미 배트나(BATNA, 일방적인 행동의 결과 또는 소송제기)를 결정하였기 때문에, 당신은 갈등해소를 위해 합의형성 접근법을 써 볼 만하다고 결심한다. 그렇다면 당신은 어떻게 합의형성 접근법이 효과적일 것으로 판단할 수 있을까? 어떤 전제조건이 충족되어야만 할까?

먼저 충족될 필요가 없는 전제조건부터 파악해 보자. 많은 갈등당사자들은 갈등당사자들 간의 관계가 적대적이기 때문에 생산적인 협상이 이루어지지 않을 것으로 생각한다. 그러나 협상연구자들에 따르면 그렇지 않다. 협상은 당사자들 간에 아무런 신뢰가 없어도 가능하다. 갈등당사자들은 신뢰를 구축하는 방식으로 협상을 해야 하지만, 상대방의 신뢰성에 대해 확신을 갖고 시작할 필요는 없다. 분명한 점은, 만일 신뢰가 공공갈등 해소의 전제조건이라면, 시작될 수 있는 협상은 거의 없을 것이다.

신뢰를 상대에게 요구하는 것은 비현실적이다. 신뢰는 얻어져야 하는 것이다. 이해당사자가 상대방에 대한 신뢰 여부를 결정하는 데 가장 중요한 고려요인은 상호성이다. 예를 들어 "상대방이 그렇지 않다면 내가 왜 믿을 수 있도록 행동해야 하지?"라거나, 이를 긍정적으로,

"만일 내가 신뢰할 수 있도록 행동한다면, 나는 상대방에게 같은 행동을 기대할 수 있을까?"라고 표현할 수 있다.

갈등당사자들이 신뢰의 부재 속에서 시작하더라도, 각자가 상대 측의 신뢰를 얻을 수 있는 길은 오직 신뢰할 수 있게 행동하는 것뿐이다.[1] 아무도 자신들의 신뢰가 악용되기를 바라지 않지만, 모든 당사자들은 신뢰구축과정에 관심을 기울이게 되는데, 신뢰 없이는 어떠한 합의도 이행되기 어렵기 때문이다.

비록 신뢰가 합의형성의 전제조건은 아니지만, 전제조건이라 할 만한 다른 요인들이 있다. 최악의 경우, 이런 한두 개 이상의 전제조건이 충족되지 못하면 합의가 좌절될 수 있다. 이러한 전제조건들을 아래에 질문의 형태로 제시한다. 합의형성과정에 참여하는 것을 고려할 때, 이 질문들을 묻고 긍정적인 답을 할 수 있어야 한다.

당신은 핵심 이해관계자들을 파악할 수 있는가? 그렇다면 그들의 이해관계에 대하여 함께 앉아서 이야기할 수 있도록 그들을 설득할 수 있는가? 사실 분쟁에 관련되는 모든 그룹이나 개인들을 파악하는 것은 불가능할 수 있다. 그러나 핵심 이해관계자들을 골라내는 것은 비교적 용이하다. 예를 들면, 리버엔드 분쟁에서 대화가 가치 있으려면 시정부, 광역정부기관, 주정부기관, 지역 토지소유주, 그리고 환경단체 등이 협상참여에 반드시 동의해야만 했다. 하몬 카운티 하수정화 분쟁에서는 광역하수처리공단과 각 시정부가 반드시 참여할 필요가 있었다.

핵심당사자 그룹 파악 후, 당신은 협상테이블에 핵심당사자들을 불러올 수 있는지를 가능한 한 현실적으로 판단해야 한다. 핵심당사자들이 갖고 있는 협상 이외의 대안이 매력적이지 않다는 점을 이해시키는 한 가지 방법은 오직 당신의 법적 권리를 보호하는 차원에서 대화방법 말고는 소송을 제기할 수밖에 없음을 간접적으로 시사하는 것이다. 공동문제해결로 나아가기 위한 관계를 구축하는 방법으로 바람직하지 않지만 한 단계 더 나아가 법적 절차를 시작할 필요도 있다.

그러면 핵심당사자들은 단독으로 무엇을 할 수 있는가? 만일 협상이 자신들의 관심이 아니라면(즉, 이들의 배트나가 협상테이블에 나가는 것보다 더 좋은 것이라면), 당신은 핵심당사자들이 협상참여에 관심을 가질 수 있을 만큼 상황을 바꿀 수 있는가? 당신은 협상이 더 매력적으로 보이도록 핵심당사자들이 갖고 있는 배트나에 대한 인식을 바꿀 수 있는가? 만일 가능하지 않을 것 같거나, 적어도 이러한 상황이 지속되는 경우 합의제적 해결책을 포기해야 한다. 합의형성은 간접적인 이해당사자들 없이도 진행할 수 있지만, 핵심당사자들 없이는 가능하지 않다.

권력관계가 충분히 균형 잡혀 있는가? 이 전제조건은 첫 번째 조건과 연관되어 있다. 갈등의 한 당사자 측이 모든 힘(결정권이나 정보, 그리고 재원 등)을 갖고 있는 상황이라면 상대 측이 합의형성 노력에 참여할 수가 없다. 한 집단이 자신이 원하는 것을 일방적으로 얻을 수 있는가? 만일 그렇다면, 자신의 힘을 깨닫고 일방적으로 행동을 취하려는 시점에 이 집단을 협상테이블로 나오도록 할 수 있는 방법은 없다.

합의형성 노력에 갈등당사자들이 참여하기 위해서는 상호의존적인 관계가 필요하다. 이는 서로가 똑같은 힘을 갖고 있어야 한다는 뜻은 아니다. 그러나 모든 당사자들이 필요한 경우 상대방의 약점을 향하여 자신들이 활용할 수 있는 최소한의 영향력을 갖고 있다는 것을 의미한다. 이런 영향력은 사업을 지연시키는 정도에 불과하지만, 이렇게 제한적인 영향력이라 하더라도 상호의존성을 만들어 낼 수 있다.

다음과 같이 권력이 매우 불균형한 사례를 생각해 보자. 한 개발회사는 소유하고 있는 토지에 주택을 건설하려는 계획을 가지고 있다. 이 개발계획은 시의 모든 규제조항을 준수하고 있다. 이들은 필요한 건축허가도 갖고 있다. 이 회사는 법률을 준수하겠다는 의지도 분명하게 피력했다. 그리고 이 회사는 성급하게 공사를 시작하려고 하지 않고 있다. 이 사업에 대해 당신이 생각하고 있는 역제안은 개발업자에게 엄청난 비용을 초래하고 이윤을 심각하게 감소시키는 것이다. 이에 대해 이 회사는 공식적 그리고 비공식적 입장에서 분명히 밝혔듯이 더 이상 이 지역에서 사업을 할 강력한 이유가 없다. 이러한 상황이라면 협상을 통해 여러분이 성공적으로 목적달성을 할 수 있는 충분한 영향력은 없다고 해야 할 것이다.

당신은 각 그룹의 적정한 대변인을 찾을 수 있는가? 불행스럽게도 핵심당사자 파악만으로는 충분하지 않다. 당신은 각 그룹을 대신하여 권위를 갖고 대변할 수 있는 누군가를 확보해야만 한다. 만일 핵심그룹이 충분한 권한을 가진 대변인을 가지고 있지 않다면 협상은 곧 난관에 처하게 될 것이다. 대변인은 자신의 소속구성원들을 대신해 말을 할 수 있어야 한다.

이러한 상황은 생각보다 매우 심각한 상황이다. 예를 들어, 어떤 공익단체의 선출된 리더가 구성원들의 표결이 없이는 구체적인 제안에 입장을 표명할 수 없는 경우가 있다. 이는 그 단체의 내부규정에 따른 제약조건이다. 종종 미국 원주민 협상가들은 이와 유사한 제약 하에서 협상해야 한다. 부족의 관습을 따라 모든 것은 합의에 의해서 결정되어야 하기 때문이다. 많은 원주민 협상가들은 단지 부족과 다른 협상당사자들 간에 메시지를 전달하고 받는 권한만 위임받을 뿐이다. 원주민 협상가들은 잠정적으로라도 특정 제안에 대한 자기만의 약속을 일체 할 수 없다.

대부분의 협상가는 협상결과를 구성원들과 협의하거나 공식적인 인가과정을 거치지 않고는 소속구성원에게 그 결과를 구속시킬 수 없다. 그러나 협상가가 브레인스토밍 과정에 참여조차 할 수 없다거나 소속구성원들의 예상 반응에 대해 미리 암시조차 줄 수 없다면, 그 협상과정은 지지부진해질 수밖에 없다. 이러한 상황은 분명히 합의형성 자체를 좌절시키게 된다.

당신은 정해진 기한이 있는가? 그 기한은 현실적인가? 만일 갈등당사자들 중 한 사람이나 또는 다른 외부상황에 의해서 설정된 비현실적인 기한이 있다면, 필요한 합의형성과정을 진행하기에 충분할 만큼 빨리 갈등당사자들을 한자리에 모으는 것은 불가능할 것이다. 예컨대, 만일 법원이 1~2주 내에 결정을 요구한다면 합의형성은 불가능하다. 반면, 기한이 없다면 갈등당사자들을 협상테이블로 불러모을 수 있는 추동력을 만들어 내기가 힘들 수도 있다.

공공부문에서 대부분의 기한은 유연하며, 최종 결정은 (특히 어려운 배분적 문제에 대한 결정은) 계속해서 지연되기도 한다. 만일 기한에 직면하고 있다면, 그 기한이 얼마나 '진짜'인지 가늠할 필요가 있다. 어업권 갈등에서처럼, 판사는 법원이 강제한 해소책보다는 합의형성적 해소책을 선호했다. 그러나 판사는 상황 여하에 따라 구체적인 시한을 둘 필요가 있다고 생각하였다.

당신은 갈등을 재구성하여 신성불가침의 가치에 매몰되지 않을 수 있는가? 협상가들이 기본적인 가치들과 관련된 이슈에 대한 약속을 서로 교환하는 것은 위험스럽다. 이러한 경우, 해당 이해관계자들은 자신들을 대신해서 했던 약속을 거부하거나 새로운 대변인을 임명하려고 할 수도 있다. 공무원들이 근본적인 가치와 관련된 정책분쟁(예컨대, 공공기금을 낙태를 위해서 사용해야 할까, 원자력발전소를 추가로 건설해야 할까, 신나치주의자들에게 공공장소에서 행진할 권리를 부여해야 할까 등)을 해소하려 한다면, 이에 불만을 품은 사람들은 자신들이 만족할 때까지 다른 여론공간에서 이 문제를 지속적으로 제기할 것이다. 분쟁이 헌법적 문제 또는 기본권의 정의(定義)와 관련된 것이라면, 합의 도출은 거의 불가능하다. 갈등의 이슈들을 새롭게 고안하고, 서로 묶고, 교환하고 재정의할 여지가 없다면, 합의에 도달하기란 불가능하다.

한 시정부가 권총규제정책을 입안한다고 가정해 보자. 최근 각종 시위에서 볼 수 있듯이, 이 이슈는 근본적인 가치에 대한 갈등이다. 이 갈등의 핵심은 헌법적 가치에 관한 문제이다. 보상책이나 감축방안, 이슈의 연계나 미래에 대한 약속 어느 것도 합의를 이끌어 낼 수 없다. 이러한 문제가 합의형성과정을 통해 용이하게 다루어질 수 있는 것은 아니다. 헌법적 또는 법적 이슈가 해결되지 않고서는 이러한 분쟁의 배분적 특성만을 다루는 것은 아무런 소용이 없다.

공무원: 분석, 전략, 고려사항
The Public Official: Analysis, Strategy, and Concerns

지금까지 언급한 전제조건들은 공무원, 시민, 기업 측 모두에게 적용되는 것들이다. 그러나 공무원들은 추가적으로 다른 전제조건들도 고려해야 한다. 이들 조건은 크게 하나의 질문으로 요약된다. 공무원인 당신이 공무원의 복무규정을 위배하지 않고 합의형성과정에 참여할 수 있는가?

분석

당신이 공공요금인상 요청에 대한 결정권을 갖고 있는 위원회의 위원이라고 가정해 보자. 그런 위치 때문에, 당신은 요금인상을 요청한 당사자들과의 접촉이 법으로 금지되어 있다. (이를 법률 용어로 '일방적 의사교환금지'라고 한다.) 한편, 요금인상 요구는 연례적인 골칫거리여서, 협상을 통한 조정으로 해결하고 있다. 이 사안과 관련되는 이해관계자들은 파악하기 쉽고 잘 조직되어 있다. 각종 예측자료나 기타 기술적 정보는 서로 공유되며, 요금결정은 주로 서비스공급방식, 장기재정상황 및 기타 비용과 편익 등을 포괄하는 다수의 거래패키지에 달려 있다.

이러한 상황은 엄격한 규정이 요금결정위원회 위원들의 행동을 통제하고 있기 때문에 매우 사려 깊은 주의가 필요하다.[2] 당신은 승인받기 위해 위원회 앞으로 제출될 협상초안을 만드는 데 관여할 수 없지만, 당신의 동료직원들이 지원을 통한 협상을 시작하는 것을 도울수는 있을 것이다.

공무원으로서 당신은 위원회의 사적인 회의, 또는 공식적 공고 없는 회의 등을 금지하는 규정에 구속받는다. 그러나 이러한 금지규정이 공무원인 당신을 포함해 모든 당사자들을 사적으로 만날 수 있는 중립적 조정자의 활용까지 제한하고 있지는 않다. 많은 주(州)는 '공개회의' 규정을 갖고 있어서 어떤 위원회라도 2인 이상의 위원들이 만나고자 한다면, 그 회의는 반드시 사전에 공표되어야 하며 대중에게 공개되어야 한다. 공무원인 당신은 이러한 비밀회의에 관한 규정을 명확히 알고 있어야 한다. 일반적으로 제안되어 있는 협상이 금지하고 있는 비공식적 회의나 개별회의를 필요로 하는지 분명하지 않기 때문에, 당신은 차후에 법규위반 시비를 초래할 수 있는 과정에 무작정 몰입할 수도 없다.

내친김에 한 가지 자명한 사실을 언급하고자 한다. 당신이 특정 공공갈등의 결과에 개인적인 이해관계를 갖고 있다면, 당신의 행위는 '이해관계법(conflict of interest laws)'에 제약을 받게 된다. 시민들이나 기업이해관계자들은 갈등조정을 통한 사적 이익의 추구가 허용되지만, 공무원인 당신에게는 허용되지 않는다. 갈등과 관련하여 특정한 대안을 논의하는 것만으로도 당신은 비리혐의에 연루될 수 있다. 따라서 당신은 절차적인 측면에서의 정당한 법적 절차뿐만 아니라 공정성과 적절성의 면에서도 함께 주의해야 한다.

우리는 앞에서 공무원들이 직면하고 있는 책임위임 이슈에 대해 언급한 바가 있다. 시정부 공무원이 합의형성과정에서 어떠한 결과가 나오든 따르겠다고 미리 합의하는 것도 책임의 방기이며 법 위반이다. 이러한 함정을 피하려면, 비공식적인 협상에 참여하기로 한 공무원(또는 부하직원)들은 수용할 수 있는 유일한 결과는 모든 이해관계자들이 합의할 수 있는 것이어야 한다는 사실을 모두가 이해하고 있어야 한다는 점을 분명히 해야 한다. 더 나아가, 합의안은 공식적으로 인가를 받아야 하고, 이 비공식적인 조정안이 법률적으로 이행가능한 형태로 바뀌어야 한다는 점도 분명히 해 두어야 한다. 따라서 시의회 의원이 비공식적 협상에 참여하기로 약속할 수 있지만, 이 의원도 또한 시의회 전체회의에서의 비준이 보장된 것은 아니라는 점과, 합의안이 조례로 만들어지려면 먼저 해당 위원회에서 검토가 있어야 한다는 점도 분명히 해야 한다.

요약하면, 공직자로서 당신은 다양한 규제의 대상이 된다. 어떤 규제는 법적인 성격을 갖는 것으로 위반해서는 안 되며, 또 다른 규제들은 정치적인 성격의 것으로 공직을 이용해 사익을 추구하거나 어떤 사안을 미리 판단해 버려도 안 된다. 이러한 규제들이 협상에서 영향력을 발휘하는 정도에 따라, 당신의 협상 역량을 약화시킬 수 있다. 따라서 사전에 이러한 규제사항들을 미리 고려하여 당신이 이들 규제들을 만족스럽게 충족시킬 수 있는지 판단해야 한다. 만일 규제들을 충족시킬 수 없다면, 당신은 협상 관여를 다른 사람에게 위임하거나 아예 협상에 관여하는 것을 포기해야 한다. 그러나 다시 한 번 더 강조하는데, 이러한 제약조건들이 조정의 장점을 부인하는 것은 아니다. 아무런 개인적 이해관계가 없는 중립적인 제3자를 활용하는 것이 위에서 언급한 각종 제약들을 극복하는 핵심 방법이다.

전략

당신이 일반적인 전제조건뿐만 아니라 공직자에게 해당되는 구체적인 전제조건을 포함하여 생산적인 협상을 위한 전제조건들을 충족시켰다고 가정하자. 당신의 분석에 기초하여, 당신은 지원기반 협상을 통해 분쟁을 해소하기를 원한다. 그렇다면 구체적으로 어떤 절차를 따라야 할까?

당연히, 가장 먼저 핵심 이해관계자들의 첫 번째 회의가 있어야 한다. 그들에게 합의형성이라는 생각을 소개하는 자리이다. 그들은 비교적 수용적인 자세를 갖고 서로 만날 필요가 있다. 조던 레인의 사례에서 보았던 것처럼, 지원 없는 당사자 협상에서는 당신은 쉽게 갈등당사자들을 불러 모아 논의를 시작할 수 있다. 그러나 좀 더 복잡한 지원기반 협상에서는 아주 중요한 사전절차(preliminaries)들을 주목할 필요가 있다.

이해당사자로서 당신은 직접 합의형성에 대한 견해를 제안하지 않는 것이 최선일 수 있다. 대신, 그런 견해를 제시하는 데 유능한 누군가에게 도움을 청하라. 여기서 이러한 조력자를 주관자(convenor)라고 부르는데, 이 사람은 합리적이고 긍정적이며 생산적인 자세로 갈등당사자들을 한데 모으는 데 경험이 많은 전문가이다.

주관자가 처음 해야 할 일은 '갈등영향분석(conflict assessment)'에 착수하는 것이다. 당신은 이미 핵심 이해관계자들을 파악했고 이들의 참여를 설득할 수 있으리라 확신하고 있다. 주관자는 당사자들을 만나 그들의 견해를 구하고 자신들의 이해를 파악할 수 있도록 도와준다. 주관자는 갈등영향분석을 통해 확인된 이해관계자들을 추가적으로 찾아내고 만난다. 동시에 주관자는 핵심 이해관계자 모두를 만나 첫 번째 회의에 참석하도록 설득한다. 대부분의 경우, 지원기반 협상이라는 생각은 일부 참석자들에게 생소하기 때문에 의구심이나 거부감도 생길 수 있다. (도대체 그 것이 무엇이죠? 누가 구성하죠? 왜 내가 그 회의에 가야만 하나요?) 하지만 주관자는 협상과정을 생생하게 설명하면서 이 과정에 참여하는 사람들에게 적절하고 도움이 될 것이라고 설명할 수 있어야 한다.

합의형성과정을 제안하는 공무원으로서 당신이 주관자와 견해를 공유하지 않을 이유는 없다. 그러나 명심할 점은 당신이 갈등해소를 위해 노력하는 한 사람이지만 여전히 갈등의 한 당사자라는 사실이다. 주관자가 편파적이라고 여겨지면 의도한 효과를 볼 수 없다. 따라서 주관자는 공무원인 자신의 관점이 여러 관점 중 하나라는 점을 인식해야 한다.

주관자의 역할은 적어도 첫 번째 회의까지 계속된다. 이 첫 회의에서 주관자는 이해관계자 그룹이 협상단계로 나갈 수 있도록 도와준다. 주관자는 첫 회의에 모인 대표자들에게 이들이 선택할 수 있는 절차—회의촉진, 조정 및 기타—에 대해 알려 주도록 한다. 다음으로 주관자는 활용할 수 있는 중립적인 지원의 종류와 그에 따른 비용을 설명해 주도록 한다. 일부 지역사회와 주(州)에서는 이미 공짜로 합의 형성과정에 대한 지원을 하고 있다. 이 첫 회의에서, 또는 이후의 회의에서, 주관자는 이해관계자 대표자 그룹과 함께 나중에 이 대표자 그룹이 면접할 중립자의 목록을 만들도록 한다.

이 대표자 그룹은 다음으로 가장 적당한 제3자를 선정하여 고용한다. 이 기간 동안 대표자 그룹은 주관자에게 계속적인 도움을 요청하기도 한다. 이 주관자가 심지어는 회의촉진자 역할이나 조정자 역할에 적당한 사람일 수도 있다.

대부분의 경우, 조정자의 선정은 특별히 논란을 야기하는 과정은 아니다. 갈등당사자들은 통상적으로 중립자에게 다음과 같은 특성을 요구한다. 갈등 이슈에 대한 내용의 이해, 법 규정 및 관련 규제 사항 등 맥락적인 이해나 정통함, 가장 중요한 것으로 공정성에 대한 높은 평판 등이다. 이해관계자 대표자 그룹과 중립자는 다음으로 제3자가 제공하는 표준계약서에 기초하거나 특정 상황에 적합하게 수정된 계약서를 작성한다.

일단 조정자가 정해지면 주관자의 임무는 종료된다. 그리고 갈등해소과정에서 관련 있는 공무원으로서 당신의 역할은 더욱 명료해진다. 다른 이해당사들과 같이, 합의 도출 여부에 대한 더 이상의 책임감을 느낄 필요 없이 당신은 이제 당신 자신의 이해관계에 집중할 수 있다. 이제부터 당신은 앞의 장에서 자세히 설명한 3단계의 협상과정을 따르도록 한다.

대표성의 문제가 제기될 때, 공무원으로서 당신은 특별한 책임을 지고 있음을 명심해야 한다. 당신은 결국에는 합의에 입각한 해결책의 이행약속을 요구받게 될 것이다. 당신의 이행약속은 정부의 이행

약속으로 상징적인 중요성을 갖게 된다. 그러므로 당신이 속한 조직의 구성원들이 그 이행약속을 존중하고 준수하는 것이 두 배로 중요하다. 당신은 협상과정 동안, 협상과정과 그 결과에 대해 당신의 조직 내부로부터 그리고 선출직 기구로부터 지지를 얻을 수 있도록 당신이 무엇을 할 수 있을까에 대해 스스로 질문해 보아야 한다.

공무원으로서 당신의 이러한 책임은 협상 후 단계(postnegotiation phase)까지 계속된다. 협상 전이나 협상이 진행되는 동안, 그리고 협상 후 단계에 걸쳐 공무원의 핵심 과제는 자신의 기관이나 유권자들을 위해 유능한 대변인 역할을 하는 것이다. 당신은 협상이 더 진행되기 전에 당신의 조직 내부로부터의 지시를 분명히 할 필요가 있다. 그리고 궁극적으로 도출하게 될 합의에 대한 지지를 얻을 수 있도록 당신의 조직 내부로부터 공감대를 형성할 필요도 있다. 비록 당신이 조직의 장, 또는 선거로 뽑힌 시장이나 주지사라 할지라도 다른 사람들에게 조정안을 '강요' 할 수는 없을 것이다. 당신은 부하들이나 유권자들이 도출한 조정안을 이해하고 지지해야 한다. 즉, 그들이 조정안을 생산해 낸 과정을 마찬가지로 이해하고 지지할 필요가 있다는 것이다.

공무원으로서 당신은 협상 후 단계에서 추가적인 책임을 갖게 된다. 즉, 당신은 합의안을 비공식적으로 이해하는 차원에서 공식적으로 구속력 있는 제도로 전환하는 것을 도와야 한다. 당신의 도움으로 도출된 비공식 합의로는 정부기관이나 선출기관 등을 구속할 수 없기 때문에, 당신은 법적·행정적·문화적 제약요인들을 고려하여 합의를 작동시킬 수 있는 메커니즘을 고안할 필요가 있다. 당신이 정부기관이나 의회의 대표자로서 활동한 경우라면, 당신은 관련된 사람들을 대변하기보다는 그들의 의사를 충실히 반영하는 역할을 했어야 한다. 당신이 그랬다면 다음 단계가 비교적 용이할 것이다.

여기서는 비공식적인 합의를 공식적으로 전환시키는 네 가지 접근법을 제안한다.

1. 합의문을 법적으로 집행가능한 계약으로 만든다. 앞에서 말했듯이, 공공기관이 체결하는 계약에는 법적인 제약들이 따른다. 임시적인 시민 그룹에게 계약을 통한 약속이행을 강제하는 데는 본질적인 한계가 있다. 이러한 제약들이 극복될 수만 있다면, 계약은 훌륭한 해결책이다. 이것은 바로 창조적인 법적 자문이 매우 도움이 될 수 있는 하나의 영역이다.[3]

2. 합의문을 법규, 조례, 또는 행정규제로 전환시킨다. 공식적인 기구를 통해 합의문을 채택하도록 조율한다. 예를 들어, 시의회는 비공식적인 합의문에 담긴 개념들을 구체화하는 특별 조례를 채택하기도 한다. 이러한 경우, 투표권을 갖는 모든 사람이 비공식적인 합의문의 작성 및 검토에 반드시 참여하도록 해야 한다.

3. 합의문에 인허가 및 기타 법적 승인 등의 조건을 달도록 한다. 이는 가장 단순한 해결책이다. 예를 들어, 비공식적 합의가 개발계획과 관련된 것이라면, 합의에 입각한 조건들은 건축허가, 토지이용규제 등의 형식으로 명문화된다. 비록 지역의 시민 그룹은 사업승인이라는 형식의 공식적 합의과정에서 공식적인 지위를 갖고 있지는 못하지만, 이러한 유형의 문서화된 의무사항을 이해하고 수용할 것이다.

4. 창의적인 해결책을 고안한다. 가끔은 법적 또는 문화적 제약 때문에 비정상적인 접근법이 필요한 경우가 있다. 예를 들어, 만일 인허가에 딸린 규제조건이 위와 같은 제약 때문에 타당하지 않다면, 개발업자는 자신의 선의를 보장하기 위하여 약속이행보증금을 제시할 수 있다. 중립자는 이 보증금을 개발업자가 자신의 약속을 이행할 때까지 보유하고 있도록 한다. 만일 개발업자가 자신의 약속을 이행하지 못하면, 보증금은 시민 그룹으로 넘어가게 된다. 이러한 접근법은 여전히 비공식적인 것으로, 공식적인 제재가 아닌 자율규제에 해당한다. 일부 갈등당사자들에게는 비공식성이 여전히 가장 매력적인 대안이 되는 상황이 늘 존재한다.

고려사항

앞에서 공무원이 합의형성 협상에 참가하기 전에 고려해야 할 몇 가지 이슈들을 설명하였다. 그러나 일단 협상이 시작되면, 공무원들에게 또한 중요한 추가적인 고려사항들이 새롭게 발생하거나 반복적으로 나타난다. 이런 고려사항 중 일부는 예상할 수 있고 직면할 수 있는 '실질적인' 고려사항들이다. 반면 다른 것들은 과장되었거나 심지어는 가상적인 것일 수도 있다.

우리는 이미 법적 구속력이 있는 약속을 하는 공무원의 권위 문제에 대해 논의한 바 있다. '공무원으로서'라는 논리는 "내 약속이 앞으로의 의회나 행정부까지 구속할 수는 없습니다."라는 데까지 연장된다. 그러나 이 말은 그야말로 사실이 아니다. 공무원들은 늘 계약을 체결한다. 미래의 의회까지 구속하는 약속은 법 조항 속에 또한 담겨 있다. 모든 사람은 법에 의해 구속받는다. 이 주장은 "공무원으로서 나는 미래의 다른 사람이나 기관을 구속하는 비공식적인 합의는 할 수 없습니다."라고 해야 더 정확하다.

당신이 주민이나 유권자들을 비공식적인 합의로 구속할 수 있는 능력이 있을까 걱정함으로써 잠재적으로 생산적인 과정을 망치는 일은 피해야 한다. 당신이 진정 노력해야 하는 것은 당신이 최선의 비공식적인 합의를 도출해 내는 것이다. 그런 다음, 이 비공식적인 합의를 앞에서 설명한 기법들 중 하나를 이용하여 당신의 지지자나 유권자를 구속할 수 있는 합의로 전환시키는 일에 대해 걱정하라.

공무원으로서 당신은 당신과 협상하는 사람들이 그들이 표면상 대표하고 있는 이해관계자들을 정말로 구속할 수 있는지 확인하고 싶어한다. 만일 비공식적인 합의를 위해 지난 6개월간 협상을 해 왔는데 갑자기 새로운 분파그룹이 나타나 이 합의를 수용할 수 없다고 한다면 어떻게 할 것인가?

이것이야말로 우려할 만한 사항이다. 분파그룹의 등장을 전적으로 방지할 수는 없다. 당신이 할 수 있는 최선의 일은 협상과정 내내 대표자 문제에 대해 최대한의 주의를 기울이는 것뿐이다. 가능하면 자주, 협상대표자들이 자신들의 소속 그룹과 밀접하게 접촉하고 있는지를 반드시 확인하도록 하라. 합의문이 도출되는 시점에, 각 협상대표자가 합의문의 인가를 받기 위해 자신의 소속 지지자들에게 가져가는지 확인하라. 상대편 협상대표자들도 이러한 방식으로 자신의 지지자들로부터 승인을 받는지 철저히 확인하도록 하라. "당신은 이 합의문을 당신의 지지자들에게 전달할 수 있습니까?"

만일 분파그룹이 나타난다면 어떻게 될까? 이 질문은 다음 두 부분으로 나누어 볼 수 있다. 첫째, 당신은 이 분파그룹과 어떻게 상호 작용을 할 것인가? 둘째, 이 분파그룹이 당신이 오랫동안 피하려고 노력한 바로 그 결과인 소송에 의지하려 한다면 어떻게 할까?

첫째 질문은 대답하기가 비교적 쉽다. 당신은 다음과 같은 입장을 견지하도록 한다. "자, 보세요. 이것이 우리가 해 온 것입니다. 그동안의 합의형성과정이 어떻게 진행되었는지도 보세요. 이 과정은 공개적이었고 엄정했습니다. 이것이 우리가 도출한 합의안입니다. 이 협상에는 선정된 모든 이해관계자들이 참여하고 있습니다. 죄송합니다만, 이 문제는 현재 공개적으로 추가적인 논의가 되고 있지 않습니다. 저는 현재 이 결과에 대해 심혈을 기울이고 있습니다. 물론, 당신들이 참여하고 있는 모든 사람이 수용할 수 있는 합의문에 대해 수정을 제기할 수 있습니다만, 이는 또 다른 차원의 이야기입니다." 다른 말로 하면, 분파그룹을 막을 수 있도록 합의형성과정에 당신이 얼마나 전념하고 있는지를 보여 주도록 한다. 또한 당신은 당신의 협상파트너들이 당신을 보호하는 데 적극적임을 보여 줄 필요가 있다. 협상참여자들 중에서 누가 이념적으로 분파그룹과 가장 가까운가를 파악하라. 그리고 그 파트너에게 반대파들에 대해 압력을 행사해 달라고 요청하라. 당신과 그 파트너는 협상으로 합의를 도출하는 데 이해를 공유하고 있기 때문에 이러한 요청이 가능하다.

둘째 질문은 좀 더 골치 아픈 문제이다. 둘째 질문을 달리 표현하여, "소송이 그동안 해 왔던 모든 것을 무효화하는가?"라고 묻는다면, 답은 쉽게 얻어진다. 답은 "아니다."이다. 만일 당신이 그동안 진행해 온 합의형성과정의 (회의록과 같은) 기록을 꼼꼼하게 챙겨 가지고 있다면, 그리고 당신이 이해당사자 그룹이 모두 사인한 공식문서를 만들어 두었다면, 이러한 사실관계들이 법원에서 유리하게 고려될 수 있다. 당신은 확실하게 소송제기를 막을 방법은 없지만, 모든 이해당사자들이 지지하는 사려분별 있는 과정과 결과가 있다면 당신은 원고의 주장을 경청하려는 법원의 의지를 막아 낼 수 있고, 적어도 원고에 대한 법원의 동정심을 최소화할 수 있다.

공무원들이 특히 관심을 갖는 또 다른 걱정거리는 잠재적인 이해당사자들 전체의 수이다. "나는 몇몇 핵심 이해당사자들을 파악할 수가 없습니다."라고 많은 이해당사자의 수에 압도당한 공무원은 불평을 토로한다. "50명의 사람을 상대해야 합니다. 어떻게 이 50명의 사람과 생산적인 대화를 할 수 있겠습니까?" 그러나 우리는 그렇게 많은 사람과의 대화도 이해관계자 그룹을 '클러스터링(clustering)' 하는 기법으로 가능함을 보아 왔다. 예를 들어, 리버엔드 사례에서 대부분의 반개발 그룹들은 협상에서 자신들을 대표할 비교적 소수의 지정 대변인을 수용하도록 설득할 수 있었다. 모든 그룹은 여전히 (참관자로서) 회의에 참석할 수 있는 선택권을 갖고 있었지만, 오직 지정된 대변인만

이 협상에 참석할 권리를 부여받게 되었다.

이 기법은 ― 이해 피라미드 또는 스노볼링이라고도 불리는데 ― 유능한 회의운영을 필요로 하지만 여러 장점도 있다. 첫째, 협상테이블에서 낼 수 있는 목소리의 수는 협상진행의 정당성을 훼손하지 않는 수준까지 제한될 수 있다. 그러나 협상에 참여하고 있는 그룹들 자신이 지명한 사람을 뽑는 것이 중요하다. 둘째, 협력의 정신은 같은 클러스터 내에 있는 그룹들 사이에서 고양될 수 있는데, 이로써 나중에 분파로 나누어지는 위험을 줄일 수 있다. 셋째, 이 기법으로 협상진행의 유연성을 높일 수 있다. 효과적인 협상이라면 똑같은 논의사항으로 시작하고 끝나는 경우는 거의 없다. 여러 지지자들을 대표하는 대변자들은 협상과정 동안 발생하는 이해관계의 변화에 매우 민감하게 될 것이다.

요컨대, "훌륭한 회의는 7명에서 2명이 많거나 적거나 하는 정도의 사람만 필요로 한다."라고 하는 옛 격언에 희생당하지 않도록 하라. 적절하게 구성되고 적절한 지원이 있다면, 50 또는 60명까지의 그룹도 효과적으로 운영할 수 있다.

공무원이 마지막으로 고려할 사항은 바로 비용이다. 일부 추정에 따르면, 협상은 비용이 많이 든다. 즉, 협상은 시간과 돈을 필요로 한다.

더욱이 재정압박으로 인해 공무원은 종종 일시적으로 "나는 그만큼의 돈이라면 소방차 한 대를 살 수 있겠다."라는 생각을 하게 된다. 그리하여 일방적으로 행동하려는 유혹이 생겨난다. "이 협상에서 벗어날 수 있는지 생각해 보는 게 어때?"라고 공무원은 자신에게 묻는다. "그 방법이 실패한다면, 그때 협상을 고려해 보겠어."

'결정-발표-옹호' 접근법이 실패하는 경우, 이해당사자들을 원래의 자리로 돌려놓지 못한다는 것이 정답이다.[4] 일방적인 조치가 실패한 후에 합의형성과정을 조직하기란 참으로 어렵다. 상호신뢰 구축은 더더욱 힘들어진다. 마찬가지로 중요한 것은 이해당사자들은 강경입장을 취하게 된다는 점이다. 예를 들어, (당신의 의지와는 달리, 상대 측의 요구를 수용할 수 있는 것이 별로 없어 당신을 약하게 보이게 할 수 있기 때문에) 당신은 어쩔 수 없이 당신의 최초 입장을 고수하게 되기도 한다. 또는 당신이 일방적으로 행동하기 위해 취하는 첫 시도로 인해 상대 측 이해관계자들은 당신이 매우 비현실적인 기대를 갖고 있기 때문에 당신과의 협상은 소용이 없다고 확신할 것이다.

공무원은 다소 장기적인 관점을 가질 필요가 있다. 합의형성의 비용을 일방적 행위로 소요되는 비용과 비교하는 대신, 당신이 제안한 결정이 기한 없이 지체됨에 따라 발생하는 실제 비용이 얼마일지를 자신에게 물어보라. 그 비용을 합의를 도출하는 데 드는 비용과 비교해 보라. 대부분의 경우, 협상비용은 사업이나 제안이 갖고 있는 가치와 비교해 보면 아주 미미한 수준이다. 1,000억 달러의 시설사업에서 합의형성 비용을 위해 5만 달러를 투자하는 것은 가치가 있을까? 그 시설사업이 (당신의 일방적 행동으로 인한 소송절차에 의해) 몇 개월 동안 지연된다면, 그 5만 달러는 쥐꼬리만 한 수준이다.

적절한 사례는 하몬 카운티 하수처리 사례이다. 본격적인 협상이 시작될 무렵, 하수처리공단 측은 원래 시설비용보다 더 많은 이자부담을 지고 있었다.

시정부가 협상에 소요되는 5만 달러의 대부분 또는 전부를 부담하지 않으리라는 것은 쉽사리 알 수 있다. 여러 주정부들은 이미 5만 달러 규모의 협상을 지원하기 위해 자금동원 방안을 구축해 놓고 있다. 그렇지 않으면, 이 5만 달러의 일부분을 상대 측 이해관계자들이 부담할 수도 있다. 마지막으로, 회의장소, 비서지원, 복사서비스, 또는 우편발송 등의 현물지원을 통해 전체 비용을 낮출 수 있다.

요약하면, 합의형성 비용을 추정할 때, 당신은 당신의 배트나를 알고 있어야 한다. (만일 당신이 결정-발표-옹호 전략을 택하는 경우 당신이 부담할 법률 비용의 최선의 추정치는 얼마인가?) 당신 사업의 규모를 명심하라. 사업의 규모가 커질수록 합의형성 비용의 부담은 더 작아지고, 성공적인 협상의 결과로 얻는 '이득' 은 더 커진다.

시민: 분석, 전략, 고려사항
The Citizen: Analysis, Strategy, and Concerns

이 절에서, 우리는 통상적으로 임시 단체 또는 좀 더 항구적인 조직의 회원인 시민 대표자의 관점을 설명한다. 여기서도 분석, 전략, 고려사항이라는 구조를 이용하여, 공공갈등의 한 당사자가 직면하게 되는 일련의 이슈들을 알아본다. 일반적인 유용성을 가진 정보는 앞의 절 '공무원' 에 설명되어 있으며, 세 당사자 그룹(공무원, 시민, 기업이해관계자) 중 구체적으로 한 당사자에 해당되는 자료들도 또한 다른 두 그룹의 당사자들이 활용할 수 있다.

분석

시민으로서 당신은 당신의 분쟁이 성공적인 합의형성을 위한 다섯 가지 일반적인 전제조건을 충족하고 있는지 먼저 판단해야 한다. 이들 전제조건에 관해서는 앞에서 상세히 설명했지만, 여기서 간략하게 정리하면 다음과 같다.

- 당신은 핵심 이해당사들을 파악할 수 있고 그들이 협상테이블로 나올 것인가?
- 이해당사자 간 권력관계가 충분히 균형잡혀 있는가?
- 당신은 각 그룹을 대표하는 정당성 있는 대변인을 찾을 수 있는가?
- 당신은 정해진 기한이 있는가? 그리고 그 기한들은 합당한가?
- 당신은 신성불가침한 기본적인 가치에 대한 논쟁으로부터 당신의 분쟁을 자유롭게 할 수 있는가?

시민의 관점에서, 세 가지의 다른 전제조건들도 충족되어야 한다. 이들 조건들도 질문의 형태로 표현될 수 있다. 만일 이들 조건들과 앞선 질문들에 대해 확정적으로 답할 수 있다면, 갈등해소에 대한 합의적 접근법은 당신에게 적합할 것이다.

당신은 효과적으로 협상에 참여할 수 있는 자원을 갖고 있는가? 이 질문은 합의형성과정 중 사전협상단계에 해당되는 고려사항에 대한 질문이다. 당신의 그룹이 협상참여에 소요되는 기본적인 비용을 충당할 정도의 재원을 마련할 수 있는가? (예를 들어, 이 비용에는 회의에 오고가는 비용, 고위 회원들의 시간적 여유, 기술지원 자문비, 관련 업무지원 시간, 우편발송 비용, 전화통화요금, 사무용품비 등이 포함된다.) 만일 이러한 자원의 동원이 원활하지 못하다면, 협상에 참여하는 다른 그룹이 당신의 그룹을 대표할 수 있도록 조치를 취할 수 있는가?

앞에서 말했듯이, 많은 갈등해소과정의 비용은 '협상참여자'들 간에 분담된다. 이는 시민그룹은 전체 비용의 일부만을 떠맡게 된다는 의미이다. 그렇지만 당신의 그룹은 여전히 협상에 참여하는 대변인의 시간비용을 충당할 방법을 찾아야 한다.

필요한 경우 협상참여자가 쓸 수 있는 자금의 추렴 등 자원 공급원이 필수적으로 필요하다. 그러한 자원 공급원은 협상이 본격적으로 시작되는 것이 분명해지기 전까지는 만들어지지 않는다. 시민그룹은 갈등해소 과정 중 사전협상단계에서 협상참여에 따른 재원 마련에 어려움을 겪는 경우가 종종 있다.

　제안된 사업에 대해 문제를 제기하고 있는 시민그룹은 그 사업의 지지자들로부터 직접 돈을 받고 싶어 하지 않는다. 그룹의 신뢰성에 대해 의심 받을 수 있고, 합의형성과정의 정당성을 훼손할 수 있기 때문이다. 이러한 이유에서 독립적인 '자원 공급원 관리자'를 고용할 필요가 있다. 이러한 역할에 적당한 사람은 주관자 또는 회의촉진이나 조정을 담당하는 사람 등이다. 또는 분쟁해소 노력에 일체 개입하지 않는 개별 조직─미국중재협회 등─이 담당할 수도 있다. 어떠한 경우든 협상참여자 모두가 자원 공급원 중 재원의 사용에 관한 지침을 작성하는 데 역할을 해야 한다. 일단 재원이 자원 공급원 관리자에게 넘겨지면, 개별 기부자들은 재원의 배분에 대해서 구체적인 언급을 해서는 안 된다.

　리버엔드 사례에서, 독립적인 기술지원 공급원을 뒷받침하기 위한 재원은 연방정부와 주정부가 제공하였다. 하몬 카운티 하수정화 갈등사례에서는 조정에 필요한 재원은 주정부 차원의 분쟁해소국(Office of Dispute Settlement)을 통해 마련되었다. 어업권 갈등사례에서 공동사실조사를 위한 재원은 연방법원을 통해서 조정자에게 전달되었다. 사회복지서비스 포괄보조금 갈등사례에서는 조정자를 위한 기술지원 담당자에 관한 재원은 모든 당사자가 동의한 계약 하에서 사회복지부(Department of Social Services)가 제공하였다. 다른 경우에는 민간 재단이 공공갈등 해소 노력에 재정을 지원하기도 하였다. 어떤 경우이든, 지역주민들이 보기에 다른 이해관계자들이 재원의 일부분을 제공하지만 시민그룹의 진실성이 훼손됨이 없이 또는 합의형성과정의 신뢰성이 손상됨이 없이 재원의 배분을 통해 시민들은 혜택을 받을 수 있었다.

당신은 통일된 입장을 개진할 수 있는가? 만일 당신의 조직이 심각한 분열상태에 있다면, 당신은 아마도 협상에서 배제될 수 있다. 내부 분열로 인해 당신의 그룹이 약속이행을 수용하기 불가능할 것이기 때문이다. 만일 당신이 소속 그룹을 어떻게 대변할지 명확하게 모른다면, 협상테이블에서 당신의 영향력과 효과성은 매우 제한적일 것이다.

당신의 그룹이 개발사업계획에 대응하기 위해 조직된 주민그룹으로, 여러 하위그룹들로 구성되어 있다고 생각해 보자. 하위그룹 중 한 그룹이 개발예정지의 어떠한 개발도 반대하는 사람들로 구성되어 있는 반면, 다른 그룹은 단지 개발업자가 제시하고 있는 특정 디자인을 반대하고 있다. 협상테이블에서 개발업자는 당연히 후자 그룹의 의견을 경청하고 수용하려는 경향을 보일 것이다. 개발업자가 개선된 디자인을 협상테이블에 가져왔을 때, 당신의 연합체는 곤란에 처하게 될 것이다. 당신의 연합체 내의 한 분파는 새로운 디자인을 수용하려고 하지만, 다른 분파는 여전히 강경하다. 물론, 전략적인 목적에서 상대방을 계속 압박하기 위해 한 그룹의 구성원들이 '강경'과 '온건'의 역할을 나누어 맡는 경우도 가끔은 도움이 된다. 그러나 만일 당신의 그룹이 정말로 분열된 상태라면, 당신은 어떠한 약속을 하기에도 그리고 이행하기에도 매우 어려울 것이다.

이러한 문제는 너무 많은 그룹을 하나의 거대한 연합체(coalition)로 만들려고 하면서 종종 발생한다. 대규모의 연합체는 ('숫자가 힘이기 때문에') 매력적이다. 그러나 만일 당신의 연합체가 너무나 많은 분파를 포함시키려 한다면 당신은 실제적인 거래를 하려 할 때 취약한 입장에 놓일 수도 있다. 당신은 소규모 연합체로 움직이는 것이 더 좋은데, 규모가 작으면 구성원들이 가장 바람직한 결과에 대한 생각을 공유할 수 있기 때문이다.

협상참여가 당신의 조직에 도움이 되는가? 당신의 그룹이 가장 필요로 하는 것은 무엇인가? 새로운 회원 또는 협상을 통한 특정 이슈의 해결인가? 많은 경우, 임시적인 시민 그룹의 건강성(단결, 단합)은 해당 사업계획에 대해 지속적으로 문제제기를 함으로써 얻을 수 있다. '적'과 협상하기 위해 협상테이블에 앉는 것은 불도저 앞에 드러눕는 것과 달리 너무 극적이지 못하다. 일부 그룹은 지속적이고 뜨거운 갈등을 야기하여 재정적인 지원을 얻거나 새로운 회원들을 끌어들이기도 한다. 협상은 이러한 종류의 조직적 지지를 약화시킨다.

솔직하게 당신이 성취하려는 것을 평가해 보라. 만일 당신의 주된 관심이 문제의 분쟁을 해소하기보다는 당신의 조직을 강화하는 것이라면, 당신은 합의형성을 추구하는 타당한 동기를 갖고 있다고 할 수 없다. 오래 지속되는 대다수 시민활동 그룹들의 특징은 자신들의 적들과 갈등을 넘어 파트너십으로 나가는 방법을 찾는 그룹들이다. 정말로 가장 효과적인 조직들은 합의형성 노력에 참여하는 동안 지속적으로 배워 나가는 조직들이다. 이들은 협상을 요구하는 것이 반드시 자신들의 장기적인 생존에 잠재적으로 위협이 되지 않는다는 것을 알고 있다.

전략

자원의 제약으로 인해, 시민그룹이 분쟁해소 노력을 시작하는 것은 비교적 드물다. 그러나 만일 당신의 그룹이 협상을 제안하는 위치에 있다고 생각하고 협상절차를 시작해야겠다면, 주관자를 찾아 고용하는 등에 관해 앞의 '공무원' 절에서 설명한 전략을 참고하라. 편의를 위해, 우리는 당신의 그룹이 주관자와 계약을 맺고 분쟁해소 노력에 참여하기로 했다고 가정한다.

사전협상단계에서 당신의 주된 관심은 다른 그룹과 연대를 구축하는 것이다. 가능한 한 가장 많은 수의 이해관계를 공유하는 그룹들과 개인들을 조직하라. 다음으로, 협상테이블로 보낼 가장 적은 수의 대표자들을 파악하라. 연합전선(united front)을 통해 당신은 더 많은 협상력을 가질 수 있지만, 대표자 문제를 더 신중하게 생각해야 하고, 당신의 배트나와 희망사항들을 분명하게 해야 한다.

가장 적당한 조정자를 고용하기 위해 주관자와 긴밀하게 협력하라. 당신 조직의 구성원들은 특히 상대 측이 합의형성과정에 대한 비용을 부담하는 경우에 이 합의형성과정이 정당하고 자신들의 이해관계에 도움이 될지에 관해 어느 정도의 증거를 요구할 수 있다. 이러한 요구는 구성원들의 의구심을 해소할 수 있는 좋은 기회이다. 그렇기 때문에, 당신이 신뢰할 수 있는 제3자를 찾아야 한다. 또한 이 중립자가 훌륭한 절차적 노하우, 상당한 기술적 배경, 그리고 해당 분쟁에 관한 정치적이고 조직적인 맥락에 대한 이해를 가지고 있다고 주장하라.

도움이 된다고 생각되면, 당신의 소속원들에게 분쟁해소절차를 설명해 주고 기본적인 협상전략을 배울 수 있도록 약식 교육시간을 마련해 달라고 조정자에게 요청하라. 다른 참여그룹의 대변인들도 함께 연습모임에 적극적으로 참여할 수 있도록 하라. 모든 사람이 동일한 수준의 생산적인 협상기술에 대한 이해를 갖고 있다면, 초보 협상가들이 종종 구사하는 시간 소모적이고 비생산적인 전략들은 생략할 수도 있을 것이다.

협상단계 동안 당신의 그룹과 대변인이 긴밀한 의사소통을 유지할 수 있도록 확실하게 하라. 대변인이 소속구성원들보다 너무 앞서 나가지 않는 것이 매우 중요하다. 협상테이블에서 이루어지는 대표자들에 대한 교육과 협상진전 사항은 반드시 모든 구성원 측에 이해시키면서 보조를 맞추어야 한다. 이렇게 보조를 맞추어 진행되지 않는다면, 차후에 인가가 어려울 수 있다.

사후협상단계에서 시민 측의 중요한 전략적 태도는 시간을 확보하는 일이다. 일단 합의초안이 만들어졌다면, 당신의 협상파트너들은 신속한 인준을 요구할 것이다. 공무원이나 기업가 측은 일반적으로 비교적 단일한 이해당사자들로 구성되어 있다. 이들에게 인준(ratification)은 비교적 용이하다. 그러나 시민 측인 당신에게 인준은 쉽지 않다. 그러므로 당신이 필요한 것은 인준을 위해 필요한 시간을 확보하는 것이다. 지금까지 다른 협상파트너들은 합의초안 도출에 상당한 시간을 투자해 왔지만, 당신이 필요한 시간을 요구하는 데 결코 주저하지 마라.

고려사항

공무원의 경우에서처럼 시민그룹도 협상을 하는 동안 여러 고려사항이 추가로 나타나게 된다. 몇몇 고려사항은 타당한 것으로 주의 깊은 대응이 필요하다. 그러고 나면 다른 고려사항들은 자연스럽게 해소될 것이다.

한 가지 중요한 고려사항은 앞의 절에서 강조되었던 전략적 고려요인들의 연장선상에 있다. 시민그룹 또는 공익단체를 대변하는 협상자로서 당신은 당신의 소속구성원들과 함께 점검할 수 있는 효과적인 수단을 갖고 있는지 확인해야 한다. 우리가 이 사항을 관심사항으로 이야기하는 이유는 협상과정 동안 반복해야 하는 (그리고 계속해서 수정해 나가야 하는) 임무이기 때문이다.

당신은 당신 그룹의 이익을 위한 대변자로서 시작한다. 그러나 점차적으로 다른 상대 측의 이해관계를 알게 됨에 따라, 협상그룹의 활동에 대한 대변자 역할도 하게 된다. 당신은 아마도 당신 그룹이 갖고 있는 첫 열망이 비합리적이라는 것을 알게 될 것이다. 그러나 도움 없이도, 당신 그룹은 이 점을 이해하게 될 것이다. 협상과정의 초기에는 적절했던 당신과 당신 그룹 구성원 간의 상호작용은 더 필요하게 된다. 소속구성원과의 회의 기회를 늘리거나 주기적으로 발간되는 보고서의 이용도 고민해 보라. 소속구성원들이 당신에게 쉽게 접근하여 질문을 하거나 실망감을 표시할 수 있는지 확인하라.

두 번째 고려사항은 기술적 역량의 불균형과 관련이 있다. 시민그룹의 한 사람으로서 당신은 정부 공무원이나 기업 측 이해관계자들이 당신보다 높은 수준의 과학기술적인 지식 또는 그러한 자원에 대한 접근성을 갖고 있음을 느낄 것이다. 그러나 반드시 그렇지는 않다. 예를 들어, 리버엔드 사례에서 환경보호주의자들은 주와 연방정부가 고용한 기술전문가들과 보조를 맞추는 데 전혀 문제가 없었다.

우리의 경험에 따르면 당신은 기술적인 영역에 거부감을 가질 필요가 없다. 분쟁의 성격이 무엇이냐에 따라서, 당신은 이미 충분한 현장지식을 갖고 있으며, 또한 당신에게 호의적인 과학기술 전문가들에게 접근할 수 있다. 당신의 조직 내에서 과학기술자원을 갖고 있는 사람들을 열심히 찾거나, 또는 기술적 배경지식을 갖고 있는 동조적인 지지자를 외부에서 찾아라. 이전에 다른 곳에서 유사한 분쟁이 있었는가? 그렇다면 그 시민들의 주장에 동조했던 기술전문가들은 누구인가? 그 기술전문가들이 당신을 도울 수 있거나 아니면 적어도 당신을 도울 수 있는 다른 사람을 소개해 줄 수 있는가?

기술적 자문에 대한 비용도 고려해야 한다. 이미 우리가 지적한 바와 같이, 시민그룹은 가끔 자원 공급원의 조성을 합의형성 노력에 참여하는 전제조건으로 삼아야 할 경우가 있는데, 특히 합의의 결과가 기술적 논쟁에 따라 좌우될 때 그러하다. 그러한 기금을 활용해 기술적 자원에 대한 불균형적인 접근성을 해소할 수 있다. 만일 기술서비스를 기부할 기술전문가를 찾지 못하는 경우에 자원 공급원의 활용을 요구하라.

"상대 측은 우리와는 비교할 수 없는 자원, 경험, 정치적 영향력을 갖고 있다."라고 시민들은 말한다. "그런데 어떻게 우리가 협상테이블에서 대등하게 앉아 있을 수 있는가?" 이에 대한 답은 어쩔 수 없이 복잡한데, 한 가지 사실에 주목할 필요가 있다. 바로 협상에서 권력은 유동적이라는 사실이다. 당신은 상대적으로 작고 겉보기에는 충분하지 못한 권력을 갖고도 협상테이블에 당연히 앉아 있을 수 있다. 왜냐하면 권력의 배분은 고정된 것이 아니기 때문이다. 즉, 당신의 협상력을 높일 수 있는 여러 가지 방법들이 있다.

당신은 협상테이블을 벗어나 상당히 성공할 수 있다는 당신의 주장에 대한 더 강력하고 더 설득력 있는 근거를 개발함으로써, 즉 당신의 배트나를 개선함으로써 당신의 협상력을 제고할 수 있다. 합의 없이도 더 잘할 수 있다면, 협상에서 당신은 더 유리해질 수 있다. 예를 들어, 소송으로 가는 경우에 당신이 얻고 싶어 하는 결과와 일치하는 법원의 최근 판결을 찾아라. 또한, 당신은 상대 측이 일방적인 행동으로 얻을 수 있는 결과에 대해 상대 측 마음 속에 의심을 일으킬 수 있다. 당신은 상대 측에게 이렇게 이야기할 수 있다. "당신은 의회 의원 X로부터 지지를 받고 있다고 생각하시는 것 같은데, 우리도 그 의원이 우리를 지지하고 있으며, 그가 신뢰에 입각해 합의를 도출하기까지 어느 누구를 돕지 않겠다고 약속한 각서를 갖고 있어요." 이와 유사한 맥락에서, 당신이 상대 측 주장의 타당성을 약화시키는 정보를 찾아낼 수 있다면, 이 정보를 통해 당신의 입장은 더 강력해질 수 있다. 정당성이 막후의 정치적 영향력만큼이나 중요한 공공갈등에서 이러한 방법은 특히 효과적이다.

당신은 실제 협상에서 협상력을 높일 수도 있다. 예를 들어, 상대 측의 관심사항을 충족시키면서도 당신의 그룹이 원하는 것을 얻을 수 있는 창조적인 방식을 찾아내라. 이러한 것을 '좋은 아이디어의 힘 (power of a good idea)'이라고 부른다. 즉, 상대 측이 거절할 수 없이 '예스'라고 말할 수 있는 제안'을 고안해 내라.

당신이 특히 합의이행을 약속하는 경우에, 그 약속을 철회할 수 있는 여지가 있는지 확인하라. 협상자가 단 하나의 약속이라도 어기게 되면 자신의 협상력을 떨어뜨리게 된다. 따라서 반대하지 않으면서 반대할 수 있는 법을 배워라. 상대 측 협상대표는 당신의 말을 더 경청하려 할 것이다. 따라서 매 협상에 대비하라. 지난 협상테이블에서 논의된 사항에 대해 자신의 그룹의 반응을 전달하려고 준비하지 않는 협상자는 협상의 방향을 좌우할 수 있는 기회를 놓치게 될 것이다.

협상에서 난관에 부딪쳤을 때, 당신을 돕기 위한 조정자가 그곳에 있음을 명심하라. 당신의 관심사항을 강조하기 위해 중립자를 활용하라. 전략적 이유에서, 당신 그룹의 전략적 입장 변경을 공개적으로 밝히는 것이 거북하다면, 조정자와의 개별면담을 통해 당신의 사정에 대해 상대 측에 전달하도록 하라. 만일 당신의 이해관계가 협상에서 충족되지 못하고 있다고 생각되면, 조정자를 통해 당신의 그룹에게 알리도록 하라.

끝으로, 연합전선이 더 강화될 수 있는지 파악하기 위해 정기적으로 당신의 연합전선을 재점검하라. 다비드와 골리앗의 싸움은 불공평한 게임일 수 있다. 그러나 수많은 다비드들이 함께 움직인다면, 그들이 소유하고 있는 힘을 다시 평가하도록 골리앗을 설득할 수 있다. 연합전선에 참여하는 사람들은 동일한 결과에 대한 약속을 공유하지만,

연합전선이 주는 힘은 실로 대단하다. 연합전선은 협상 중에도 변할 수 있음을 명심하라.당신의 연합전선이 굳건히 유지되고 있는지 지속적으로 확인해야 한다.

요약하면, 당신의 그룹이 힘이 없다거나 혼자라고 결코 생각하지 마라. 비록 혼자일지라도 당신은 상당한 힘을 갖고 있다. 어쨌든 당신의 상대방은 당신과 마주앉아 협상하기로 합의했다. 더욱이 당신은 연대를 구축할 다른 이해관계 그룹을 찾을 수도 있다. 당신은 단지 당신의 그룹이 공식적으로 인정되지 않았기 때문에, 또는 법적으로 인정된 부서가 부족하기 때문에 당신의 그룹이 덜 조직화되었다는 주장을 수용할 필요가 없다.

당신과 당신의 이웃은 정부 또는 기업 등 상대 측의 책임자들이 바뀐 후에도 오랫동안 함께 있을 것이다. 당신은 대부분의 배분적 분쟁에 영구적인 이해관계를 갖고 있으며, 그 이해관계를 사수하기 위해 반드시 준비해야 한다. 당신의 배트나를 개선할 수 있는 모든 수단과 방법을 지속적으로 찾아라. 그리고 상대방으로 하여금 자신들의 배트나를 의심하게 하라. 당신의 영향력을 높일 수 있도록 처신하라. 어떤 행동이 당신의 협상력을 높일 수 있는지 확신할 수 없다면, 당신 자신을 상대방의 입장에서 생각해 보라. 당신은 어떤 행동 때문에 상대방이 힘을 갖고 있다고 확신하는가?

기업 측 이해관계자: 분석, 전략, 고려사항
Business Interests: Analysis, Strategy, and Concerns

공무원이나 시민들처럼, 기업 측 이해관계 대표자도 합의형성과정에 참여하기 전에 어떤 일반적인 전제조건들이 충족되어야 하는지를 가장 먼저 결정해야 한다. 협상테이블에 적절한 사람이 올 것인가? 그들이 효과적으로 협상할 수 있을까? 그들이 합의형성을 방해하려는 유혹을 뿌리칠 수 있을까? (이 장의 앞쪽에 있는 '협상의 전제조건' 절을 참고하라.)

만일 당신이 기업인 또는 기관의 대표자로서 공공갈등에 관여하고 있다면, 거기에는 이런저런 유형의 사업을 제안함으로써 당신이 갈등을 유발했을 상당한 가능성이 있다. 그러한 제안에 대해 시민그룹은 대체로 반발하고, 공무원 측은 자신들이 원하는 방향으로 계획을 수립하지만, 실제로 사업을 하면서 발생하는 리스크는 주로 그 업체가 진다. 따라서 당신은 대부분의 공공분쟁해소 노력의 사전협상단계에서 방어적인 입장에 처하게 된다. 당신은 또한 쉽사리 공격의 목표가 된다.

분석

성공적인 분쟁해소 노력을 위한 일반적 전제조건에 대한 이해와 더불어, 기업 측 이해관계 대표자들은 몇 가지 추가적인 전제조건을 생각해 보아야 한다. 우리는 이러한 전제조건들을 다시 한 번 질문으로 제시한다. 만일 기업계 대표로서 당신이 이들 질문에 긍정적으로 대답할 수 없다면, 당신은 아마도 합의형성 노력을 피하고 싶어 할 것이다.

당신은 합의형성에 참가할 수 있는 권한을 갖고 있는가? 당신 회사의 구조는 대부분의 다른 회사들과 같이 매우 위계적이다. 그러므로 당신은 합의형성 노력에 참가하기 위해서 필요한 권한을 갖고 있는지 자문해 볼 필요가 있다. 만일 그렇지 않다면, 고위층으로부터 권한을 확보할 수 있는가? 당신이 협상참여 압박을 받고 있는데, 참여를 약속할 수 있는 위치에 있지 않다고 말한다면, 상대 측은 당신의 조직이 결코 진지하게 협상을 할 의사가 없다고 생각하게 될 것이다. 이러한 상황 하에서 분쟁의 원만한 조정가능성은 상당히 낮아지게 된다.

충분한 협상 경험자로서 당신 조직을 대표할 수 있는 사람이 있는가? 공공분쟁해소 노력을 비즈니스 거래처럼 생각하고 접근하는 기업인은 곧 불쾌한 경험을 하게 될 것이다. 늘 사고파는 거래를 해 온 기업인은 공공분쟁해소 노력을 자신이 잘 아는 영역으로 생각할 수 있다. 합의협성과 비즈니스 세계에서 만족스러운 합의를 도출하는 과정은 유사한 점이 많다. 특히 공공부문과 민간부문 모두 충분한 정보를 갖고 있는 가운데 자기이익을 만족시키는 것을 강조한다는 점이 매우 중요하다. 그러나 비즈니스 타결과 논쟁적인 배분 분쟁의 해소 간에는 커다란 차이가 존재한다.

모든 면에서 민간의 비즈니스 거래관리는 공공부문의 협상보다 단순하다.[5] 민간부문에서 적용되는 합의형성단계의 일부를 생각해 보자.

시작하기는 커다란 문제가 없다. 비즈니스 거래는 대체로 도움을 받지 않고 진행된다. 한쪽이 구매 또는 판매에 관심을 표시하고 잠재적인 파트너는 반응을 한다. 아무도 관심을 보이지 않더라도, 협상의지를 보이는 것을 약하게 하지는 않는다.

대표성에 대해서도 커다란 어려움이 없다. 구매자와 판매자는 자기 자신이 대표하거나 대변인을 임명한다. 모든 상호 작용은 (다른 집단들도 포함될 수 있지만) 통상적으로 두 집단, 즉 구매자와 판매자로 시작한다.

의제설정은 형식적이다. 양측은 거의 유사한 의제(한 사람은 팔기를 원하고, 다른 사람은 사기를 원한다)를 갖고 협상테이블에 임한다. 장래의 거래와 연계시킬 동기가 있을 수 있지만, 그러한 고려는 현재의 거래에서는 부차적이다. 협상규약은 암묵적으로 이해되고 수용된다.

공동사실조사는 비즈니스 거래에서 거의 불필요하다. 대부분의 경우, 양측은 협상테이블에 도착하기 전에 조사를 한다. 그렇지 않더라도, 아무도 상대방이 나쁜 정보나 잘못된 가정을 따라 움직이는지에 대해 크게 걱정하지 않는다. 판매자는 자신의 재화나 용역을 항상 '과대광고'하려고 한다. 구매자는 이러한 과장을 예상하고 있다. 각자는 가능한 한 많은 정보를 비밀로 하려고 한다.

대안개발과 대안묶기는 민간과 공공 모두의 거래에서 핵심 단계이다. 그러나 공동사실조사에서처럼 대안을 창조하고 서로 묶는 노력은 비즈니스 거래에서는 매우 제한적이다. 간략하게 표현하면, 구매자와 판매자의 대안은 자명하다. 비록 거래되는 품목들은 매우 다양한 형태이지만, 거의 모든 것이 화폐가치로 귀결된다.

합의문 작성은 복잡한 기업 간 거래에서는 시간소모적이지만 합의문 작성의 기본 원칙은 분명하다. 협상가들은 표준계약서의 일반원칙을 따르며, 이후 변호사들은 개괄적인 합의를 바탕으로 양측이 수용할 수 있는 계약서를 작성한다. 이 계약서는 법적 강제성(즉, 어느 한 쪽이 계약을 불이행하면 소송을 당하게 된다)을 갖게 되어, 당사자들의 계약이행 강제라는 어려운 문제를 해결한다.

모니터링과 재협상은 일반적으로 민간부문에서는 중요한 이슈가 아니다. 일부의 경우, 민간당사자 간 계약의 경우 최종 거래합의서에 중재조항을 포함시키기도 한다. 이 조항을 통해 이후에 발생할 수 있는 의견불일치를 처리하는 어려움을 최소화할 수 있다. 이러한 절차는 통상적인 관행이어서 비즈니스 협상에서 새롭게 만드는 경우는 거의 없다.

기업 측 협상가들은 여기서 설명하고 있는 거래에 대한 전통적인 접근과는 다른 대안에 대해 좀 더 생각해 보는 것도 바람직할 것이다.[6] 그 대안을 통해 공동의 이익을 최대화함으로써 협상을 진전시킬 수 있고, 앞으로 있을 서로 간의 거래에서 더 유리한 입장에 설 수 있게 된다. 어떤 경우든, 분명히 대부분의 기업 측 협상가들은 주고받기 식 입장에 기반한 협상(the give-and-take of positional bargaining)에 능통하다. 이렇기 때문에, 어떤 전략적인 행동은 높이 평가받는 반면, 배분적 분쟁해소에 절대적으로 중요한 다른 고려요인들은 무시된다.

당신의 조직이 협상을 통한 조정으로 배분적 분쟁을 해소하려고 하는 경우, 당신은 단순히 비즈니스의 사고팔기 측면 이상의 다른 이유로 분쟁에 참여했던 경험 있는 사람을 대표자로 원하고 있다. 당신의 대표자는 지역사회주민과 정치인들을 능숙하게 상대할 수 있어야 한다. 또한, 대표자는 회사 핵심고위층과 밀접한 관계도 갖고 있어야 한다.

대다수의 대규모 회사들은 효과적인 지역사회와의 관계의 필요성을 인식하고 있고 공공업무, 대외관계 등을 담당하는 전담부서도 갖고 있다. 그러나 이러한 부서의 개개 직원들이 당신의 가장 효과적인 협상가는 아니다. 예를 들면, 이들 직원들은 갈등을 야기하고 있는 해당 사업의 내용조차 잘 알지 못할 수도 있다. 따라서 필요한 협상역량과 경험을 갖고 있는 협상팀을 구성하는 것이 가장 바람직하다.

당신은 합의형성 일정에 참을성이 있는가? 만일 당신이 지원기반 협상에 참여하게 되는 경우, 당신은 처음부터 협상이 매우 느리게 진행된다고 느낄 것이다. 사실 적어도 처음에는 매우 느리게 진행될 것이고, 협상과정은 (시간 소모적이고, 돈이 많이 들고, 불쾌하고, 비생산적이어서) 가망이 없어 보인다. 바로 이 시기가 앞에서 말한 두 전제조건(권한과 이전의 경험)이 가장 중요한 때이다. 당신 조직 내부의 사람들은 협상과정이 지연됨에 따라 협상이 어떤 단점을 갖고 있는지 분명히 알 수 있을 것이다.

반면, 당신은 합의형성을 지향함으로써 소송이나 지리한 정치적 협상 때문에 발생할 수도 있는 전체 시간과 비용을 절감하려 하고 있는 것이다. 공무원 측과 같이, 당신은 이번 사업뿐만 아니라 미래도 고려하여 해결대안을 고민할 필요가 있고, 어느 접근법이 가장 효율적으로 집행될 수 있는 해결책을 도출할 수 있는지를 판단해야 한다.

당신이 합의형성 접근법으로 결정했다면 참을성이 필요하다. 만일 당신이 먼저 합의형성도 없이 일방적으로 움직이기로 했다면, 당신은 법원에 가거나 정치적 공방에 빠지게 된다. 이 점을 기업 측 사람들이 특히 명심해야 하는데, 기업 측 이해관계의 계산은 일반적으로 시간에 민감하기 때문이다. 아무리 이윤가능성이 높은 사업일지라도 착수도 하지 못하고 오래 지연된다면 이윤을 내지 못할 수도 있다. 역설적으로, "빨리 가려거든 천천히 가라(go slow to go fast)."라는 말이 타당할 수도 있다.

제안한 사업이 논란에 빠지게 되는 경우, 기업 측 이해관계자에게는 오직 세 가지 대안만이 있다. 그 사업을 포기하거나, 잘될 거라는 희망을 가지고 일방적으로 밀어붙이거나, 합의형성 절차에 들어가거나 하는 것이다. 첫째 대안은 '효율적'이지만 아무 소득도 없다. 둘째 대안은 효율적이고 생산적으로 보이지만 잘못하면 오랜 논란과 법적 쟁송만을 야기하게 된다. 셋째 합의형성 대안은 처음에는 비효율적이고 비생산적으로 보이지만, 실효성 있는 해결책을 만들 가능성이 가장 높다.

요약하면, 당신은 천천히 시작할 준비가 되지 않았다면, 아예 시작도 하지 마라.

당신은 같은 지역사회에서 계속 사업을 할 것인가? 우리는 이미 이 이슈를 시민그룹 전략을 논의하면서 다루었다. 어떤 기업 조직들은 '좋은 이웃'으로 인식되는 것에 상당한 관심을 갖고 있는 반면, 그렇지 않은 기업들도 있다. 어떤 이웃으로 인식될 것인가에 대한 결정은 기업이 앞으로 그 지역주민사회에 투자할 의사가 있는가에 달려 있다. 만일 당신의 회사가 분쟁이 발생한 지역에서 다시 사업을 할 생각이라면, 그 의도가 당신의 대안분석에서 고려되어야 한다. 성공적인 분쟁해결은 장래 사업을 위한 긍정적인 환경을 조성할 수 있다. 적어도 합의형성은 시민들과 정치인들 간의 장기적인 업무관계를 향상시킬 수 있다.

전략

앞에서 말했듯이, 기업 측 이해관계가 공공분쟁의 원인이 될 가능성이 높다. 다시 말하면, 많은 경우에 분쟁은 기업으로부터 촉발되어 다른 사람들이 이에 반응하게 된다. 분석을 통해 합의가능성이 있다고 판단되면, 당신은 지원기반 협상을 주창하는 사람이 되도록 하라. 주관자를 찾아 활용하고, 조정자나 회의촉진자를 고용하는 유용한 방법 등에 대해 공무원들에게 조언한 제4장의 '사전협상단계' 절을 참고하라.

사전협상단계에서 의제설정이 시작될 때, 의제가 가능하면 폭넓게 설정되도록 압박할 준비를 하라. 이는 매우 중요하다. 기업인은 효과적이고 상호 만족스러운 거래가 가능하기 위해 얼마나 많은 이슈가 협상테이블에 올라와야 하는지 잘 인식하지 못한다. 예를 들면, 아래와 같은 시나리오가 공공부문에서는 끊임없이 반복되고 있다.

개발업자가 합의형성과정 초기에 주민그룹에 접근하여, "이것이 저의 개발계획입니다."라고 말한다. 이에 주민그룹은 "우리는 이 계획을 좋아하지 않습니다."라고 대응한다. 이에 개발업자는 사업계획은 상당한 사전 연구와 전문가의 자문을 거쳤으며, 법의 규정을 준수하고 있고, 높은 공익적 가치를 갖고 있다고 설명한다. 그러나 지역주민들은 이 사업을 저지할 방법을 찾겠다고 한다.

그러면 개발업자는 다소 격앙되어 "그럼, 무엇을 원하십니까?"라고 묻는다. 지역주민들은 "마을 저쪽에 있는 공원 아시죠? 당신이 우리를 위해 그 공원을 정비해 주길 바랍니다."라고 대답한다. 개발업자는 진짜 깜짝 놀라며 "뭐라고요? 사업대상지와 그렇게 멀리 떨어진 곳에 그런 일을 할 수는 없습니다."라고 말한다.

기업인들은 사업용지 밖의 거래 및 다른 '무관한 요구'의 가능성에 대해 신경을 곤두세우는 경향이 정부관료보다는 좀 적다. 어떤 경우에, 공무원들은 사업 외 요구를 미리 차단하기 위해 법률적 제약 하에서 일을 한다. 그러나 개발업자는 거의 그렇게 하지 않는다. 당신은 그러한 요구를 소중한 기회로 생각할 만큼 유용하게 인식한다. 당신은 법적 제약에서 비교적 자유롭기 때문에, 당신이 할 수 있는 보상약속, 현물제공약속, 저감대책 등에 대해 유연할 수 있다.

물론, 기업 측 협상가의 딜레마는 어떻게 해야 터무니없는 요구나 행동을 조장하지 않을까 하는 것이다. 만일 마을 저편에 있는 공원의 수리를 약속하면, 지역유아원 지원, 공공주택 지붕개량 등 어느 누구나 이런저런 것을 원할 수 있기 때문이다. 점점 더 늘어나는 요구목록을 어떻게 차단할 수 있는가?

이 질문에 대한 해답은 모든 요구는 다음 세 가지의 검증을 통과해야 한다고 주장하는 것이다. 첫째, 어떠한 요구사항도 협상에 참여하고 있고, 그 요구사항에 대한 보답에 상응할 정도의 약속을 할 수 있는 대표자 중 한 사람에 의해서 제기되어야 한다. 둘째, 그 요구는 당신에게 낮추거나 보상하라는 비용이나 부정적인 영향에 대한 설득력 있는 분석에 기반하여야 한다. (당신에게 부담하도록 하는 비용의 타당성을 중립적인 분석자가 확인해 주고 있는가?) 그리고 셋째, 모든 요구는 합의형성의 효과가 주는 가치를 초과해서는 안 된다. (즉, 당신은 여전히 당신의 배트나보다 더 많은 이익을 얻을 수 있어야 한다.) 이는 지역사회에 제공하는 이익은 당신이 보상하거나 저감해야 하는 부정적 영향의 가치로부터 차감되어야 한다는 의미이다.

당신의 목적은 무분별한 요구가 확산되지 않도록 하는 것이다. 이것이 의도하는 바는 어느 한쪽만 손해를 보지 않고 모든 갈등당사자 그룹이 추구하는 이해관계를 충족시킬 수 있는 방법을 찾자는 데 있다. 따라서 현명한 기업 측 협상가라면 타당한 보상이나 저감대책은 수용할 의사가 있지만 동시에 위에서 소개한 세 가지 조건을 고집할 것임을 알리도록 하라.

어떠한 협상 상황이라도, 협상당사자들은 잘 준비되어 있는 상대편 (즉, 자신의 배트나를 알고 있고, 자신의 소속구성원과 긴밀한 접촉을 하고 있으며, 관련되는 기술적 이슈를 잘 이해하고 있는 사람)을 선호하게 마련이다. 대부분의 배분적 갈등은 부분적으로라도 전문가의 지식에 좌우되기 때문에, 당신이 상대하고 있는 공무원이나 시민들이 필요로 하는 기술적인 자문에 접근할 수 있는지를 확인하는 것이 중요하다. 예를 들어, 개발계획이 기술적으로 실현가능한지 판단할 건축가와 토목기사가 필요하다. 변호사는 관련되는 토지용도 및 행위제한과, 법적으로 허용되는 것이 무엇인지 등을 파악할 변호사도 필요하다. 또한 여러 개발계획안의 경제적 타당성을 평가할 재정전문가도 필요하다.

개발업자로서 당신은 이 분야에 전문적인 지식을 갖고 있다. 당신은 또한 당신이 필요로 하는 전문가들을 고용할 수 있는 재원도 갖고 있다. 그러나 주변의 주민들은 이러한 자원을 갖고 있지 못하고, 따라서 도움 없이는 효과적으로 협상에 참석할 수도 없다. 당신이 변호사, 건축가, 그리고 토목기사를 대동하고 나타나면 주민들의 눈에 힘의 불균형을 더욱 강하게 인식시키게 된다. 그렇다고 하면 이러한 경우의 해결책은 무엇인가?

우리는 이러한 힘의 불균형을 바로잡는 것이 바로 당신의 책임이라고 생각한다. 상대 그룹이나 그룹들에게 기술적 전문성을 개발할 수 있도록 자원을 제공할 필요가 있다. 그러한 지원이 없으면 주민들은 정보에 기반한 판단을 내릴 수 없으며, 따라서 당신이 아무리 정확한 상황설명을 할지라도 그들은 받아들이기를 주저하게 된다.

비즈니스 거래에서 자신의 적에게 지원과 편의를 제공하는 것은 현명하지 않으며 심지어는 자살행위처럼 보인다. 그러나 우리의 경험에 따르면 장기적인 배분적 분쟁에서, 상대에게 지원과 편의를 제공하는 것이 비용이 덜 들고 더 효과적이다. 여기서 두 가지 사항을 명심해야 한다. 첫째, 인식도 사실만큼 중요하다는 것이다. 둘째, 합의형성을 구축하기 위해서 당신과 당신의 협상파트너들이 극복할 필요가 있는 것이 바로 '적들(adversaries)'의 심리라는 점이다. 이 두 가지를 인식하지 못한다면, 당신은 불신과 적의가 가득한 분위기에서 합의형성을 구축하는 것이 얼마나 어려운지 알게 될 것이다.

분쟁에서 기술적인 복잡성이 차지하는 비중이 점점 높아져 감에 따라 그러한 의심과 적의가 합의형성과정을 방해할 가능성도 또한 높아졌다. 따라서 분쟁이 기술적으로 복잡해져 갈수록, 기업 커뮤니티(business community)는 협상파트너들이 슬기롭게 관련 이슈들을 대처할 수 있도록 하기 위해 더 많은 지원을 제공해야 할 것이다.

물론 재정적 지원이 쉽사리 이루어져서는 안 된다. 자원 공급원에 기부되는 자금에 대한 이용계획은 모든 참가자들로부터 공동승인을 받아야 한다. 자금은 사실조사에 사용되어야지, 전투에 참여하기 위한 청부업자의 고용에 사용되어서는 안 된다. 마지막으로, (비록 최초의 약속은 자금의 전액에 대해서지만) 자금은 합의형성과정이 특정 단계를 넘어가는 경우마다 단계별로 지원되도록 한다.

하지만 기업인인 당신이 기술지원을 제공하는 것은 바람직하지 않은 대안이다. 만일 모든 당사자들이 함께 선정한 중립적인 전문가가 생산한 기술정보가 아니라면, 참여자들은 그 기술정보를 신뢰할 수 없다고 생각할 수 있기 때문이다.

합의가 집행되기 위해서 공식적인 의사결정을 통해 구체화되어야 하는 비공식적인 해결일지라도 서면합의서를 요구하라. 또한 시민과 공무원들이 약속을 지키도록 하는 만족할 만한 합의이행 메커니즘도 만들 것을 주장하라. 어떤 면에서, 당신의 조직이 가장 '책임 있는' 조직이다. 공무원들은 공직을 떠날 수도 있고, 시민그룹은 구성원의 이탈이 발생하기도 하고 작은 분파로 쪼개질 수도 있다. 당신이 수 개월의 시간과 많은 돈을 투자했다면, 당신은 그 합의에 대한 이행을 요구할 충분한 권리를 갖고 있는 것이다.

반대로 이는 당신이 비공식적 합의가 공식적 합의로 전환되는 과정에 개입할 권리와 동시에 책임이 있다는 뜻이다. 당신은 전환 이슈에 공을 들이고, 당신 회사를 구속할 수 있는 예기치 않은 제안들에 대해 어떻게 대처할지 미리 준비해야 한다. 당신이 상대 측을 계속 의심(즉, 상대 측은 분파되거나 사라질 수도 있다)하는 것처럼, 상대 측도 당신에 대해 여전히 의심(일단 공사가 시작하면, 우리는 아무런 힘을 쓸 수가 없다)하고 있음을 명심하라. 비공식적 합의에서 공식적 합의로 전환하는 것은 이러한 근심들을 완화시키는 매우 중요한 단계이다. 당신은 그동안 열심히 이루어 낸 합의를 확실하게 명문화시키는 것이 협상에 참여한 모두가 원하는 최고의 우선순위라는 점을 공유할 수 있도록 노력해야 한다.

고려사항

기업 측 이해관계자의 가장 기본적인 고려사항은 이미 앞의 두 절에서 밝힌 바 있다. 지원기반 협상이 시작되기 전에, 또는 협상이 진행되는 중에도, 당신의 회사 내부에서 합의형성과정에 대한 근본적인 부정의 목소리가 제기될 수 있다. "이런 과정 때문에 상황은 열 배나 더 어려워질 것입니다." 또는 "그냥 시장과 밀실에서 합의하여, 시장이 주민들을 설득하게 합시다."라고 말이다.

이 책의 앞의 장들에서 강조했듯이, 이에 대한 답은 간단하다. 당신이 밀실거래를 성공시키기는 점점 어려워질 것이다. 미국에서 정치와 경영 환경이 변화해 왔고, 앞으로도 변화할 것이다. 이 변화의 방향은 밀실거래와는 점점 멀어지는 것이다. 점점 더 멀어지고, 밀실거래는 어느 시점에선가 당신 회사(또는 관련 공무원들)에 수모를 안겨 줄 것이다. 공공협상은 사실 복잡하고 무질서하고 시간소모적이다. 그러나 특히 대규모 사업의 경우, 당신에게 공공협상 이외의 다른 현실적인 대안이 있는지 모르겠다.

기업 측 이해관자의 두 번째 고려사항은 "이 사람들을 믿을 수 있을까? 과거에 이들은 신뢰할 수 있을 만하지 않았다. 나는 내 말을 지키는데, 저들도 약속을 지킬까?" 하는 점이다. 이러한 우려에 대한 적당한 대응은 이미 앞에서 소개했다. 신뢰는 이러한 우려와는 거의 상관이 없다. 당신이 신뢰할 수 없는 사람들과 협상한다면, 합의안을 어떻게 승인받고 집행할지에 대해 분명하게 해 달라고 지속적으로 요구하라.

끝으로, 우리는 더 자주 고려해야 하는 이슈를 논의해 보고자 한다. 당신의 조직이 이 합의형성과정을 심각하게 받아들일 수 있도록 할 수 있는가? 안타깝게도 많은 기업인들은 합의형성이라는 대안을 보면, "시간과 돈이 많이 들지 않는다면 고객홍보 차원에서 합의형성절차를 시행해 보겠습니다. 하지만 우리는 공공협상을 통해 실행가능한 것을 만들어 낼 수 있으리라고는 전혀 기대하지 않습니다."라고 대답한다. 이러한 반응이 위험하다는 것은 자명하다. 이러한 태도를 갖고 있는 당신의 조직은 건성으로 협상에 참여할 뿐이다. 이러한 당신의 무성의한 태도는 상대 측에게도 곧 파악되어, 모든 노력을 무산시키게 된다.

분쟁해소의 발전과정
Advances in Dispute Resolution

이 책에서 소개하고 있는 사례를 촉발시킨 사건들의 여파는 고무적이다. 대도시 과학아카데미(Academy of Sciences in Metropolis)는 다이옥신 분쟁을 해소하고 자신들이 마련한 회의를 비공식적으로 홍보하였다. 다른 과학단체들도 곧 자신들의 지역에서 유사한 회의들을 자발적으로 주최하게 되었다. 지금은 다이옥신 이슈가 발생할 때마다 (정기적으로 발생하고 있다) 합의형성절차를 만들어 내기 위해 갈등당사자들을 한자리에 모으는 개념도 함께 등장하였다.

롤렌캠프 판사는 하몬 카운티 하수처리 분쟁에서 조정절차의 결과에 만족해했다. 그는 이후에도 자신의 주뿐만 아니라 다른 여러 주에 있는 많은 판사들과 합의협성과정을 논의하였다. 하몬 카운티 하수처리 분쟁이 해결된 이후, 여러 주의 12명 이상의 판사들이 조정자를 법원이 임명하는 특별감사로 활용하는 데 따른 장점을 검토하기 시작했다. 치페와 어업권 분쟁의 결과, 이스트먼 판사도 복잡한 사례를 해소하기 위한 조정접근법(mediated approaches)의 활용을 적극적으로 지지하게 되었다.

리버엔드 사례는 미국 동부에서 발생한 가장 초기의 환경분쟁조정 노력의 하나였다. 이 협상이 종결된 후 비교적 빨리, 10여 개 이상의 유사 사례가 회의촉진과 조정에 의해 성공적으로 해결되었다. 1985년에는 수백여 개의 분쟁해결 노력을 분석한 보고서를 워싱턴에 있는 저명한 컨서베이션 재단(Conservation Foundation)이 발간하였다.[7]

지원기반 협상을 설명하면서, 우리 저자들은 독자를 아무런 사전 지식 없이 합의형성절차의 구축책임을 맡고 있는 사람으로 상정했다. 이러한 설정을 통해 합의형성 개념에 불가사의하거나 신비적인 어떤 것도 없음을 보여 주고자 하였다. 이론적으로 이 책을 읽고 이해했다면, 당신은 합의형성절차를 진행할 수 있는 역량을 갖추었다고 생각한다.

이 책의 처음부터 끝까지 우리 저자들은 당신 자신이 상대방의 입장에서 생각해 보는 것이 중요함을 강조하였다. 그럼, 이제는 우리 자신을 여러분의 입장에서 생각해 보도록 하겠다. 어쩌면 당신은 지하철을 원하지 않는 교외지역으로 도시급행버스노선의 연장을 책임지는 광역교통담당 공무원일 수 있다. 어쩌면 당신은 광역발전소 또는 범죄자사회복귀시설의 입주를 저지시키려는 비상시민단체의 장일 수도 있다. 또는 당신은 당신의 사업계획을 반대하는 환경주의자들과

역사보존주의자들을 상대하려는 개발업자일 수도 있다. 얇은 한 권의 책을 통해, 당신은 합의를 도출해 낼 수 있다고 자신할 수 있는가? 아마 그렇지는 못할 것이다.

해당 이슈가 어려워 보인다는 점은 차치하고, 당신은 다음과 같은 자명한 질문을 제기할 수 있을 것이다. 이 책에서 소개하고 있는 방법들이 그렇게 효과적이라면, 왜 일상적으로 활용되지 못하고 있을까? 이에 대해 일부 사례에서는 일상적으로 적용되고 있다고 대답할 수 있다. 우리는 합의형성 접근법이 채택되어 검증되고 그 유용함이 입증된 지방정부, 주정부, 연방정부 차원의 무수한 사례들을 소개할 수 있다. 더욱이 공무원들이 단순히 실험의 차원을 넘어서 정부의 일상 업무과정 속에 합의형성절차를 포함시키려는 시도들을 소개할 수 있다.

아래의 사례들은 지원기반 협상을 활용한 개인과 단체들이 희망사항에 불과한 생각에만 빠져 있지 않음을 보여 주고 있다. 1970년대 중반 이후, 공공과 민간 부문의 책임 있는 리더들은 현재 우리가 사용하고 있는 입법·사법·행정 절차를 대신할 수 있는 합의형성 접근법을 활용할 수 있는 길을 모색하여 왔다.

지방정부 차원

지방정부가 지원하는 분쟁해소 프로그램이 법원의 대안으로 많이 만들어졌다. 이들 프로그램은 주민들의 차이를 신속하고, 저비용으로, 그리고 법원 소송으로 인한 충격 없이 해결하는 데 도움을 주고자 도입되었다. 대부분의 프로그램들은 이웃 간, 가족 간, 구매자와 판매자 간의 민간분쟁을 주로 다루고 있다. 그러나 일부 프로그램들은 배분적 분쟁에 도움을 제공하고 있다. 이 두 가지 지방 분쟁해소 프로그램유형 간의 차이를 구분하는 것이 중요하다. 간편하게, 우리는 민간 분쟁을 다루는 법원과 연계된 프로그램은 '대안적 분쟁해소센터, 그리고 공공의 불일치를 다루는 독립적인 센터들을 '공공분쟁해소센터'라고 부른다.

대안적 분쟁해소센터는 커다란 논란의 대상이 되고 있다.[8] 비판자들은 대안적 분쟁해소센터와 같은 법원 시스템에 대한 대안은 고작 '이등급 정의(second-class justice)' 만을 제공할 뿐이라고 비난해 왔다. 그러나 우리는 이 주장에 동의하지 않는다. 더욱이 그러한 비난은 공공분쟁해소센터에는 해당되지 않는다.

전국 각지에 독립적인 공공분쟁해소센터들이 현재 활동 중이다.[9] 이들은 공익재단의 연구보조금 또는 서비스 수수료 계약을 통해 운영되고 있다. 시애틀 소재 조정연구소(Mediation Institute)는 워싱턴DC, 위스콘신, 캘리포니아에 지역사무소를 갖고 있으며, 분쟁해소 서비스를 제공하는 첫 독립센터들 중 하나이다. 이 연구소는 환경분쟁 해소에 매우 성공적인 역할을 해 왔다. 마찬가지로 뉴잉글랜드 환경조정센터 (매사추세츠, 코네티컷, 버몬트에 지역사무소가 있음)도 뉴잉글랜드 주의 다양한 토지이용과 환경분쟁 해소에 핵심적인 역할을 해 오고 있다. 버지니아 주 버지니아 대학 내의 환경분쟁연구소(Institute for Environmental Mediation)는 여러 입지관련 분쟁을 성공적으로 조정해 냈고, 다수의 광역 및 주정부 차원의 정책분쟁을 해소하는 데 기여해 왔다. 이 버지니아 연구소는 주로 민간재단의 보조금을 지원받아 운영되고 있다.

뉴멕시코 주의 웨스턴 네트워크(Western Network)는 물과 토지 자원 배분 관련 분쟁에 조정지원을 제공하고 있다. 덴버 지역에서는 이전에 로키마운틴 환경센터였던 어코드사(ACCORD Associates)와 분쟁해소센터(Center for Dispute Resolution)가 광범위한 배분적 분쟁의 해결에 중요한 역할을 해 왔고, 덴버 워터 라운드테이블(Denver Water Roundtable)을 포함하여 여러 중요한 정책협상에 지원을 제공한 바 있다. 또한 지역사회와 환경포럼은 샌프란시스코 만 지역에서 유사한 역할을 수행해 오고 있다.

이런 많은 센터들은 초기에는 민간재단의 보조금으로 운영을 시작하였고, 이후로는 용역계약 및 정기적인 지역지지자로부터의 기부금 등으로 운영할 수 있었다. 이들 센터는 자신들의 독립성을 훼손하지 않기 위해 특정 이익 및 이해집단에 편향되지 않은 균형잡힌 재원을 확보하고자 매우 노력해 왔다. 이러한 노력은 아주 중요한데, 주로 기업이나 정부로부터 재원을 받는 센터들은 자신의 중립적 신뢰성을 훼손할 우려가 있기 때문이다.

샌프란시스코, 보스턴, 워싱턴DC에 사무실이 있는 인터액션사(Interaction Associates)나 워싱턴DC, 시카고, 보스턴에 사무실을 두고 있는 엔디스퓨트(Endispute)와 같은 영리를 추구하는 센터들도 다양한 공공분쟁에서 회의촉진자 역할을 활발히 해 오고 있으며, 동시에 내부갈등을 처리하려는 대기업들에게 분쟁해소 서비스도 제공하고 있다. 컨서베이션 재단(워싱턴 소재 비영리 연구 및 정책센터)과 콜로라도에 있는 키스톤 센터(Keystone Center)와 같은 커다란 기관들이 기관 내에 널리 알려진 분쟁해소 전담조직을 만들었다. 보스턴에 있는 ERM-맥글레넌 등과 같은 컨설팅 회사들도 공공분쟁해소 서비스를 제공하고 있고 동시에 다른 경영관리 및 기술적 자문도 지원하고 있다.

샌프란시스코에 있는 주민위원회 프로그램(Neighborhood Boards Program)은 대안적 분쟁해소센터와 공공분쟁해소센터를 혼합한 형태이다.[10] 이 프로그램은 기존의 지역단체들을 모아 구성하고, 주민위원회 위원들에게 민간분쟁해소 및 이웃주민 관련 배분적 분쟁조정에 관한 훈련을 제공하고 있다. 이러한 위원회는 공공분쟁의 주관자 또는 모든 당사자들이 원하는 경우 조정자로서의 역할을 수행한다. 예를 들어, 호놀룰루에서는 선출직 주민위원회가 지역의 분쟁해소에서 제3자의 역할을 수행하고 있다.

위의 두 가지 형태의 센터와는 다른 예외적인 것도 있는데, 호놀룰루에 있는 주민사법센터(Neighborhood Justice Center)이다. 이 센터는 민간당사자 간의 분쟁을 다루는 법원과 연계된 '법원의 대안(alternative to court)'으로 설립되었다. 그러나 오랫동안 이 센터는 지역의 토지이용분쟁에 적극적인 조정서비스를 제공해 왔으며 매우 성공적이었다.[11]

이 책에서 소개하고 있는 기법들은 매우 다양한 상황에서도 효과적이었다. 현재 운영 중인 50여 개 이상의 센터와 단체들 모두 시행착오를 거치면서 배분적 분쟁개입에 필요한 배경적 맥락과 갈등 자체에 관한 전문지식을 습득해 왔다. 이러한 센터들이 전국의 모든 지역에 확산되고 있는 이유 중 하나는 조정자 역할을 하려는 사람들에게 해당 지역과의 연계가 중요하기 때문이다.

현재 기존 시정부의 의사결정대로 지원기반 협상 과정을 제도화(또는 정부의 개입)하려는 시범적 차원의 노력들이 진행 중이다. 예를 들어, 시범사업에 따르면 갈등당사자들은 토지이용규제 이의신청 위원회(zoning appeals boards)에 일반적으로 수용될 수 있는 자발적인 합의에 도달하는 경향을 보여 주고 있기 때문에 토지이용규제 관련 이의신청은 일상적으로 조정절차가 적용될 수 있을 것이다. 지방정부의 건축허가, 공공시설 입지선정, 예산우선순위 결정, 성장관리계획 수립 등의 여러 행정절차들도 공식적인 기구가 판단을 내리기 전에 과정차원의 문제로서 조정이 가능할 것이다.

주정부 차원

하와이, 뉴저지, 매사추세츠, 미네소타, 위스콘신의 5개 주정부는 배분적 분쟁의 조정을 전담하는 주정부 차원의 조직을 신설하였다.[12] 워싱턴에 있는 국립분쟁조정연구소(National Institute of Dispute Resolution)의 재정지원을 받는 이들 조직들은 아마도 공공분쟁해소의 제도화에 관한 지금까지의 가장 커다란 성과라고 할 수 있을 것이다. 이 주정부 조직들의 주요 역할은 배분적 분쟁의 당사자들에게 적절한 제3자를 연결해 주는 것이다. 일부의 경우, 주로 분쟁이 주 전체에 걸친 중요한 문제일 때에는 주정부 조직들이 회의촉진자 및 조정자의 비용을 부담하기도 한다. 이들 주정부 조직들은 배분적 분쟁을 해소하기 위한 합의형성 접근법의 장점에 대해 정부 내외부의 의사결정자들을 교육하는 중요한 역할을 담당하고 있다.

주정부 조정 전담 조직의 존재는 지원기반 협상을 널리 확산시키는 데 장애가 되는 요인을 극복하는 데 도움이 된다. 첫 번째 도움은 시의적절성에 있다. 이들 주정부 조직들은 분쟁 초기단계에 개입하여 갈등당사자들을 한자리에 모으기 위해 주 지사실 및 주의 사법기구를 활용할 수 있다. 더욱이 이들 조직은 사전협상단계에 소요되는 비용을 부담함으로써, 지원기반 협상이 어떻게 진행되는지를 파악할 수 있도록 이해당사자들에게 시간적 여유를 줄 수 있다. 이들 조직은 또한 조정 자격이 있는 제3자들의 명단을 만들어 선정하는 기능도 수행한다. 그리고 경우에 따라서는, 자원 공급원을 관리하고, 협상참여자들의 기부로 조성한 재원으로 조정자에게 월급을 지불하는 역할을 담당하기도 한다. 끝으로, 주정부 조직들은 의심의 여지 없이 사례별 조정 경험이 축적됨에 따라 면밀한 평가와 학습을 담당하는 중요한 역할을 한다.

주정부 차원의 조정 전담 조직들이 만들어지기 이전에도 여러 주정부에서 다양한 행정절차의 보완책으로서 지원기반 협상제도를 활용하려는 시도를 해 왔다. 일례로, 매사추세츠, 위스콘신, 로드아일랜드 주는 공식적으로 입지를 결정하기 전에 조정과정의 진행을 규정하는 위해쓰레기 처리시설 입지법(hazardous waste facility siting laws)을 도입하였다.[13] 이들 법은 여러 이유에서 매우 중요하다. 첫째, 이들 법으로 인해 걸림돌 없이 합의형성절차를 시작할 수 있게 되었다. 둘째, 기본적인 합의형성절차를 명확하게 하였다. 셋째, 비공식적인 협상을 통한 합의안이 어떻게 공식화되는지에 대해 이해를 쉽게 하여 주고 있다. 일례로, 매사추세츠 입지법(Massachusetts Siting Law)은 협상을 통한 합의안을 공식화하는 단계를 규정하고 있어 비공식적 합의에 법의 힘을 부여하고 있다.

일부 주들의 노력은 아직 초기단계이지만 매우 고무적이다. 여러 주들은 이미 전기요금 결정에 협상접근법을 채택하고 있다.[14] 통상적인 적대적인 요금결정 모델(adversarial model of rate setting)을 활용하는 대신, 이들 주에서는 이해관계자 전체가 조정자와 함께 모여 형평성 있는 요금인상을 결정하도록 하고 있다. 뉴욕주는 한걸음 더 나아가 공공요금 분쟁을 조정으로 해결하도록 하고 있다.

사회복지서비스 포괄보조금 배분 갈등사례에서 보았듯이, 주정부들은 지원기반 협상을 통해 개인별 사회복지서비스 기금의 배분방식에 관한 합의를 도출해 내고 있다. 최근에는 코네티컷주에서 이 접근법을 활용하였다. 이전에는 (개인별 사회복지서비스 공급자, 주정부 행정기관, 소비자, 그리고 시정부 대표자 등) 적대적이었던 그룹들이 합의형성 접근법을 통해 지출삭감 및 인상에 대해 합의를 도출할 수 있었다.[15]

위의 여러 주들은 분명히 배분적 갈등의 해소에 합의적 접근법을 개발해 가는 데 선도적인 역할을 하고 있다. 그러나 우리는 주정부 활동의 심각한 문제를 지적하고자 한다. 주의 법들이 명확하게 제3자에게 주정부나 지방정부 차원의 배분적 갈등해소에 관한 역할과 권한을 명시하지 않는다면, 합의형성 접근법이 제안될 때마다 혼란과 저항이 발생할 것이다. 요약하면, 합의형성 접근법이 널리 제도화되기 위해서는 법제화 노력이 필요하다.

연방정부 차원

다양한 합의형성 접근법의 활용은 주정부 차원에서 주목을 받아 왔으며, 특히 새로운 규제안을 조정을 통해 만들려는 노력들이 경주되어 왔다. 환경청(Environmental Protection Agency, EPA), 연방항공청(Federal Aviation Administration), 직업안전건강청(Occupational Safety and Health Administration)은 해당 기관이 제안하는 법안에 반대했을 당사자들과 합의에 기반하여 성공적으로 법안을 만들어 왔다.

환경청의 경우, 적어도 5회에 걸쳐, 전국적인 환경단체와 이해관계 그룹들의 20여 명 이상의 대표자들과 협상테이블에 앉았다.[16] 첫 번째 협상의 목표는 청정공기법(Clean Air Act)의 규제지침을 지키지 않는 트럭엔진 제조업체에 대한 금전적인 벌칙부과에 관한 새로운 규제를 만드는 것이었다. 두 번째 협상에서는, 응급상황 하에서 특정의 신규 살충제는 통상의 허가절차를 면제하는 법안을 만드는 것이었다. 전문 회의촉진자들과 조정자들이 이들 법안의 성공적인 도입에 핵심적인 역할을 하였다. 이 두 사례의 결과로 신규 법안들이 만들어졌고, 이후 통상적인 법안심사와 의견제시 절차를 거치면서 이해관계가 있는 사람들이 간과되지 않도록 하였다. 이러한 노력 덕분에 이의제기가 놀랄 만큼 적었으며, 법률안이 아무런 저항 없이 도입되었다. 1984년 한

해 동안 환경청이 제안한 법률과 규제들 중 80%가 법원에 제소된 것에 비하면, 이러한 성공은 매우 주목할 만한 성과이다.

환경청은 협상을 통한 조정(negotiated settlements)으로 슈퍼펀드 갈등사례를 해결할 수 있는 방안을 찾는 데 지대한 관심을 불러일으켰다. 주요 화학회사와 환경단체가 함께 설립한 비영리 조직인 클린사이트 회사(Clean Sites, Inc.)는 현재 많은 쓰레기장 문제에 조정자로 개입하고 있다. 이러한 유형의 조정기관 창설은 다른 공공정책 영역에서의 갈등당사자들에게도 유사한 조직을 만들도록 자극하는 선례가 되고 있다.[17]

규제협상을 새롭게 도입한 환경청뿐만 아니라 다른 기관(내무성, 공정거래위원회, 원자력규제위원회 등)들도 자신들의 상황에 맞는 유사한 노력들을 경주하기로 결정하였다. 적어도 논란이 있는 법안이 제정되는 경우에 규제협상은 점차 연방정부의 규범으로 자리 잡았다.

다른 연방기관들도 배분적 분쟁 해소를 위한 합의형성적 접근법의 추가적인 활용을 모색하여 왔다. 오랫동안 논란이 되고 있는 문제들이 새로운 합의형성이라는 기법에 입각해 재논의되고 있다. 일례로, 연방정부의 어느 땅이 '영구 야생지'로 지정되어야 하는가? 대륙붕의 어느 지역이 해양오일탐사를 위한 경쟁입찰의 대상지가 되어야 하는가? 자주 환경보호주의자들의 비난의 대상이 되고 있는 공병단(Corps of Engineers)과 내무성(Department of the Interior)은 더욱 적극적으로 합의형성 접근법을 시도하고자 하고 있다.

연방법원들도 앞으로 합의형성의 제도화를 위한 추진력을 새롭게 제공하고 있다. 이 책에서 설명하고 있는 어업권 조정의 성공으로 연방법원들도 당사자 간 분쟁해소가 적당하다고 판단되는 복잡한 배분적 분쟁을 조정과 비구속적 중재로 해소할 수 있도록 고려하고 있다.

법원이 임명하는 특별감사를 조정자로 활용하는 것도 협상의 시작을 쉽게 할 수 있으며, 자원 공급원의 조성에 균등한 기여를 하지 못하는 당사자들을 도울 수 있다. 이러한 경우에는 법원이 조정자에게 비용을 지급한다.

결론을 내리자면, 어떤 사람들에게는 분쟁해소를 위한 임시적인 접근법(ad hoc approaches)의 제도화가 역설적으로 보일 것이다. 임시적인 접근법이 갖는 최고의 가치는 특정 상황에 적합하도록 만들어진다는 점이다. 따라서 이러한 제도화가 처음에 임시적 접근법의 필요성을 야기했던 경직성을 또다시 야기하지 않겠는가? 그러나 우리는 제도화가 지원기반 협상의 사례별 활용을 제약하기보다는 권장하려는 의도 하에서 합의형성을 가능하게 하는 법규를 만들고, 재원조달과 절차적 제안을 의미하는 한 그렇게 생각하지 않는다.

요약
Summary

배분적 갈등 해소를 위한 합의형성적 접근법은 더 이상 새로운 것이 아니다. 그러나 이 접근법이 잘 이해되어 널리 활용되고 있지는 못하다. 앞의 여러 장에서 강조했듯이, 우리의 의회들, 행정기관들, 법원들이 계속적으로 상황에 맞지 않는 전통적인 분쟁해소 기제에 의존해 오고 있기 때문에 오늘날 심각한 곤란을 겪고 있다.

지원기반 협상의 장점이 점점 더 분명해짐에 따라, 배분적 분쟁 해소를 위해 현재의 방식을 보완하는 절차로서 이 과정을 제도화하려는 시도가 더 많아지고 있다. 이 시점에서, 앞으로의 과제는 각각의 분쟁에 가장 적합한 합의형성절차를 만들어 내는 것이다.

이 책에서 논의되고 있는 분쟁유형에 가장 적합한 합의형성 유형에 대해 생각해 보는 한 가지 방법이 〈표 6-1〉에 소개되어 있다. 첫째 행은 세 개의 정부 구조인 입법부, 사법부, 행정부를 나타내고, 첫째 열은 지방정부, 주정부, 연방정부의 계층을 나타내고 있다(카운티 정부는 표의 간략화를 위해 생략하였다). 각 칸에는 성공적인 합의형성 노력을 기재해 놓았다. 앞에서 논의되었던 사례들은 고딕체 문자로 표시하였고, 두 개의 추가 사례는 아래에서 간략히 소개하기로 한다.

지방정부 차원에서, 해군공창 다이옥신 사례는 지방의회가 법률에 따른 권한행사에 앞서 회의촉진이나 조정을 활용할 수 있음을 보여주고 있다. 또한 지방정부의 행정기관들도 통상적인 인허가 및 규제 집행 절차를 보완하기 위해 회의촉진이나 조정을 활용할 수 있음을 보여 주고 있다. 벡슬리 시의 토지이용규제 이의신청 위원회도 분리 선거구제도 사례와 같이 협상을 통한 합의제 도입을 시도하였다. 그 밖에도 많은 도시들이 입지관련 개발분쟁 사례에 조정을 적용하여 합의를 이루어 냈고, 이 합의를 통상적인 행정절차를 통해 집행하였다.

〈표 6-1〉 조정 및 다른 유형의 지원기반 협상 사례

구분	입법부	행정부	사법부
지방정부	다이옥신 사례	조던 레인 사례	주택법원 조정 사례
주정부	해안지대관리 법안	리버엔드 사례	하몬 카운티 하수정화 갈등사례
연방정부	―	환경청-규제협상 사례	어업권 갈등사례

〈표 6-1〉의 지방정부/사법부 칸에 '주택법원 조정' 사례가 기재되어 있다. 보스턴과 뉴욕을 포함하여 여러 도시에서, 임차인과 임대인들이 관련된 수많은 소송사례에 항상 시달리고 있는 주택법원은 예정된 소송에 앞서 조정의 사용을 승인하였다. 대부분의 소송이 민간의 분쟁이지만(우리가 논의하고 있는 배분적 분쟁과는 성격이 다르지만), 일부 조정사례는 광범위한 주택정책 분쟁과 관련되는 것들이었다.[18]

주정부 차원에서, 리버엔드 갈등사례는 주정부의 규제기관이 자신들의 통상적인 행정절차를 대신하여 회의촉진기법을 사용한 여러 사례 중의 하나이다. 포괄보조금 사례에서처럼, 주정부 행정기관들은 외부 조정자를 활용하여 예산안에 대한 공감대를 형성하는 데 도움을 줄 수 있다. 마찬가지로, 전기요금인상 요구도 공공요금 위원회의 심의 전에 조정과정을 거칠 수 있다. 어떤 면에서 이러한 조정은 위원회 심의에 앞서 예비합의를 도출할 수 있는 행정적인 공청회와 유사할 수 있다. 그러나 핵심적인 차이는 현재의 적대적인 공청회 절차가 공동문제해결이라는 형식으로 대체될 수 있다는 점이다.

롤렌캠프 판사는 소송에 앞서 논란 중에 있는 분쟁을 해결하고자 조정자를 특별감사로 활용한 첫 판사도 마지막 판사도 아니다. 주법원은 조정과 비구속적 중재의 활용에 대해 지속적으로 관심을 표명하여 왔으며, 신설된 주정부의 조정전담국과의 적극적인 연계협력이 이를 입증하고 있다.

〈표 6-1〉에 주의회 차원의 사례로 해안지대관리 법안이 소개되어 있다. 매사추세츠 주는 갯벌관리에 관한 법원의 판결조건에 대응하기 위해 새로운 법안이 필요하자, 회의촉진기제를 활용하여 심각한 교착상태를 해소하면서 법안초안을 도출하였고, 몇 주일 만에 법안의 합의를 이루어 내었다.[19]

연방정부의 환경청은 규제협상을 조정하는 데 환경청 내부와 외부의 회의촉진자들을 활용하였다. 하지만 조정주관 단계는 모두 외부자들만 담당하였다. 산림청(Forest Service)과 국방성(Department of Defense) 등 다른 연방정부 기관들도 통상적인 보조금 결정절차를 보완하고자 회의촉진 접근법을 활용하여 왔다. 어업권 분쟁을 해결하는 데 조정절차를 활용한 이스트먼 판사 사례는 연방지방법원이 조정과정을 활용하여 복잡한 소송사례들을 해결한 여러 사례 중 하나일 뿐이다. 여러 법원에서 수천 명의 소송당사자가 관련된 분쟁(석면관련 소송 등)을 해소하는 데 약식재판 등의 비구속적 중재 기법을 사용하기도 하였다. 비록 연방의회는 아직까지 정책문제에 관한 공감대를 형성하기 위해 회의촉진이나 조정 과정을 시도한 적은 없지만, 의회도 조만간 합의형성 노력을 시도할 것으로 예상된다. 하지만 어떤 의미에서는 합의형성에 관한 선례가 의회에도 이미 있다. 연방의회는 1980년대 초에 사회복지개혁에 관한 합의를 도출하기 위해 법안의 초안을 만드는 데 의원이 아닌 관련된 이해관계 그룹의 대표자들에게도 참여를 허용하면서까지 진정한 합의형성을 위해 기울였던 초당적 노력을 확대하기만 하면 된다.

성공적인 정부 간 조정 노력도 있다. 오하이오 주 데이턴 소재 케터링 재단(Kettering Foundation)은 오하이오 주 콜럼버스, 인디애나 주 게리, 미네소타 주 세인트폴 등의 도시에 대하여 협상투자전략(Negotiated Investment Strategy, NIS)이라 불리는 분쟁해소 노력을 지원한 바 있다.[20] 이들 노력들은 관련 시정부의 장기개발계획에 대해 세 개의 팀—지방정부의 선출직 공무원, 주정부의 선출직 및 임명직 공무원, 연방정부 기관의 대표자—을 한자리에 모아 협의하는 것이었다. 이들 팀은 전문조정자의 도움을 받아 서로 상이한 세 개 정부 간의 우선순위를 조정하여 공공과 민간의 '장기투자전략'을 협상할 수 있었다. 민간과 공공의 파트너십을 강조하는 최근 분위기에 따르면, 케터링 재단의 이러한 노력은 정부 간 협상을 어떻게 성공시킬 수 있는지에 대한 중요한 단초를 제공하고 있다

갈등상황에서 갈등당사자들이 자신들의 차이를 창조적으로 활용하려는 노력의 의지가 있다면, 그리고 공동의 이익을 생각하고 있다면, 분쟁해소를 위한 협상접근법은 작동할 수 있다. 하지만 이는 입법부, 행정부 및 사법부에서 사용되는 전통적인 메커니즘에 대한 자발적인 보완책이 고안되어야만 한다는 점을 의미한다. 특히 전문적인 제3자—회의촉진자, 조정자, 중재자—가 포함되어야 할 필요가 있다. 비록 합의형성에는 (갈등당사자 간에 균형 있는 재원분담 능력이 없는 경우의 재원확보를 포함하여) 수많은 장애가 있지만, 모두 극복할 수 있다. 이 책에서 소개한 사례들은 이러한 주장을 뒷받침하는 증거의 아주 작은 일부에 불과할 뿐이다.

결 론
Conclusion

Breaking the Impasse

제 7 장
결 론

　일간신문을 매일 읽는 사람은 알겠지만, 공공갈등은 매우 복잡하여 다루기에 벅차 보일 수 있다. 그래서 비관적인 사람들은 정치적인 영역에서 결판이 날 때까지 싸울 수밖에 없다고 속단한다. 그러나 우리는 그런 생각에 동의하지 않는다. 이 책에서 대안이 될 수 있는 전략과 기법들을 소개하였다.

　우리는 최선의 기술적이고 과학적인 도움을 활용하여 공공갈등을 공정하면서도 효율적으로 해소할 수 있음을 보여 주고자 하였다. 더욱이 우리가 설명한 방식으로 도출한 합의의 결과는 전통적인 방식을 통해 얻은 정치적인 타협보다 더욱 안정적일 수 있다.

합의형성을 위한 협상접근법
Negotiated Approaches to Consensus Building

　공공갈등의 당사자들은 자신들의 이해를 만족시킬 수 있고, 또한 그래야만 한다. 이타적 목적이 아닌 이기적 목적을 추구한다고 사과할 필요는 없다. 그러나 개인이든 단체이든 자신들이 원하는 행동을 하기에 앞서 다른 당사자들로부터의 지원을 받아야만 하는 경우, 자신들의 목표를 달성하려면 다른 당사자들의 필요를 만족시켜 주어야 한다. 이러한 공공갈등의 상호 의존성은 바로 자기 자신을 위해서라도 다른 당사자들을 돕는 것이 필요하다.

거의 모든 공공갈등에서, 갈등당사자들은 복합적 동기를 갖고 있다. 서론에서 소개하고 있는 미들타운 갈등에서, 갈등당사자들은 노숙자 문제를 해결하기를 원했고 동시에 이를 자신들의 이해와 맞는 방식으로 해결하기를 원했다. 미들타운 사례의 갈등당사자들은 협력의 충동과 함께 투쟁의 의도도 갖고 있었다. 불행히도 그들은 이러한 '이중 관심'의 장점들을 충분히 이용하지 못했고, 사태를 진전시켜 나가면서 함께 문제를 풀어 나가는 것을 더욱 어렵게 만들었다. 더욱이 이들은 함께 정보를 수집하고, 함께 미래를 예측하는 노력을 기울이지 못했다. 결과적으로 이들이 문제해결을 위한 최선의 접근방식에 합의를 하지 못했던 것은 놀라운 일이 아니다.

미들타운의 갈등당사자들은 최소한의 브레인스토밍도 시도해 보지 못했다. 이들은 다른 당사자들의 관점을 들어 보기도 전에 자신들의 해결책에만 매몰되었다. 갈등이 전개됨에 따라서, 협상참여자들은 공통되는 이해관계를 보지 못했고 모두가 만족하는 해결책의 모색을 포기하였다.

이들은 비공식적인 서면합의서 작성을 시도하지도 않았다. 아무도 전체 시민들이 진정 무엇을 원하고 있는지 파악하기 위해 소속 주민들에게 돌아가 물어보겠다고 요청하지도 않았다.

미들타운에서 공공자원을 배분하고 정책을 결정하는 법적인 권한을 갖고 있는 사람들은 완벽한 통제권을 유지하고 있었다. 이들은 유용한 도움을 줄 만한 단체로부터 어떠한 조언도 구하지 않았다. 이들은 다른 사람들로부터 의견을 구하기 위해 공청회를 개최하였으나, 단지 언론노출 기회 이상의 효과를 거두지는 못하였다.

합의이행의 실태를 지속적으로 파악하기 위한 공동 모니터링 과정도 구축하지 못하였다. 이들은 제한된 시간 내에 특정 목적을 달성하기 위한 책임도 수용하지 않았다.

지원 없는 협상과 지원기반 협상
Unassisted and Assisted Negotiation

미들타운 당사자들은 자기 자신들만으로 문제를 해결할 수 있을 것으로 생각하였다. 그러나 이들은 외부 지원을 받는 편이 더 좋았을 수 있었다. 여기서 '지원'이라 함은 절차적인 도움의 형태를 의미한다.

조던 레인의 사례는 지원 없이 하는 협상(unassisted negotiations)이 성공하기 위해서는 특정한 조건을 충족시켜야 함을 보여 주고 있다. 미들타운 갈등사례는 갈등당사자들만으로 성공하기에는 이슈가 너무 많고 복잡하였다. 또한 이해관계자의 범위도 분명하지 않았다. 핵심 당사자 모두가 공동사실조사를 시도하려는 것도 아니었다. 더 중요한 점은, 개별 갈등당사자가 갖고 있던 '합의하지 않음' 이외의 대안이 협상테이블로 당사자들을 불러 모을 만큼 매력적이지도 않았다.

불행히도, 대부분의 공공갈등은 지원 없이 하는 협상의 성공을 위한 전제조건을 충족하지 못하고 있다. 우선 이해당사자들이 아주 많고 명확하게 파악하기 힘든 점과 관련이 깊다. 이슈도 매우 복잡하고 수가 많다. 그리고 일부 이해당사자들은 합의의 부재를 수용가능한 결과로 보는 경우도 있다. 리버엔드 갈등, 하몬 카운티 갈등, 어업권 갈등, 사회복지서비스 포괄보조금 배분 갈등은 이러한 점들을 잘 보여 주고 있다. 이슈가 많은 다자간 공공갈등의 당사자들에게는 중립적인 합의형성 지원이 필요하다.

이러한 경우, 해당 갈등상황에 적합한 중재자를 선택해야 한다. 이해당사자 전원은 이 중재자의 배경, 소속, 평판을 면밀히 검증하도록 한다.

우리는 세 가지 유형의 절차적 지원—회의촉진, 조정, 비구속적 중재—을 소개하였다. 이 세 가지 모두 미들타운 사례에 적용될 수 있을 것이다. 우리가 참여했던 주요한 사례에서는 회의촉진과 조정이 효과적이었다.

갈등당사자들이 자신들의 갈등을 다루기 어렵다고 생각하는 경우, 이들은 회의촉진자를 통해 이해관계자 분석, 회의진행규칙 도출, 의제설정 등 사전협상과 관련되는 여러 업무에 도움을 받는 것부터 시작할 수 있다. 리버엔드 사례에서 보았듯이, 회의촉진자는 '회의 현장' 관리와 회의지원(회의 시간과 장소 조정, 의사록 작성과 배포 등) 업무를 수행할 수 있다. 이해당사자 전원이 회의촉진자의 역할과 상황의 전개에 만족하는 한 회의촉진자는 계속 활동할 수 있다.

조정자의 도움이 요구되는 경우는 하몬 카운티 사례에서 보듯이 전체회의나 회의 중간중간 비공개적 만남이 필요한 경우이다. 조정자에게 상호 이익이 될 수 있는 '협상안(packages)'을 제안하도록 요청하는 것이 부적절한 것은 아니다. 또한 조정자는 당사자들 사이의 대화가 단절되는 경우 이들 사이를 오가며 대화를 이어갈 수 있도록 해야 한다. 효과적인 조정이 되기 위해서 조정자는 해당 갈등의 핵심 이슈 등에 대한 상당한 기초지식을 갖고 있어야 한다. 조정자는 항상 중립적인 입장을 유지해야 하지만, 갈등의 결과에 무관심해야 하는 것은 아니다. 어업권 갈등사례에서 보듯이, 특히 조정자는 공정성, 효율성, 안정성, 그리고 합의도출의 지혜 등에 대해서 고민할 필요가 있다. 이것은 조정자가 협상을 특정 방향으로 유도할 권한이 있다는 것은 아니다. 그러나 중립자는 협상참여자들이 좋은 결과 도출에 관심을 집중하도록 압박하리라는 것을 예상할 수 있어야 한다. 그러나 결론적으로 합의는 여전히 이해관계자 전원의 이해와 공감에 바탕해야 하며 협상참여자의 '소유' 여야만 한다.

갈등당사자들은 상대적으로 더 많은 통제권(그러나 여전히 통제권 전부는 아님)을 중재자에게 부여한다. 중재자는 갈등당사자들의 차이를 해소하는 방법에 대한 견해를 제공하지만, 당사자들을 구속하지는 않는다. 이 중재는 합의적으로 갈등을 해소하는 마지막 단계이며 다음의 단계는 비합의적 갈등해소로 넘어간다. 이해당사자들은 상호 합의한 '판사' 또는 위원회에게 자신들의 갈등을 법원이나 배심원이 어떻게 해소할지를 미리 물어봄으로써 좀 더 현실적으로 자신들의 기대를 측정할 수 있다. 이 중재를 통해 일방이 맹목적으로 갈등을 지속시키고 있는 경우를 포함한 민간의 갈등은 자발적인 해소에 이르게 되기도 한다.

갈등해소를 위한 합의적 접근법의 한계
Limits on Consensual Approaches to Dispute Resolution

그렇다면 왜 이 책에서 소개하고 있는 기법들이 널리 이용되고 있지 못하는가?

합의협상에 참여하면 자신들이 갖고 있는 법적 책무를 포기하는 것으로 여겨지지나 않을까 하는 공무원들의 우려가 가장 중요한 이유이다. 그러한 생각은 잘못된 것이다. 이 책에서 소개한 사례를 포함하여 우리가 관찰한 거의 모든 갈등사례에서 보면, 선출직 및 임명직 공무원의 재량을 통제하는 법적인 제약 내에서도 합의적 접근법은 상당히 잘 들어맞았다. 합의형성과정이 공개적으로 운용되고 모든 이해당사자들의 참여를 허용하는 한 직무유기라고 걱정할 필요는 없다. 게다가 협상의 결과가 여전히 공식적으로 비준받아야 하는 비공식적인 합의라 할지라도, 정당한 절차와 평등보호 규정을 충족하여야 한다.

일부 공무원들은 합의형성과정은 권력 포기를 의미한다고 생각한다. 이는 사실이 아니다. 비공식적인 협상을 통한 합의는 공식적인 권위를 갖고 있는 사람들로부터 공식적인 재가를 받아야만 하기 때문에, 의사결정권은 현상유지가 되며 변화하지 않는다. 게다가 합의는 관련 선출직 및 임명직 공무원을 포함한 핵심 이해관계자 전원의 합의가 자신들의 이해를 대변하고 있음에 동의한다는 것을 의미한다. 따라서 합의형성과정을 시작하거나 참여에 동의한 공무원들이 협상 결과에 대한 자신들의 거부권을 포기하는 것은 아니다.

우리는 공무원들이 갈등해소에 합의적인 접근법을 권장함으로써 자신들의 권력을 강화할 수 있다고 생각한다. 이 점이 사실인 이유는 대중들은 배분적인 갈등을 더욱 공정하고, 더 현명하게, 더 안정적으로, 더 효율적으로 해소하기를 원하고 있기 때문이다.

시민들이나 시민단체 활동가들이 자원과 정치적 권력이 불균형적으로 배분되어 있는 상황에서의 협상참여를 우려하는 경우를 종종 보게 된다. 그들은 묻는다. "정치적인 힘도 없고 자원도 없는 갈등당사자들이 혹시 강력한 힘을 갖고 있는 상대방들로부터 이용당하지나 않을까요? 법원이야말로 상대적으로 정치적인 힘이 없는 갈등당사자들

이 공정한 대우를 보장받을 수 있는 유일한 공간이 아닐까요?'

사실, 배분적 갈등의 전통적인 해결접근법은 정치적 권력과 법적 권리를 상당히 강조하고 있다. 의회는 특히 로비스트들과 이익집단의 영향에 매우 민감하다. 법원은 주로 미래의 가능성 형성보다는 과거 사실의 판단에 관심을 기울인다. 법원에서는 정치적으로 힘이 없는 사람이 아닌, 죄가 없는 사람에게 유리하다. 더욱이 법원은 장래의 관계개선에 전혀 관심이 없다. 법원에서 종결되는 배분적 갈등사례는 마치 승자와 패자가 선고되는 형사사건과 같이 다루어진다.

상대적으로 힘이 없는 집단이 합의형성 협상에 참여하는 것을 우려하는 것은 정당하다. 그러나 법적 권리가 아닌 배분적 갈등 이슈로 다투는 경우 비용이 많이 드는 법정 공방을 할 것인지에 대해서도 마찬가지로 신중해야 한다.

권력과 정치는 모든 공공갈등의 핵심 요소이며, 간과될 수는 없다. 그러나 합의적 갈등해소 접근법은 분쟁의 '해소'보다는 문제 해결에 방점을 둔다. 갈등해소라는 결과가 매우 시급한 경우에도 아무리 강력한 권한을 갖고 있는 집단일지라도 도출한 합의가 얼마나 지혜로운가를 살펴보아야 한다. 많은 공공갈등에서 현명한 해소가 승리보다 정말 더 중요하다. 정치적으로 강력한 그룹이 합의도출 노력을 약속하는 것은 자신들이 갖고 있는 정치권력 자체만으로는 공공갈등 해소에 충분하지 않음을 암묵적으로 인정하는 것이다. 이는 상대적으로 정치권력이 약한 사람들도 권력을 보유하고 있음을 뜻한다. 한편, 이러한 상황이 상대적으로 정치권력이 강한 사람들로부터 어떤 것을 빼앗아 가지는 않는다. 모든 그룹이 거부권을 갖고 있기 때문이다.

대부분의 협상에서, (정치권력과 반대되는) 협상력은 유동적이다. (모든 사람의 이익을 만족시킬 수 있는 제안 등) 좋은 아이디어의 힘은 협상력에 매

우 중요한데, 이는 모든 갈등당사자들이 똑같이 활용할 수 있는 힘이
다. 어느 누구라도 협상을 언제든지 중단시킬 수 있기 때문에, 포섭전
략이 반드시 필요한 것은 아니다.

합의형성의 유용성에 한 가지 단점이 있다면 시간과 관련이 있다.
평균적으로 협상은 수개월에서 1년 이상의 다양한 기간이 소요된다.
시간적인 압박이 강한 경우 힘이 강한 당사자나 힘이 약한 당사자 모
두 빠른 해결책을 얻을 수 있는, 협상 이외의 방식에 눈을 돌리게 마련
이다. 예를 들면, 빠른 판결을 얻을 수 있는 소송은 거부하기 어려운
대안이다. 반면, 신속하게 결과를 얻으려는 노력은 절망으로 이어지
기 쉽다. 갈등이 모든 이해당사자들을 만족시키지 못한 채 해소되는
경우, 갈등은 또 다른 국면으로 계속될 것이다. 만일 정부나 법원, 의
회가 이후에 나타날 저항이나 재고의 위험성 없이 신속하게 조치를
취할 수만 있다면, 합의형성모델이 그렇게까지 매력적이지는 않을 것
이다.

분명히, 합의형성 노력의 사전협상단계는 오랜 시간이 필요하다.
모든 잠재적인 이해관계자들을 접촉하여 일일이 설명해야 하기 때문
이다. 각 그룹들은 대변인도 선정해야 한다. 적절한 제3자를 선정해
야 하고, 운영규칙도 결정해야 하고, 의제도 설정해야 한다. 심지어는
문제해결이 시작되기 전에 대대적인 사실관계규명도 필요할 수 있다.
그러나 우리 생각에는 이것들은 상당히 필요한 투자이다. 앞에서 우
리가 주장한 것처럼, '빨리 가기 위해서 천천히 가는 것(go slow to go
fast)'이 필요하기 때문이다.

공무원들과 경영자 단체들은 분파그룹이 생겨날 가능성을 크게 우
려한다. 우리는 "분파그룹이 생겨날 가능성 때문에 공공갈등을 해결
하기 위한 합의적 접근법의 효과성과 적용가능성이 매우 제약되지는

않을까요? 군소 분파단체들로 인해 결론에 이르기 어려운 과정에 많은 시간과 돈을 투자해야 하나요?"라는 질문을 자주 받는다.

공공갈등 해결과정에서 분파그룹이 생겨나는 것을 막을 수 있는 방법은 없다. 그러나 이들이 생겨나는 가능성을 낮출 수 있는 방법은 많이 있다. 또한 이들이 생겨난다 하더라도 이들의 영향을 약화시킬 수 있다. 바로 이러한 이유 때문에 대표성과 비준의 문제에 특별히 신경을 써야 한다. 합의형성과정 도중에 나타날 가능성이 있는 사람들을 포함하여 잠재적인 이해관계자를 접촉하여 포함시키려는 모든 노력을 기울인다면, 분파그룹이 공세를 펴기 위해 필요한 정치적인 신뢰 (와 자금)를 확보하기 어렵다.

분파그룹이 합의가 비준된 이후에 나타나는 경우, 이전 합의에서 처리되지 않았던 우려사항을 논의하기 위해 당사자 전원을 여전히 재소집할 수 있다. 만일 합의문에 재협상 조항이 포함되어 있다면 이러한 문제에 직면했을 때 해소하기가 상대적으로 매우 쉬워진다.

협상당사자들이 재소집될 수 없더라도, 합의문은 분파그룹의 정치적 공세를 이겨 낼 수 있다. 협상당사자들은 "어쨌든 분파그룹은 협상과정 동안 자신들의 우려사항을 제기할 기회가 있었다. 최종 합의문이 합의를 통해 도출되었고 적어도 분파그룹이 나타나기 전까지 모든 당사자들이 기꺼이 합의문을 수용하였다."라고 진정성 있게 주장할 수도 있다.

모두들 아다시피, 공공갈등이 처음에는 제로섬 게임처럼 보일지라도 대부분이 제로섬 게임은 아니다. 갈등당사자들이 이러한 입장에 입각하여 생각해 본 경험이 없기 때문에 단정적으로 주고받을 것이 없다고 결론내리는 경우가 너무 많다. 노숙자에 관한 미들타운의 사례에서, 해당 이웃주민들 어느 누구에게도 보상을 제안하거나 부정적인 영향을 최소화하겠다는 약속을 하지 않았다. 노숙자용 주택을 수용한다는 합의와 앞으로는 이 지역에 다른 비선호시설을 입지시키지 않겠다는 약속은 거래되지 않았다.

이렇게 거래할 수 있는 항목을 찾아내기 위해서는 시각이나 생각의 폭을 넓히는 것이 중요하다. 갈등당사자들이 거래항목을 찾으려고 노력한다면 매우 다양한 종류의 비전통적인 교환이 가능하다. 동시에, 터무니없는 요구가 나오지 않도록 하는 방법들도 있다.

합의협상의 약속(미래, 가능성)
The Promise of Consensual Negotiation

미국의 사회개혁에 대한 시각의 하나는 합의형성 등과 같은 온갖 종류의 아이디어들이 일시적인 유형이라는 생각이다. 즉 이런 아이디어들은 때때로 생겨나고 짧은 유행을 일으키지만, 금방 사라진다. 보수적인 관점에서 거의 모든 사회개혁은 정부가 관련되는 경우에 특히, 문제를 해결하기보다는 오히려 문제를 야기하고 있다. 배분적 갈등을 해소하기 위한 수단으로서 합의형성은 정부개입에만 의존하지 않는다. 물론 정부가 관련되지만 대부분의 경우 공공과 민간 기구가 함께 관련된다. 즉, 어느 누구도 합의형성을 제안할 수 있다. 개인의 책무가 면제되는 것은 아니다. 사실 이 책에서 서술하고 있는 협상을 통한 합의형성 접근법에는 개인 차원의 주도가 매우 중요한 요소이다.

우리는 사회개혁이 실패하는 이유가 주로 위에서부터 강요되기 때문이라고 생각한다. 실제로 정부는 새로운 가치들을 주입시키려는 시도를 하고 있다. 그러나 정부의 이러한 시도에 대해 강력한 인간본성이 작용한다. 정부의 결정에 따라 우리 인간본성에 내재하는 옳음과 그름에 대한 생각—무엇이 일어나야 하고 무엇이 일어나지 말아야 하는지에 대한—을 쉽게 바꾸는 사람은 그리 많지 않다. 따라서 개혁이 성공하여 제도화될 수 있을지라도 인간본성이 저항하기 때문에 실패한다. 만일 개혁이라는 수단이 이러한 내재적인 동기를 제대로 다루지 못한다면 개혁은 실패라는 운명을 피할 수 없다.

합의적 갈등해소 접근법의 가장 흥미로운 특징 중의 하나는 일단 사람들이 이 접근법을 사용하여 성공적인 경험을 하면 모두가 홍보대사가 된다는 점이다. 참여라는 행위, 그리고 성공의 경험이 문제해결과정에 대한 사람들의 생각을 변화시킬 수 있다. 합의형성이라는 아이디어는 이미 합의형성과정을 시도하여 성공을 경험한 사람이 가장 효과적으로 홍보할 수 있을 것이다. 대부분의 사회개혁과는 달리, 합의형성에 내재해 있는 학습효과를 최대한 이용할 수 있다.[1] 즉 '개혁대상자'들이 개혁가로 거듭나게 된다.

우리는 바로 이러한 학습을 통해 개혁이 뿌리를 내리고 지속될 수 있다고 생각한다.[2] 결과적으로 우리는 합의적 갈등해소 접근법이 널리 퍼져 나가리라 확신한다. 그렇게 되면 어떠한 난국이 발생하더라도 쉽게 피할 수 있고 타개할 수 있을 것이다. 공공갈등 해소를 위한 합의적 접근법은 민주주의 제도들이 효과적으로 작동할 수 있음을 보여 주는 더 많은 기회를 제공하게 될 것이다.

주(註)

제1장

1 Michael O'Hare, Lawrence Bacow, and Debra Sanderson, *Facility Siting and Public Opposition* (New York: Van Nostrand, 1983).

2 Lawrence Susskind and Laura Van Dam, "Squaring off at the Table, Not in the Courts," *Technology Review* (July 1986): 36~44.

3 미국의 노숙자 문제에 대해서는, John Erickson and Charles Wilheim, eds., *Housing the Homeless* (New Brunswick, N.J.: Rutgers Center for Urban Policy Research, 1986) 참조.

4 다른 많은 학자들도 이 점을 주장하고 있다. 일례로, Sheila Jasanoff and Dorothy Nelkin, "Science, Technology, and the Limits of Judicial Competence," *Science 214* (11 December 1981): 1211~1215, 그리고 Lon Fuller, "The Forms and Limits of Adjudication," *Harvard Law Review* 92 (1962): 353~409 참조.

5 행정절차의 내재적인 문제점에 대한 설명은 Richard Stewart, "The Reformation of American Administrative Law," *Harvard Law Review* 88 (1978): 1667~1813 참조.

[추가 도서자료]

- 갈등의 긍정적인 기능에 관해서는, Louis Coser의 *The Functions of Social Conflict* (New York: Free Press, 1964) 참조.
- Roger Fisher and William Ury의 *Getting To YES: Negotiating Agreement Without Giving In* (Boston: Houghton Miftlin, 1981)은 협상을 위한 합의적 접근법의 핵심 요소에 대해 훌륭한 소개를 제공하고 있음.

제2장

1 분쟁해소 분야의 개관에 대해서는, Stephen Goldberg, Eric Green, and Frank Sander, *Dispute Resolution* (Boston: Little, Brown & Co., 1985) 참조. 대안적 분쟁해소(alternative dispute resolution) 방법의 비공식성 (informality)과 관련된 문제점에 대한 논의에 대해서는, Jay Folberg and Alison Taylor, *Mediation: A Comprehensive Guide to Resolving Conflicts without Litigation* (San Francisco: Jossey-Bass, 1984), chapter 3 참조.

2 효율성과 멋진 거래(elegant trade)의 개념에 대해서는, Howard Raiffa, *The Art and Science of Negotiation* (Cambridge: Harvard University Press, 1982)에 훌륭하게 설명되어 있음.

3 선견지명(prospective hindsight)의 개념에 대해서는, Michael Wheeler, "Prospective Hindsight", *Negotiation Journal* 3 (January 1987): 7~10 참조.

4 스웨덴 습지 내에 건축하려는 애틀보로 몰(Attleboro Mall)에 대한 논란은 1986년 3월 6일과 5월 14일에 *Boston Globe* 첫 면에 실렸음. *The New York Times*도 1986년 5월 14일에 이 논란을 기사로 게재하였음.

5 습지에 대해 과학자들이 알고 있는 것과 모르고 있는 사실에 대한 요약은, Orville T. Magoon, ed., *Coastal Zone '83: Proceedings of the Third Symposium on Coastal and Ocean Resource Management* (New York: American Society of Civil Engineers, 1984), vols. 1~3 참조.

6 어용과학(advocacy science)의 문제점에 대해서는, Connie Ozawa and Lawrence Susskind, "Mediating Science-intensive Policy Disputes," *Journal*

of Policy Analysis and Management 5, 1(1985): 23~39와 J. D. Nyhart and Milton Carrow, eds., *Law and Science in Collaboration* (Lexington, Mass.: Lexington Press, 1983) 참조.

7 현실적인 약속이행의 중요성에 대해서는, Roger Fisher and William Ury, *Getting To YES: Negotiating Agreement Without Giving In* (Boston: Houghton Mifflin, 1981) 참조.

8 갈등당사자 간의 좋은 실무관계가 갖는 중요한 측면들에 대해서는, Fisher and Ury, *Getting To YES* 참조.

9 이슈묶음(packaging)의 개념에 대해서는, Raiffa, *The Art and Science of Negotiation* 참조.

10 협상에서 '이중 고려(dual concerns)' 또는 복합적 동기(mixed motives)의 개념을 처음 소개한 것은 Richard Walton and Robert McKersie, *A Behavioral Theory of Labor Negotiations* (NewYork: McGraw-Hill, 1965)이고, 추가적인 설명은 Dean Pruitt, *Negotiation Behavior* (New York: Academic Press, 1981) 참조.

[추가 도서자료]

· 협상분야에서 가장 중요한 두 저서는 Thomas Schelling의 *The Strategy of Conflict* (Cambridge, Mass.: Harvard University Press, 1960)와 Howard Raiffa의 *The Art and Science of Negotiation* (Cambridge: Harvard University Press, 1982)임. 이 두 권은 협상에 대한 일반이론을 제공하고 있음. Stephen Goldberg, Eric Green, and Frank Sander의 *Dispute Resolution* (Boston: Little, Brown & Co., 1985)은 갈등해소 기법과 전략의 전반을 개관하고 있는 논문들을 소개하고 있다. 우리가 자주 인용하고 있는 또 다른 유용한 저작은 협상에 관한 논문만을 모아 놓은 *American Behavioral Scientist* 17, 135(1983) 특별호임.

제3장

1 규제협상(negotiated rule making)에 대한 설명에 대해서는, Philip Harter,

"Negotiating Regulations: A Cure for the Malaise," *Georgetown Law Journal* 71(1982): 1~117 참조.

2 Lawrence Susskind and Gerard McMahon, "The Theory and Practice of Negotiated Rulemaking," *Yale Journal of Regulation* 3, 1(1985): 133~165.

3 '기관포섭(agency capture)'의 동태적 특징에 대해서는, Paul Sabatier, "Social Movements and Regulatory Agencies: Toward a More Adequate View of Clientele Capture," *Policy Sciences* 6 (September 1975): 301~342 참조.

4 리버엔드(RiverEnd) 사례는 Judith deNeufville, ed., *The Land Use Debate in the United States* (NewYork: Plenum, 1980)의 Lawrence Susskind, "Citizen Participation and Consensus Building in Land Use Planning: A Case Study" 에서 인용하고 있음.

5 합성연료(synfuels) 프로그램에 관해서는, Richard H. K. Vietor, *Energy Policy in America Since* 1945 (Cambridge, Engl.: Cambridge University Press, 1984) 참조. 이 프로그램의 종료에 대해서는 E. Marshall in *Science* 25, 4662 (10 August 1984): 604~605 참조.

6 슈퍼펀드(Superfund)의 기원에 관한 기술적 정리에 대해서는, Frederick R. Anderson, "Negotiation and Informal Agency Action: The Case of Superfund," *Duke Law Journal* 86, 2(1985): 261~380 참조.

7 Ezra Vogel, *Japanas Number One: Lessons for America* (Cambridge: Harvard University Press, 1979).

8 Partnership Forum for Social Service Priorities, Program on Negotiation at Harvard Law School, Cambridge, Massachusetts에서 1984년 12월~1986년 5월에 출간한 뉴스레터인 *Reports from the Mediator*에서 인용하고 있음.

9 미국 사회에서의 로비와 로비에 대한 태도에 관해서는, Grant McConnell의 *Private Power in American Democracy* (New York: Knopf, 1966) 참조.

10 이 사례의 출처는, Lawrence Susskind, "Court-Appointed Masters as Mediators," *Negotiation Journal* (October 1985): 295~300.

11 Superfund 프로그램에 대한 여러 이해관계 그룹의 태도에 대해서는, *Sierra Magazine* (November~December 1984) 참조.

12 이 사례는 부분적으로 Connie Ozawa and Lawrence Susskind, "Mediating Science-intensive Policy Disputes," *Journal of Policy Analysis and Management* 5, 1 (1985): 23~39에서 인용하고 있음.

13 미국 사회가 과도하게 소송을 하고 있는지에 대해서는 여전히 논란이 되고 있음. William Felstiner, Richard Abel, and Austin Sarat, "The Emergence and Transformation of Disputes: Naming, Blaming, and Claiming," *Law and Society Review* 15 (1980~1981): 631~654와 Marc Galanter," Reading the Landscape of Disputes: What We Know and Don't Know(and Think We Know) about Our Allegedly Contentious and Litigious Society," *UCLA Law Review* 31, 4(1983).

14 법정 절차에 관한 논의는 Lawrence Susskind and Alan Weinstein, "Toward a Theory of Environmental Dispute Resolution," *Boston College Environmental Affairs Law Review* 9, 2 (1980): 143~196 참조.

15 이 사례는 Clearinghouse of the Program on Negotiation at Harvard Law School, Cambridge, Massachusetts가 출간한 "The Lake Wasota Fishing Rights Game"(Case no. 20004)에 기초하고 있음. *Clearinghouse Catalog*, 2d ed. (November 1986): 45~46 참조.

[추가 도서자료]

· Jane Mansbridge의 *Beyond Adversary Democracy* (Chicago: University of Chicago Press, 1983)는 민주주의의 고전적 기능에 대한 다양한 시각을 제공하고 있으며, *Joshua Cohen's on Democracy* (New York: Penguin, 1983)도 그러함. Richard Walton and Robert McKersie의 고전인 *A Behavioral Theory of Labor Relations* (New York: McGraw-Hill, 1965)는 '복합동기협상(mixed motive bargaining)'의 기초개념을 제공하고 있음. Dean Pruitt and Jeffrey Rubin의 *Social Conflict* (New York: Random House, 1985)는 갈등의 함정과 상승에 대한 연구문헌을 요약하고 있음.

제4장

1 배트나 개념의 출처는 Roger Fisher and William Ury의 *Getting To YES: Negotiating Agreement Without Giving In* (Boston: Houghton Miffiin, 1981) 참조.

2 협상에서 기댓값(expected value) 계산에 대한 설명은 Howard Raiffa, *The Art and Science of Negotiation* (Cambridge: Harvard University Press, 1982) 참조.

3 배트나 추정 기법(BATNA estimation technique)에 대해서는 Raiffa의 *The Art and Science of Negotiation* 참조.

4 이 두 협상유형 간의 차이점에 대한 설명은 Roy Lewicki and Joseph Litterer 의 *Negotiation* (Homewood, III.: Richard Irwin, 1985) 참조.

5 귀결(anchoring) 과정에 대한 설명은 Raiffa의 *The Art and Science of Negotiation* 제2장 참조.

6 '달러 경매(dollar auction)'에 관한 선행연구는 Allan Teger, *Too Much Invested to Quit* (New York: Pergamon, 1980) 참조.

7 Jeffrey Z. Rubin, "Psychological Traps," *Psychology Today* (March 1981): 52~63.

8 J. Brockner and Jeffrey Rubin, *Entrapment in Escalating Conflicts* (New York: Springer-Verlag, 1985).

9 이 사례는 부분적으로 Clearinghouse of the Program on Negotiation at Harvard Law School, Cambridge, Massachusetts에서 출간한 "Neighborhood Care, Inc. Game"(Case no. 20005.1)에 부분적으로 근거하고 있음. *Clearinghouse Catalog*, 2d ed.(November 1986): 88 참조.

10 효과적인 대표성 확보의 문제에 대한 추가적인 논의는 Lawrence Susskind, "Power and Power Imbalances in Dispute Resolution," in *Removing the Barriers to the Use of Alternative Methods of Dispute Resolution* (South Royalton, Vt.: Vermont Law School Dispute Resolution Project, 1984) 참조.

11 갈등영향분석(conflict assessment)에 대한 자세한 설명은 Susan L. Carpenter

and W. J. D. Kennedy, *Managing Public Disputes: A Practical Guide to Reaching Agreements* (San Francisco: Jossey-Bass, forthcoming) 참조.

12 이 전략의 강점과 약점에 대한 상세한 설명은 Thomas Schelling의 "An Essay on Bargaining" in *The Strategy of Conflict* (Cambridge, Mass.: Harvard University Press, 1960) 참조.

13 이해관계(interests)와 입장(positions) 간의 차이에 대한 설명은 Roger Fisher and William Ury, *Getting To YES* 참조.

14 이 표현은 Roger Fisher and William Ury, *Getting To YES*에서 찾을 수 있음.

15 William J. Gordon, *Synectics* (New York: Harper and Row, 1961).

16 단일문안절차에 대한 자세한 설명은 Roger Fisher and William Ury, *International Mediation: A Working Guide* (Cambridge: Harvard Negotiation Project at Harvard Law School, 1978) 참조.

17 Malcolm Rivkin, Negotiated Development: *A Breakthrough in Environmental Controversies* (Washington, D.C.: Conservation Foundation, 1977).

18 Roger Fisher, "Negotiating Power: Getting and Using Influence," *American Behavioral Scientist* 27, 2 (November-December, 1985): 149~166 참조.

[추가 도서자료]

· Gerald Williams의 *Legal Negotiation and Settlement* (St. Paul, Minn.: West, 1983)는 협력적 협상접근법과 경쟁적 협상접근법의 중요한 성공과 실패의 사례를 제공하고 있음. Lawrence Bacow and Michael Wheeler의 *Environmental Dispute Resolution* (New York: Plenum, 1983)은 외부 지원 없이 해결된 여러 공공갈등사례를 분석하고 있음. Roy Lewicki and Joseph Utterer의 *Negotiation* (Homewood, Ill.: Richard Irwin, 1985)은 통합적 협상(integrative bargaining)에 관한 훌륭한 연구들을 담고 있음.

제5장

1 조정자 역할에 대한 논쟁은 Joseph B. Stulberg, *Taking Charge/Managing Conflict* (Massachusetts: Lexington, 1987) 참조.

2 EPA의 자원 공급원(resource pool)에 대한 자세한 설명은 Lawrence Susskind and Gerard McMahon, "The Theory and Practice of Negotiated Rulemaking," *Yale Journal of Regulation* 3, 1 (1985): 133~165 참조.

3 약식재판(minitrials)에 대한 설명은 Eric Green, "The CPR Mini-Trial Handbook," in *Corporate Dispute Management* (New York: Matthew Bender, 1982) 참조.

4 David Lax and James Sebenius, *The Manager as Negotiator* (New York: Free Press, 1986).

5 Gerald Williams, *Legal Negotiation and Settlement* (St. Paul, Minn.: West, 1983).

6 이 점에 대한 추가적인 설명은 Jacob Bercovitch, *Social Conflicts and Third Parties: Strategies of Conflict Resolution* (Boulder, Colo.: Westview, 1984) 참조.

[추가 도서자료]

- 많은 서적들이 화의촉진, 조정, 그리고 비구속적 중재를 다루고 있다. 공공갈등에 관심이 있는 사람에게 가장 적절한 서적으로는 Michael Doyle and David Straus, *Making Meetings Work* (New York: Playboy Press, 1976); Jacob Bercovitch, *Social Conflict and Third Parties: Strategies of Conflict Resolution* (Boulder, Colo.: Westview Press, 1984); Jay Folberg and Ann Taylor, *Media- tion: A Comprehensive Guide to Resolving Conflict Without Litigation* (San Francisco: Jossey-Bass, 1984); and Timothy Sullivan의 *Resolving Develop- ment Disputes Through Negotiation* (New York: Plenum, 1984) 등임. 조정이 중요한 역할을 했던 공공갈등사례를 자세히 검토한 서적으로는 Gail Bingham의 *Resolving Environmental Disputes: A Decade of Experience* (Washington, D.C.: Conservation Foundation, 1985); Lawrence Susskind, Lawrence Bacow, and Michael Wheeler, *Resolving Environmental Regulatory Disputes* (Cambridge, Mass.: Schenckman, 1983)임. 조정에 관한 연구를 요약한 저널로는 *Social Issues* 41, 2(1985)의 특별호가 있음.

제6장

1 이 주장을 설득력 있게 하고 있는 Roger Fisher and William Ury, *Getting To YES: Negotiating Agreement Without Giving In* (Boston: Houghton Mifflin, 1981) 참조.

2 이러한 제약조건에 대한 상세한 설명은 Lawrence Susskind and Allan Morgan, "Improving Negotiations in the Regulatory Process," *Electric Perspectives* (Spring 1986): 22~31 참조.

3 법적 계약이 활용될 수 있는 창조적인 방법의 목록은 Lawrence Bacow and Michael Wheeler, *Environmental Dispute Resolution* (New York: Plenum, 1984) 제4장 참조.

4 결정-발표-옹호 증후군(decide-announce-defend syndrome)에 대해서는 Dennis Ducsik, "Citizen Participation in Power Plant Siting: Aladdin's Lamp or Pandora's Box?" in Robert Lake, ed., *Locational Conflict* (New Brunswick, N.J.: Rutgers Center for Urban Policy Research, 1987) 참조.

5 민간기업 협상 방식에 대해서는, David Lax and James Sebenius, *The Manager as Negotiator* (New York: Free Press, 1986) 참조.

6 이 접근법은 특히 부동산 개발업자에게 해당된다. Lawrence Susskind, "Negotiating Better Development Agreements," *Negotiation Journal* 3 (January 1987): 11~15 참조.

7 Gail Bingham, *Resolving Environmental Disputes: A Decade of Experience* (Washington, D.C.: Conservation Foundation, 1985).

8 Roman Tomasic and Malcolm Feeley, eds., *Neighborhood Justice: Assessment of an Emerging Idea* (New York: Longman, 1982).

9 전국 공공분쟁센터 목록은 *Dispute Resolution Resource Directory* (Washington, D.C.: National Institute for Dispute Resolution, 1984) 참조.

10 지방 차원의 분쟁해소 프로그램이 가고 있는 다양한 디자인에 관한 상세한 논의는 Daniel McGillis, *Community Dispute Resolution Programs and Public Policy* (Washington, D.C.: U.S. Department of Justice, National Institute of

Justice, 1986) 참조.

11 호놀룰루에 있는 주민사법센터(Neighborhood Justice Center)의 성공적인 토지이용분쟁 해소에 대한 소개는 Tom Dinell's "Patterns of Resource Disputes in Hawaii," in *Proceedings: Seminar on Conflict Resolution for Energy Siting and Land Use* (Honolulu: Hawaii Department of Planning and Economic Development, 1986) 참조.

12 주정부 차원의 조정전담국(State Offices of Mediation)에 관한 소개는 Lawrence Susskind, "NIDR's State Office of Mediation Experiment," *Negotiation Journal* 2 (October 1986): 323~327 참조.

13 Lawrence Bacow and James Milkey, "Overcoming Local Opposition to Local Hazardous Waste Facilities: The Massachusetts Approach," *Harvard Environmental Law Review* 6 (1982): 265~304. Gail Bingham and Daniel Miller, "Prospects for Resolving Hazardous Waste Siting Disputes Through Negotiation," *Natural Resources Lawyer* 17 (Fall 1984): 473~489.

14 이 세 사례의 시도에 관해서는, Lawrence Susskind and Allan Morgan, *The Uses of Mediation in Electric Utility Regulatory Negotiation: The Results of Three Demonstrations*, report prepared for the Edison Electric Institute by the Public Disputes Program of the Program on Negotiation at Harvard Law School (Cambridge, Mass., May 1986) 참조.

15 코네티컷 주의 지출삭감 및 증액 협상 사례에 대해서는, Lawrence Susskind and Connie Ozawa, "Mediated Negotiation in the Public Sector," *American Behavioral Scientist* 27, 2 (December 1983): 255~275 참조.

16 Lawrence Susskind and Laura Van Dam, "Squaring off at the Table, Not in the Courts," *Technology Review* (July 1986): 6~44.

17 클린사이트 회사(Clean Sites, Inc.)의 조정활동에 대한 소개는 Jonathan Marks and Lawrence Susskind, *Negotiating Better Superfund Settlements-Lessons from Experience and Recommendations for the Future*, prepared for the Environmental Protection Agency, Washington, D.C., 1986 참조.

18 Daniel McGillis, "Neighborhood Justice Centers and the Mediation of

Housing-Related Disputes," *Urban Law Annual* 17 (1979): 245~269; S. Gillers, "New Faces in the Neighborhood: Mediating the Forest Hills Housing Dispute," in R. B. Goldman, ed., *Roundtable Justice* (Boulder, Colo.: Westview, 1980): 59~85.

19 Lawrence Susskind and Scott McCreary, "Techniques for Resolving Coastal Resource Management Disputes," *Journal of the American Planning Association* 51 (Summer 1985): 65~374.

20 Carl Moore and Chris Carlson, *Public Decision Making: Using the Negotiated Investment Strategy* (Dayton, Ohio: Kettering Foundation, 1984).

[추가 도서자료]

• 커뮤니티 갈등해소 운동에 관해서는 Richard Abel의 *The Politics of Informal Justice: The American Experience* (New York: Academic Press, 1982)와 Roman Tomasic and Malcolm Feeley, *Neighborhood Justice: Assessment of an Emerging Idea* (New York: Longman, 1982) 참조. 합의형성을 바라보는 공무원들의 관점에 관한 정보는 Nancy Huelsberg and William Lincoln의 *Successful Negotiating in Local Government* (Washington, D.C.: International City Management Association, 1985)와 Carl Moore and Chris Carlson, *Public Decision Making: Using the Negotiated Investment Strategy* (Dayton, Ohio: Kettering Foundation, 1984) 참조. 기업경영인의 관점에 관한 상세한 논의는 David Lax and Jim Sebenius, *The Manager as Negotiator* (New York: Free Press, 1986)와 Max Bazerman and Roy Lewicki, *Negotiating in Organiza-tions* (Beverly Hills, Calif.: Sage, 1983)을 추천. 시민단체가 바라보는 협상에 대한 관점에 대해서는 Lawrence Susskind and Michael Elliott, *Paternalism, Conflict, and Co-Production: Learning from Citizen Action and Citizen Participation in Western Europe* (New York: Plenum, 1983)과 Manuel Castells, *The Grass Roots and the City* (Berkeley: University of California Press, 1985) 참조.

제7장

1 이러한 제도 속에 내재해 있는 학습과정(a built-in learning process)에 관한 사례에 대해서는 Lawrence Susskind and Charles Perry, "The Dynamics of Growth Policy Formulation and Implementation: A Massachusetts Case Study," *Law and Contemporary Problems* 43 (Spring 1979): 144~196 참조.

2 이러한 주장을 처음 제기한 Donald Schon, *Beyond the Stable State* (New York: Norton, 1971) 참조.

[추가 도서자료]

- Robert Axelrod의 *The Evolution of Cooperation* (New York: Basic Books, 1984)은 제로섬 협상의 본질에 관하여 중요한 통찰을 제공하고 있음. 또한 Kenneth Boulding, "Conflict Management as a Learning Process," in Anthony deReuck and Julie Knight, eds., *Conflict in Society* (Boston: Little, Brown & Co., 1966)도 참조할 것. Donald Schon의 *Beyond the Stable State* (New York: Norton, 1971)는 사회개혁의 성공 열쇠로서 제도 내에 갖추어져 있는 학습의 중요성에 관한 많은 증거를 제공하고 있음.

찾아보기

찾아보기